JN277928

御書の世界

人間主義の宗教を語る

【第１巻】

池田大作

斉藤克司　森中理晃

聖教新聞社

著者近影

出席者

教学部長　副会長
斉《さい》藤《とう》 克《かつ》司《じ》
東京都出身　東京大学文学部卒
昭和32年入会

副教学部長
森《もり》中《なか》 理《まさ》晃《あき》
東京都出身　創価大学大学院修士課程修了
昭和41年入会

目　次

御書の世界　第1巻

――人間主義の宗教を語る

凡　例

一、本書は、大白蓮華に連載された「御書の世界」八回分（二〇〇二年一月号〜八月号）を『御書の世界　第1巻』としてまとめたものである。

二、御書のページ数は『新編　日蓮大聖人御書全集』（創価学会版）により（　ページ）と記した。

三、法華経のページ数は『妙法蓮華経並開結』（創価学会版）により（法華経　ページ）と記した。

四、引用文のなかで読みやすくするために、現代表記に直したものもある。

五、文中、説明が必要と思われる語句並びに文節には「注」をつけ、各章末に解説を付した。□内の数字は本書のページ数を表す。

六、本文中の肩書き、時節等については掲載時のままにした。

七、巻末に「語句索引」を付した。

御書は「末法の経典《まっぽうきょうてん》」

──全民衆を救う誓願《せいがん》の結晶《けっしょう》

斉藤教学部長　本年（二〇〇二年）は、創価学会版の『新編　日蓮大聖人御書全集』が発刊《はっかん》されてから五十周年の佳節《かせつ》を刻《きざ》みます。

その意義《いぎ》も込めて、この新年号から、「御書の世界」と題して、池田先生に語っていただくことになりました。

教学部員をはじめ全会員にとって、何よりの喜びです。

御書にしたためられている日蓮大聖人の教えや御事跡《ごじせき》をめぐり、幅広《はばひろ》く展開《てんかい》していただきたいと思います。何とぞ、よろしくお願いいたします。

池田名誉会長　こちらこそ、よろしく。

日蓮大聖人の教義《きょうぎ》とお人柄《ひとがら》については、まだまだ正しく知られていないことが多いと思う。御事跡《ごじせき》についても、明確《めいかく》になっていないことが多々ある。

立正安国《りっしょうあんこく》、一閻浮提《いちえんぶだい》広宣流布の御文《ごもん》も、学会によって、初めて正しく実践《じっせん》され、正確《せいかく》に拝することができるようになったといっても過言《かごん》ではない。その基盤《きばん》のうえに立って、新時代にふさわしい展開《てんかい》が必要になっている面もあります。

さらに、学問的に見ても、鎌倉《かまくら》時代の歴史研究や御書の文献的《ぶんけんてき》研究の面での新しい成果《せいか》もあるでしょう。

これらを視野《しや》に入れながら、ある時は大空から俯瞰《ふかん》するように、ある時は顕微鏡《けんびきょう》で精査《せいさ》するように、御書の仰《おお》せを根本に、学び、考察《こうさつ》していきたい。

御書は大聖人の激闘《げきとう》の記録

斉藤　まず、「御書」について、総論的にお話をうかがいたいと思います。

名誉会長　御書は「末法《まっぽう》の経典《きょうてん》」です。
大集経《だいしゅうきょう》に注1「闘諍言訟《とうじょうごんしょう》・白法隠没《びゃくほうおんもつ》」とあるように、末法は、釈尊《しゃくそん》の仏法のなかで混乱《こんらん》が極《きわ》まり、民衆を救う力が失《う》せる時代であるとされています。また、仏法の混乱《こんらん》とあいまって、社会においても、争《あらそ》いが絶《た》えない時代になるとも説かれている。

要するに、仏法も社会も行《い》き詰《づ》まり、このままでは混乱と破局《はきょく》に陥《おちい》りかねない危機的《ききてき》な時代が末法《まっぽう》です。

日蓮大聖人は、まさに御自身が生きる当時の日本こそ、「闘諍言訟《とうじょうごんしょう》・白法隠没《びゃくほうおんもつ》」という末法の様相《ようそう》そのものを呈《てい》していると捉《とら》えられました。

そして、このような時代に生きる人々をどうすれば根本的に救っていけるのか、また、どうすれば時代を変革《へんかく》していけるのかを探究《たんきゅう》されたのです。それは、現代の時代相にそのまま通じます。

斉藤　探究といっても、単なる机上《きじょう》の作業《さぎょう》にとどまるものではないですね。

名誉会長　もちろん、それは全人格的な戦いにならざるをえない。

大聖人の御生涯《ごしょうがい》は末法の民衆救済《きゅうさい》の闘争《とうそう》の連続であられた。御書には「日蓮一人《いちにん》」という言葉が多く記《しる》されていますが、これも、御自身が一切《いっさい》を担《にな》って立たれた深き御心《おこころ》の一端《いったん》が表れていると拝することができます。

また、「末法《まっぽう》の初め」という言葉も枚挙《まいきょ》に暇《いとま》がないほど多く見ることができるね。これも、末法という時代の先頭《せんとう》に立って、万年《まんねん》にわたる救済《きゅうさい》の大法《だいほう》を顕《あらわ》し、弘《ひろ》め始めるという責任感《せきにんかん》の表れと拝せます。

斉藤　確かに「一人《いちにん》」「初め」という言葉には、末法救済の戦いを始める主体者としての御決意を感じます。

名誉会長　私たちがよく知っている教学上のいろいろな概念《がいねん》も、大聖人の民衆救済の戦いのなかから生まれてきたものだね。

例えば、「文証《もんしょう》」「理証《りしょう》」「現証《げんしょう》」の三証《さんしょう》です。

これについて「日蓮仏法をこころみるに道理《どうり》と証文《しょうもん》とにはすぎず、又《また》道理証文よりも現証にはすぎず」（一四六八㌻）と仰《おお》せです。

この「仏法をこころみる」とは、末法救済の法は何であるべきかを大聖人が検証《けんしょう》されて、弘めることであると拝することができる。それを三証のあらゆる次元でなされたということです。

斉藤　「証文《しょうもん》（文証《もんしょう》）」は経文《きょうもん》・文献上《ぶんけんじょう》の探究《たんきゅう》、「道理《どうり》（理証《りしょう》）」は理論上の検討《けんとう》、「現証《げんしょう》」は実践的検証《じっせんてきけんしょう》です。このすべてを行《おこな》われたということですね。

名誉会長　つまり、全人格的な思索《しさく》と行動によって末法救済《まっぽうきゅうさい》の法を顕《あらわ》されたのです。

また、いわゆる五綱《ごこう》（教《きょう》・機《き》・時《じ》・国《こく》・教法流布《きょうほうるふ》の先後《せんご》）も、大聖人の忍難弘通《にんなんぐつう》の戦いのなかから生まれてきました。

五綱について、大聖人は「行者《ぎょうじゃ》仏法を弘《ひろ》むる用心」（四五三㌻）であると言われている。

五綱は、行者すなわち実践者が「用心」つまり、もっとも心すべきことなのだね。だれよりも大聖人御自身がその行者として心労《しんろう》を尽《つ》くされたのです。

大聖人は、あらゆる角度から「心を用《もち》いて」末法の人々を救う仏法を弘めようとされた。この五綱として整理《せいり》された規範《きはん》もその一つです。

要するに大聖人の御生涯《ごしょうがい》の激闘《げきとう》の記録が御書です。

末法の人類《じんるい》の救済のために大難《だいなん》を忍《しの》ばれ、大法《だいほう》を残してくださった。その御心《おこころ》と行動と指南《しなん》を尽くされた結晶《けっしょう》が御書なのです。

それゆえに御書は「末法の経典《きょうてん》」と拝すべきなのです。

日蓮仏法の人間主義

斉藤　「末法《まっぽう》の経典《きょうてん》」である「御書」は、「諸経《しょきょう》の王」といわれる「法華経」と切り離《はな》すことのできない関係にありますね。

名誉会長　そう。経文《きょうもん》という客観性《きゃっかんせい》、普遍性《ふへんせい》の次元を尊重《そんちょう》されたからです。また、大聖人は末法を救う法を法華経に求められた。そして、その答えを見いだされた。その答えとは、法華経で「万人《ばんにん》が成仏《じょうぶつ》できる」と説いている点にあります。

しかも、それは遠い未来《みらい》にいずれ成仏できるというものではない。法華経迹門《しゃくもん》では、一応、未来世の成仏にとどまっていますが、注2本門寿量品《ほんもんじゅりょうほん》の所説《しょせつ》になると、「今」、「この世界」で、「現実に生きている人間」に成仏の可能性があることを示されています。

社会も宗教も混乱《こんらん》の極《きわ》みにある末法において、人々を救い、時代を変革《へんかく》していくためには、万人が具《そな》える成仏の可能性を開く教え以外にない。つまり、人間の偉大《いだい》な可能性を開《かい》発《はっ》する以外に、末法の救済《きゅうさい》はない。

人間が境涯《きょうがい》を広げる以外に、本質的な解決《かいけつ》はないのです。

法華経の救済観《きゅうさいかん》を委細《いさい》に求めると、そういう根本的な「人間主義」ともいうべきものを見ることができる。

大聖人は、末法《まっぽう》という時代の本質を鋭《するど》く感じ取られ、法華経の人間主義を展開《てんかい》されたのです。

斉藤　人間から出発するしかないという点と、その人間の生命に偉大《いだい》な可能性を発見《はっけん》した点において、人間主義と名づけるわけですね。

人間主義というと、「理性的存在《りせいてきそんざい》」とか「神の似姿《にすがた》」[注3]といった人間観を根拠《こんきょ》にした西洋の人間主義を思い浮《う》かべる人が多いと思います。このような西洋的な人間主義と仏法の人間主義の違いについては、どう考えたらよいでしょうか。

名誉会長　仏法の人間主義は、理性とか神の似姿というような固定的な根拠に基《もと》づく人間主義ではなく、「仏性《ぶっしょう》」の開発《かいはつ》による人間革命《かくめい》の可能性を根拠にしたものです。

その「仏性」というのも、人間の心が妙法に開かれていることをいいます。したがって、人間だけに何か特別なものが具《そな》わっているというものではありません。

斉藤　人間だけに何か特別なものが具《そな》わっているから人間が尊《とうと》いという〝固定的な人間主義〟は、ともすると「人間だけが尊い」といって、他の生命をおろそかにする人間中心主義に陥《おちい》る恐《おそ》れがあります。

名誉会長　あらゆる生命は妙法の当体《とうたい》であり、生命としては平等《びょうどう》です。その意味では、あらゆる生命は妙法に開かれており、仏性《ぶっしょう》が具わっていると言える。それを表現《ひょうげん》したのが、十界《じっかい》のいかなる生命も仏界《ぶっかい》を具えているという十界互具《ごぐ》の法理《ほうり》です。

そのなかで人間は、仏界の力を人格と生活のうえに現すことができる。そのために重要《じゅうよう》になるのが「心」です。

したがって、御書では仏道修行《しゅぎょう》における「心」の大切さが大いに強調《きょうちょう》されています。「信」「勇気」などの仏界を開く心の力と働《はたら》きを教えられるとともに、反対に「不信《ふしん》」「臆《おく》病《びょう》」などの仏界を閉《と》ざす心の働きを戒《いまし》める。心についての教えが御書であるといっても過《か》言《ごん》ではありません。

斉藤　「ただ心こそ大切なれ」（一一九二ジペー）との仰《おお》せをはじめとして、大聖人の教えにおける心の重要性を大きく示してくださったのは池田先生が初めてだと思います。

名誉会長　御書の通りの実践《じっせん》が根本です。いずれにしても、仏法の人間主義はどこまでも人間自身の生命の「変革《へんかく》の実践」を前提《ぜんてい》にしたものです。

斉藤　実践的人間主義、あるいは人間革命《かくめい》主義と言えますね。

名誉会長　どう名づけるかはともかく、自他《じた》の変革を促《うなが》す「実践」を伴《ともな》ったものでなければなりません。仏法は「行《ぎょう》」なのです。

その意味で、法華経に説かれる注4不軽菩薩《ふきょうぼさつ》の実践は、まさに法華経の人間主義の模範《もはん》であるといえるでしょう。

斉藤　不軽菩薩は、会う人ごとに「私は深くあなた方を敬《うやま》います。決して軽《かろ》んじません。なぜならば、あなた方は皆《みな》、菩薩の修行《しゅぎょう》をして成仏《じょうぶつ》することができるからです」と言って、すべての人を礼拝《らいはい》して歩きました。

確かに、不軽菩薩は、自分も信念を弘《ひろ》める実践をし、かつ、相手にも菩薩の修行を促していきます。

名誉会長　大聖人は、この不軽菩薩の「人を敬う」実践こそが「法華経の修行の肝心《かんじん》」

であり、「釈尊《しゃくそん》の出世《しゅっせ》の本懐《ほんかい》」であると仰《おお》せです。注5

仏法の要《かなめ》が「人を敬《うやま》う実践《じっせん》」にあるとの御指摘です。実に重要《じゅうよう》なポイントです。

不軽菩薩《ふきょうぼさつ》は、自分自身は軽蔑《けいべつ》され、迫害《はくがい》されましたが、人を敬う実践をどこまでも貫《つらぬ》きました。

大聖人は、御自分が不軽菩薩の実践を継《つ》ぐ者だと言われている。注6 末法《まっぽう》の救済《きゅうさい》は、自他《じた》の仏性《ぶっしょう》を開発《かいはつ》していく実践以外にない、というのが大聖人の結論だったのです。

そして、自他の仏性への礼拝《らいはい》を南無妙法蓮華経として顕《あらわ》されたわけです。

「末法万年尽未来際《まんねんじんみらいさい》」と言われます。ゆえに、大聖人の時代から七百年を経《へ》た現代においても、大聖人が捉《とら》えられた「末法」という時代性の本質は、変わっていないといってよい。

端的《たんてき》に言えば、末法とは「争《あらそ》いの時代」です。あらゆるものが争いへと流されていく時代です。その激流《げきりゅう》に抗《こう》する力は、「自他の仏性を信ずる」という強い信念です。そして、その信念の実践化としての「人を敬う」行動以外にありません。

この信念と行動の拡大《かくだい》が「広宣流布」にほかならない。

です。

「争《あらそ》いの時代」の激流《げきりゅう》を押《お》し返す、「広宣流布」の流れをつくられたのが、大聖人なのです。

「根ふかければ枝《えだ》しげし源《みなもと》遠ければ流《ながれ》ながし」（三二九ジペー）です。大聖人は、御自身の戦いが末法万年《まっぽうまんねん》の広宣流布の根源《こんげん》であり、源流《げんりゅう》であると言われています。注7

生命に具《そな》わる仏性《ぶっしょう》の開発《かいはつ》という、もっとも根源の次元から、広宣流布の流れを起こされたからです。

争いと対立の根である「無明《むみょう》」を、妙法への強き「信」によって打ち砕《くだ》く戦いに勝ってこそ、その広宣流布の流れは起こってくる。

この源流をつくるために、大聖人が御書の随所《ずいしょ》において強調《きょうちょう》されているのが「広宣流布の大願《だいがん》」なのです。

御書の核心《かくしん》——広宣流布の大願

斉藤　今のお話から、この連載《れんさい》の最初のテーマも自《おの》ずと定まってきました。御書における「広宣流布の大願《だいがん》」について、さらに語っていただければと思います。

名誉会長　「広宣流布の大願」は御書の核心《かくしん》です。

また、大聖人の御生涯《ごしょうがい》を貫《つらぬ》く骨格《こっかく》です。

「大願」とは、仏《ほとけ》の悟《さと》りの生命から発する「広大な願い」です。

万法《ばんぽう》を包《つつ》む一法である妙法を自身の当体《とうたい》と悟った仏の心において発現《はつげん》する「生命本来の願い」です。

「悟る」ということは、この生命本来の願いを「思い起こす」ことだと言っても過言《かごん》ではない。

いずれにしても、仏界《ぶっかい》の生命と広宣流布の大願は一体です。だから、広宣流布の大願に生きる人には、仏界の生命が涌現《ゆげん》するのです。

仏界といっても、仏性《ぶっしょう》といっても、大願を起こし、広布に生き抜いていく、「一念《いちねん》に億《おく》劫《ごう》の辛労《しんろう》を尽《つ》くす」戦いを離《はな》れてはありえない。

その「瞬間《しゅんかん》の生命」こそが仏であり、如来《にょらい》なのです。

事実として仏の生命を教えるのが、大聖人の「事《じ》」の仏法です。そのために大願に生き抜きなさいと大聖人はおっしゃっておられる。
仏《ほとけ》の大願《だいがん》をわが願いとし、不退転《ふたいてん》の行動で大願を達成《たっせい》せんと願い、誓《ちか》い、向かっていく人は、知らずしらずのうちに、仏の心と冥合《みょうごう》し、仏界《ぶっかい》の生命を涌現《ゆげん》していけるからです。
斉藤　大願を持つことは即《そく》、成仏《じょうぶつ》の道を歩むことだといえますね。
名誉会長　広宣流布の戦いのなかにしか、成仏の道はないのです。大聖人が「撰時抄《せんじしょう》」で明示《めいじ》されている通りです。[注8]
さきほども言った通り、仏法は「行《ぎょう》」です。行とは、自分が「決意」して、どんな困難《こんなん》があっても「実践《じっせん》」し抜いていくことです。自分で切り開いていく努力でなければ行とは言えません。
仏と同じ決意をして、その実行《じっこう》のためにどこまでも努力していく。そこにしか成仏の道はありません。
斉藤　それゆえに、大聖人は弟子《でし》たちに、「大願を起こせ」「大願に生きよ」と呼《よ》びかけておられるのですね。
名誉会長　私がいつも心して拝してきた一節に「命限《いのちかぎ》り有り惜《おし》む可《べ》からず遂《つい》に願う可き

は仏国也《ぶっこくなり》」（九五五ジペー）と仰《おお》せです。この限《かぎ》りある人生を仏《ほとけ》と同じ大願《だいがん》に生きなさい、と教えられている。

斉藤　悟《さと》りそのものは、いくら言葉を尽《つ》くしても、伝えきれるものではありません。しかし、願いは伝えやすいし、習《なら》うこともできます。なにしろ、人間は願いの専門家《せんもんか》ですから（笑い）。

名誉会長　大願は、仏界《ぶっかい》の生命の人格的な現れです。ですから、私たちは一個の人格として学ぶことができるのです。

大聖人は「願《ねが》わくは我《わ》が弟子等《でしら》・大願ををこせ……をなじくは・かりに《仮》も法華経のゆへに命《いのち》をすてよ、つゆ《露》を大海《たいかい》にあつらへ・ちり《塵》を大地《だいち》にうづむ《埋》とをもへ」（一五六一ジペー）と仰せです。

わが身は「つゆ」のようにはかなく、「ちり」のように取るに足《た》りない身かもしれない。その身も「大願」を起こすことで、法華経の大海と一体化して永遠《えいえん》に失《うしな》われない身となる。また、妙法の大地となって、永遠に朽《く》ちることがない。大願を起こせば仏の大境涯《だいきょうがい》に連《つら》なるのだ、とのお約束《やくそく》です。

仏《ほとけ》の誓願《せいがん》を明かす経典《きょうてん》・法華経

斉藤　この御文《ごもん》では、大願《だいがん》を起こせば法華経と一体の生命になると教えられています。

名誉会長　法華経は、「仏の願い」と、その願いを実現するための「仏の実践《じっせん》」を描《えが》いた経典だと言えます。法華経の前半・迹門《しゃくもん》の中心は方便品《ほうべんぼん》第二です。方便品では「一切《いっさい》の衆《しゅ》をして　我《わ》が如《ごと》く等《ひと》しくして異《こと》なること無《な》からしめん」（法華経一三〇㌻）という釈尊《しゃくそん》の誓願が明かされます。

「すべての衆生《しゅじょう》を、自分（釈尊）と同じ仏にして異なることがないようにしたい」という願いです。また、必ずそれを実現していくという誓《ちか》いであり、決意でもあります。

この釈尊の誓願を受けて、迹門の後半では、菩《ぼ》薩《さつ》や二乗《にじょう》が誓願を立てていきます。

斉藤　はい。見宝塔品《けんほうとうほん》第十一で釈尊が菩薩たちに向かって滅後《めつご》弘《ぐ》通《つう》の誓いを要請《ようせい》します。それを受けて勧持品《かんじほん》第十三では、八十万億那由他《まんおくなゆた》という多くの菩薩たちが、いわゆる勧持品の二十行《ぎょう》の偈《げ》（韻《いん》を踏《ふ》んだ詩文《しぶん》）を説いて滅後の弘通を誓います。この二十行の偈に、あの「三類《さんるい》の強敵《ごうてき》」が説かれます。

名誉会長　また、後半・本門《ほんもん》の中心は如来寿量品《にょらいじゅりょうほん》第十六です。この品では、五百塵点劫《ごひゃくじんてんこう》というはるかな昔《むかし》に成仏《じょうぶつ》して以来、その長い期間をひたすら衆生救済《しゅじょうきゅうさい》のために娑婆《しゃば》世界で活躍《かつやく》している仏《ほとけ》が説かれている。この久遠《くおん》の昔に成仏した仏こそが、釈尊《しゃくそん》の本来の境地《きょうち》です。その仏を「久遠実成《じつじょう》の釈尊」と呼《よ》ぶのです。

寿量品の末尾《まつび》には、この仏が瞬間瞬間《しゅんかん》、ひたすら万人《ばんにん》の成仏を願っていることを明かしている。

「毎《つね》に自《みずか》ら是《こ》の念《ねん》を作《な》す　何を以《もっ》てか衆生をして　無上道《むじょうどう》に入《い》り　速《すみや》かに仏身《ぶっしん》を成就《じょうじゅ》することを得《え》しめんと」（法華経四九三ページ）

〈**通解**〉久遠実成の釈尊は常に自分のなかでこう願っている。「どうすれば成仏という無上の道に衆生を入らせ、速《すみ》やかに仏の身を成就させることができるであろうか」と。

久遠実成の釈尊は、久遠以来、さまざまな姿《すがた》をとって現実世界に現れては法を説き、また入滅《にゅうめつ》の姿を示しては衆生を教化《きょうけ》します。しかし、どのような姿をとっていても、心の思いは一人《ひとり》ひとりの衆生を速やかに成仏させるにはどうしたらよいだろうか、という慈悲《じひ》の心だけだということです。

このように法華経は、まさしく「一切衆生の成仏《いっさいしゅじょうのじょうぶつ》」を実現しゆく如来《にょらい》の誓願《せいがん》を明らかにした宣誓書《せんせいしょ》なのです。

斉藤　久遠実成《くおんじつじょう》の釈尊《しゃくそん》は、成仏してからの計《はか》り知れない期間を、ひたすら誓願を実践《じっせん》することに使っているのですね。

名誉会長　法華経本門《ほんもん》の仏《ほとけ》は、悟《さと》ってからも常に現実世界で法を説き、衆生を救い続ける仏なのだね。その期間は計り知れないほど長遠《ちょうおん》です。これは諸経《しょきょう》の仏とは決定的に異《こと》なります。諸経の仏は、悟ったあとに現実世界から去《さ》って、もう現れなかったり、全《まった》くの別世界に安住《あんじゅう》する仏です。

法華経は誓願によって娑婆《しゃば》世界に生きる永遠《えいえん》の仏を説いています。現実世界のなかで「万人《ばんにん》の成仏」という「願い」に生き続ける仏です。

これは、厳《きび》しき現実社会のなかで誓願に生き抜く人の姿《すがた》にこそ、永遠なる如来の生命が輝《かがや》いているとの教えと拝することができます。

斉藤　人格のなかに輝く永遠性ですね。

「詮《せん》ずるところは天もすて給《たま》え」

名誉会長　そういう「永遠《えいえん》の仏《ほとけ》」を説くのが法華経であるとすれば、まさに如来《にょらい》の誓願《せいがん》に生きる人こそが真《しん》の法華経の行者《ぎょうじゃ》と言わざるを得《え》ない。

「開目抄《かいもくしょう》」はまさに、大聖人こそ真の法華経の行者であり、即《すなわ》ち末法《まっぽう》の御本仏《ごほんぶつ》であられることを明かされた書です。

大聖人の御生命に広宣流布の大願《だいがん》が脈打《みゃくう》っていることを明かした大慈《だいじ》大悲《だいひ》の書です。

その核心《かくしん》は「詮ずるところは天もすて給え諸難《しょなん》にもあえ身命《しんみょう》を期《ご》とせん」（二三二㌻）で始まるあの一節です。

斉藤　はい。拝読《はいどく》してみます。

「詮ずるところは天もすて給え諸難にもあえ身命を期とせん、身子《しんし》が六十劫《こう》の菩薩《ぼさつ》の行《ぎょう》を退《たい》せし乞眼《こつげん》の婆羅門《ばらもん》の責《せめ》を堪《た》えざるゆへ、久遠大通《くおんだいつう》の者の三五《さんご》の塵《じん》をふる悪知識《あくちしき》に値《あ》うゆへなり、善《ぜん》に付《つ》け悪《あく》につけ法華経をすつるは地獄《じごく》の業《ごう》なるべし、大願を立てん日本国の位《くらい》をゆづらむ、法華経をすてて観経等《かんきょうとう》について後生《ごしょう》をごせ《期》よ、父母《ふぼ》の頸《くび》を刎《はね》ん念仏申《ねんぶつもう》さずば、なんどの種種《しゅじゅ》の大難《だいなん》・出来《しゅったい》すとも智者《ちしゃ》に我義《わがぎ》やぶられずば用《もち》いじとなり、其《そ》の外《ほか》の大難・風の前の塵《ちり》なるべし、我《われ》日本の柱《はしら》とならむ我日本の眼目《がんもく》とならむ我日本の大船《たいせん》とならむ等とちかいし願《ねがい》やぶるべからず」（二三二ページ）と。

〈通解〉（次々と大難に遭《あ》う大聖人が本当に法華経の行者《ぎょうじゃ》であるのか、法華経の行者であるならば何故《なにゆえ》に諸天《しょてん》の加護《かご》がないのか、という人々の疑問《ぎもん》について経文《きょうもん》と道理《どうり》に照《て》らして種々、検討《けんとう》してきたが）結局のところは、天が私を捨《す》てるのであれば捨てるがよい。多くの難に遭わなければならないのであれば遭ってもかまわない。身命《しんみょう》をなげうって戦うのみである。

舎利弗《しゃりほつ》が過去世に六十劫《こう》の菩薩行《ぼさつぎょう》を積《つ》み重《かさ》ねたのに途中《とちゅう》で退転《たいてん》してしまったのは、眼《まなこ》を乞《こ》うバラモンの責《せ》めを堪《た》えられなかったからである。久遠《くおん》の昔《むかし》に下種《げしゅ》を受けた者、あるいは大通智勝仏《だいつうちしょうぶつ》の昔に法華経に結縁《けつえん》した者が、退転して無間地獄《むけんじごく》に堕《お》ち、五百塵点劫《ごひゃくじんてんこう》、三千塵点劫という長遠《ちょうおん》の時間を経《へ》なければならなかったのも、悪知識《あくちしき》に会って惑《まど》わされたからである。善《ぜん》につけ、悪《あく》につけ、法華経を捨てるのは地獄に堕ちる業《ごう》なのである。

「大願《だいがん》を立てよう。『法華経を捨てて観無量寿経《かんむりょうじゅきょう》を信じて後生《ごしょう》を期《ご》するのならば、日本国の王位《おうい》を譲《ゆず》ろう』『念仏《ねんぶつ》を称《とな》えなければ父母《ふぼ》の首《くび》をはねるぞ』などの種々《しゅじゅ》の大難《だいなん》が起こってこようとも、智者《ちしゃ》に私の正義《せいぎ》が破《やぶ》られるのでないかぎり、そのような言い分に決して動かされることはない。その他のどんな大難も風の前の塵《ちり》のように吹《ふ》き払《はら》ってしまおう。私は日本の柱《はしら》になろう。私は日本の眼目《がんもく》になろう。私は日本の大船《たいせん》になろう」と誓《ちか》った誓願《せいがん》を決して破るまい。

名誉会長　大聖人の不惜身命《ふしゃくしんみょう》、死身弘法《ししんぐほう》の「戦う心」を示された御文《ごもん》です。そして、その「戦う心」を支《ささ》える根本として、御自身の「大願《だいがん》」を確認《かくにん》されています。

斉藤　この「戦う心」と「大願」こそ法華経の真髄《しんずい》の魂《たましい》であり、日蓮仏法の根幹《こんかん》です。「開目抄《かいもくしょう》」では、この御文に至《いた》るまでに、法華経の経文《きょうもん》に照《て》らして大聖人が法華経の行者《ぎょうじゃ》かどうかを検証《けんしょう》されています。法華経の行者であるならば、どうして法華経に説かれているとおりに諸天《しょてん》の加護《かご》がないのか、という人々の疑問《ぎもん》を晴らすためです。

名誉会長　また、法華経の行者の本質を明かすためでもあるね。

斉藤　はい。その検証の結果、確かに大聖人は、「三類《さんるい》の強敵《ごうてき》」による迫害《はくがい》を受けるなど、法華経に説かれているとおりの法華経の行者であることは間違いないことが確認されます。

しかし、法華経の行者《ぎょうじゃ》であるのなら、何故《なにゆえ》、現世《げんせ》安穏《あんのん》ではないのか。現世安穏でなければ信仰する意味がないではないか、という疑問《ぎもん》が残ります。

法華経の行者であるにもかかわらず、ともかくも難《なん》に遭《あ》って苦しまなければならないのはなぜか、また、迫害者《はくがいしゃ》に現罰《げんばち》がないのはなぜか。その理由が述べられていきます。

名誉会長　仏法の極致《きょくち》の御省察《ごせいさつ》が続いていきます。そして、旭日《きょくじつ》が豁然《かつぜん》と輝《かがや》きわたるかのように、「詮《せん》ずるところは天もすて給《たま》え……」という一節が始まるのだね。

「開目抄《かいもくしょう》」の「開目」とは、「目《め》を開《ひら》け」という意味と拝します。

この一節を拝する者は、まさに、ここに述べられている大聖人の大願《だいがん》に眼《め》を開かざるをえません。

「日蓮の大願に目を開け」というのが「開目抄」の根本趣旨《しゅし》なのです。

末法《まっぽう》の世に仏《ほとけ》と同じ大願を生きる人こそが末法の法華経の行者なのであり、諸天に守られるかどうかは二義的《にぎてき》な問題なのです。

斉藤　「我《われ》日本の柱《はしら》とならむ我日本の眼目《がんもく》とならむ我日本の大船《たいせん》とならむ」の一節が大

聖人の大願《だいがん》の中心的な内容となっています。

名誉会長　先に述べたように、「大願」とは法華経に説かれた仏《ほとけ》の広大な誓願《せいがん》です。万《ばん》人《にん》を成仏《じょうぶつ》させようという仏の願いです。

それを実現していくために大法《だいほう》を弘《ひろ》めようという大聖人の大願です。

「我日本《われ》の柱《はしら》とならむ」等の誓《ちか》いは、まさに仏の誓願に通ずるのです。

斉藤　日本だけを特別視《とくべつし》していると解釈《かいしゃく》する人もいますが、そうではありませんね。

名誉会長　「日本の」と言われているのは、大聖人が日本を特別視しているからではない。「一閻浮提《いちえんぶだい》」というように、日蓮仏法による救済《きゅうさい》は日本のみに限定《げんてい》しているものではないからです。

大聖人が仰《おお》せの「日本」とは、一つには、「典型的《てんけいてき》な末法《まっぽう》の国土《こくど》」としての日本であり、その救済を言われているのです。

つまり、ここで言われている日本の救済とは、結局、末法全体の救済を意味するのです。また、どこまでも具体的な現実世界の救済を目指されているからこそ、「日本の」と言われているのです。ここに「事《じ》」の仏法としての日蓮仏法の特質があるといってよい。

法華経に示された仏《ほとけ》の大願《だいがん》は全衆生《ぜんしゅじょう》の成仏《じょうぶつ》を願うものです。それを前提《ぜんてい》としつつ、具体的に「今」「ここ」における民衆の救済《きゅうさい》を誓《ちか》われているのです。

斉藤　大聖人が目指したのは、日本という国家の安定《あんてい》であるとし、大聖人の仏法を国家主義的なものとして解釈《かいしゃく》する人もまだいるようです。

名誉会長　大聖人が目指された根本は「民衆の安穏《あんのん》」です。それは「民衆の幸福」のことです。「民衆の平和」のことです。故《ゆえ》に、その民衆の命運《めいうん》を左右《さゆう》する権力や国家の在り方を問題にされたのは当然のことと思う。人類《じんるい》の安穏のために国家の安定も望《のぞ》まれていたでしょう。ここに、大聖人の画期的《かっきてき》な民衆観、国家観がある。

仰《おお》せの「日本」とは何よりも民衆が生きる国土《こくど》であり、生活する社会であって、権力者が支配するものとしての国家が第一義《だいいちぎ》ではないのです。

ガンジーの決意

斉藤　伝統的には「日本の柱《はしら》」は主《しゅ》の徳《とく》、「日本の眼目《がんもく》」は師《し》の徳、「日本の大船《たいせん》」は親《おや》の徳《とく》に配《はい》されます。

名誉会長　仏《ほとけ》の三徳《さんとく》だね。「万人成仏《ばんにんじょうぶつ》」という仏の誓願《せいがん》に通ずる大願《だいがん》ですから、当然、仏の徳に通じます。

ここで大聖人は、自分が仏だと誇《ほこ》っているわけではありません。御自身の大願を明かして、弟子《でし》たちに勝利の道を教えているのです。

大願は、強き自分をつくるからです。

大切なことは、誓願とは弱き自分を捨《す》て、強き自分を何があっても貫《つらぬ》き通すための支《ささ》えであるということです。

斉藤　ガンジーの誓《ちか》いの話があります。

ガンジーが若き法律家《ほうりつか》として南アフリカで活躍《かつやく》していたとき、インド人差別《さべつ》の法律が制《せい》定《てい》されることになりました。そのときに、インド人たちは、反対運動に立ち上がる集会を行《おこな》った。そこでガンジーが強調《きょうちょう》したことは、この場で誓いを立てるのであれば、一人《ひとり》になっても最後の勝利をもぎ取るほどの強い誓いでなければならないということでした。中途半端《ちゅうとはんぱ》な気持ちであれば、ここで誓約《せいやく》すべきでない、とまでガンジーは言ったそうです。

「もしただ一人《ひとり》になったとき断固《だんこ》として立つ気持ちも、力も、持ち合わせていないのであれば、その人は誓約《せいやく》しないだけでなく、決議に対して反対の意志《いし》を表明《ひょうめい》すべきでありま す。（中略）各人は他人がどうあろうとも、たとえ死《し》に至《いた》ることがあろうとも、誓約には忠実《ちゅうじつ》であらねばなりません」（ルイス・フィッシャー著、古賀勝郎訳、『ガンジー』、紀伊國屋書店）

これが、ガンジーが生涯貫《しょうがいつらぬ》いた非暴力《ひぼうりょく》運動の出発点になりました。

名誉会長　何事であれ、偉大《いだい》なことを成《な》し遂《と》げる根本には誓願《せいがん》があります。いかなる理由があっても、途中《とちゅう》で諦《あきら》めたり、退転《たいてん》するのでは、誓願とは言えません。中途半端《ちゅうとはんぱ》な願望《がんぼう》では、誓《ちか》いの意味をなしません。

「いかなる大難《だいなん》も風の前の塵《ちり》のように吹《ふ》き払《はら》おう」と大聖人は言われています。

強い自分にこそ、真《しん》の安穏《あんのん》があるのです。

誓願によって「強き自分」を確立《かくりつ》したときに、本当の現世《げんせ》安穏が開かれるのです。

反対に、「善《ぜん》につけても、悪《あく》につけても、法華経を捨《す》てるのは地獄《じごく》の業《ごう》である」と厳《きび》しく言われておられる。魔性《ましょう》に負《ま》けて、自己自身に負けて、途中で挫折《ざせつ》する「弱い自分」は地獄《じごく》に通ずる。どこまでも人生は勝負《しょうぶ》。ゆえに仏法もまた勝負です。勝つことが正義《せいぎ》であり、幸福であるからだ。

斉藤　「開目抄《かいもくしょう》」では、この後、日蓮仏法の根本である広宣流布の大願《だいがん》に生き抜く功徳《くどく》を明かしていきます。その功徳とは転重軽受《てんじゅうきょうじゅ》と一生成仏《いっしょうじょうぶつ》です。

名誉会長　あの「我並《われなら》びに我《わ》が弟子《でし》……」の一節を挙《あ》げて、大願に生き抜けば、求めずとも一生成仏が達成《たっせい》されると明言《めいげん》されています。[注9]

誓願《せいがん》は「人間性の真髄《しんずい》」です。

仏《ほとけ》の大願という最高の願いに生き抜けば、いかなる大難《だいなん》にあっても真実《しんじつ》の人間性の柱《はしら》が厳護《げんご》され、そこにこそ生命の魂《たましい》が輝《かがや》いていくのです。ゆえに悪世《あくせ》、そして五濁《ごじょく》の末法《まっぽう》に、人間が人間として生き抜くには、誓願の力が大切なのです。

解説

6 **注1　闘諍言訟《とうじょうごんしょう》・白法隠没《びゃくほうおんもつ》**　大集経《だいしゅうきょう》に説かれる五箇《ごか》の五百歳の説《せつ》における第五の五百年（末

法の初め）の時代の特質。釈尊《しゃくそん》の仏法の内部で争《あらそ》いが盛《さか》んになり、正法《しょうほう》がわからなくなって、仏法の救済力《きゅうさいりょく》が失《うしな》われること。

10 **注2　本門寿量品《ほんもんじゅりょうほん》の所説《しょせつ》**　法華経本門の寿量品で説かれる久遠実成《くおんじつじょう》の仏《ほとけ》は、娑婆《しゃば》世界を本国土《ほんこくど》とし、「常住此説法《じょうじゅうしせつぽう》」（常《つね》に此《ここ》に住《じゅう》して法を説く）、すなわち、今、ここで法を説いているとされる。その意味は、衆生《しゅじょう》がいる娑婆世界が本来、仏界《ぶっかい》であるということである。「教行証御書《きょうぎょうしょうごしょ》」には「五百塵点顕本《ごひゃくじんてんけんぽん》の寿量に何《いか》なる事《こと》を説き給《たま》へるとか人人は思召《おぼしめ》し候《そうろう》、我等《われら》が如《ごと》き凡夫《ぼんぷ》無始《むし》已来生《いらいしょう》死《じ》の苦底《くてい》に沈輪《ちんりん》して仏道《ぶつどう》の彼岸《ひがん》を夢《ゆめ》にも知らざりし衆生界を・無作本覚《むさほんがく》の三身《さんじん》と成《な》し実《じつ》に一念三千の極理《ごくり》を説く」（一二八〇ジペー）とある。

11 **注3　神の似姿《にすがた》**　キリスト教等の聖典《せいてん》、例えば旧約聖書では、人間が神の似姿として創造《そうぞう》されたと説かれている。

13 **注4　不軽菩薩《ふきょうぼさつ》**　法華経の常不軽菩薩品に説かれる菩薩。釈尊《しゃくそん》の過去世の修行《しゅぎょう》の姿《すがた》で、「我《わ》れは深く汝等《なんだち》を敬《うやま》い、敢《あえ》て軽慢《きょうまん》せず。所以《ゆえん》は何《いか》ん、汝等は皆《み》な菩薩の道《どう》を行《ぎょう》じて、当《まさ》に作仏《さぶつ》することを得《う》べし」（法華経五五七ジペー）と唱《とな》えながら、すべての会う人を礼拝《らいはい》したが、増上慢《ぞうじょうまん》の人々から迫害《はくがい》された。この修行が成仏《じょうぶつ》の因《いん》となったと説かれる。

14 **注5**　「崇峻天皇《すしゅんてんのう》御書」（三種財宝《さんしゅざいほう》御書）に「一代《いちだい》の肝心《かんじん》は法華経・法華経の修行の肝心は不軽品《ふきょうほん》にて候《そうろう》なり、不軽菩薩《ぼさつ》の人を敬《うやま》いしは・いかなる事《こと》ぞ教主釈尊《きょうしゅしゃくそん》の出世《しゅつせ》の本懐《ほんかい》は人の振舞《ふるまい》にて候《そうらい》けるぞ」（一一七四ページ）とある。

14 注6「聖人知三世事《しょうにんちさんぜじ》」に「日蓮は是《こ》れ法華経の行者《ぎょうじゃ》なり不軽《ふきょう》の跡《あと》を紹継《しょうけい》するの故《ゆえ》に軽毀《きょうき》する人は頭七分《こうべしちぶん》に破《われ》・信ずる者は福を安明《あんみょう》に積《つ》まん」（九七四ページ）とある。

15 注7「報恩抄《ほうおんしょう》」に「日蓮が慈悲曠大《じひこうだい》ならば南無妙法蓮華経は万年《まんねん》の外《ほか》・未来《みらい》までもながる《流布》べし、日本国の一切衆生《いっさいしゅじょう》の盲目《もうもく》をひらける功徳《くどく》あり、無間地獄《むけんじごく》の道をふさぎぬ」（三二九ページ）とある。

17 注8「撰時抄《せんじしょう》」に「日蓮が法華経を信じ始めしは日本国には一渧《いったい》・一微塵《いちみじん》のごとし、法華経を二人・三人・十人・百千万億人・唱《とな》え伝うるほどならば妙覚《みょうかく》の須弥山《しゅみせん》ともなり大涅槃《だいねはん》の大海《たいかい》ともなるべし仏《ほとけ》になる道は此《こ》れよりほかに又《また》もとむる事《こと》なかれ」（二八八ページ）とある。

30 注9「開目抄《かいもくしょう》」に「我並《われなら》びに我《わ》が弟子《でし》・諸難《しょなん》ありとも疑《うたが》う心なくば自然《じねん》に仏界《ぶっかい》にいたるべし、天の加護《かご》なき事を疑はざれ現世《げんせ》の安穏《あんのん》ならざる事をなげかざれ、我が弟子に朝夕《ちょうせき》教えしかども・疑いを・をこして皆すてけんつたな《拙》き者のならひは約束せし事を・まことの時はわするるなるべし」（二二三四ページ）とある。

誓願《せいがん》に貫《つらぬ》かれた大聖人の御生涯《ごしょうがい》

民衆仏法を決定づけた若き日の誓願

斎藤　前回は、御書の核心《かくしん》として「広宣流布の大願《だいがん》」について、総論的に語っていただきました。今回は、具体的に「誓願」を一つのテーマとして、日蓮大聖人の御生涯の大綱《たいこう》を拝察《はいさつ》していきたいと思います。

名誉会長　真《しん》の宗教は、人間のなかにある。

民衆仏法こそ、大聖人の仏法です。民衆の「平和」と「幸福」のためにこそ、真実《しんじつ》の仏法はある。御書を拝すると、大聖人は、その御生涯において、少なくとも二度、大きな誓願を立てられたことが記《しる》されています。

第一は、御年《おんとし》十二歳のときに、有名《ゆうめい》な「日本第一の智者《ちしゃ》となし給《たま》へ」という誓願を立てられました。[注1]

二度目は、三十二歳の時、立宗直前《りっしゅう》に立てられた誓願《せいがん》です。「開目抄《かいもくしょう》」によれば、いかなる大難《だいなん》をも覚悟《かくご》で法華誹謗《ほっけひぼう》を破折《はしゃく》し、民衆救済《きゅうさい》のために正法《しょうぼう》を弘《ひろ》めていくことを誓《ちか》っておられます。注2

斉藤　大聖人の御生涯《ごしょうがい》は、まさに、この「誓願」に貫《つらぬ》かれています。御幼少《ごようしょう》の時の最初の誓願は、「求道《きゅうどう》」の出発点といえますね。

二度目は、法華経の行者《ぎょうじゃ》として立ち上がられた時の誓願です。前回、テーマとなった「我《われ》日本の柱《はしら》とならむ」（二三二ジペー）等の大願《だいがん》は、この時の誓願を表現《ひょうげん》された仰《おお》せとも拝されます。

名誉会長　まず、十二歳の時の誓願についてですが、これは安房《あわ》注3の清澄寺《せいちょうじ》に入った時に立てられた誓願です。

数《かぞ》え年《どし》で十二歳といえば、今でいえば小学校の六年生の年代です。この年齢で清澄寺に入られたのは、おそらく出家《しゅっけ》というより、その準備段階《じゅんびだんかい》として、読み書きなどの、いわば初等《しょとう》教育を受けるためであったと言っていいでしょう。

斉藤　はい。当時は、各地の寺院が教育機関の役割も担《にな》っていたと考えられます。大聖人の正式《せいしき》な出家得度《しゅつけとくど》は、四年後の十六歳の時になります。

名誉会長　正式の出家は十六歳であったとしても、真《しん》の出家の内実《ないじつ》である「求道《きゅうどう》の心」は、十二歳の時に既《すで》に胸中《きょうちゅう》に横溢《おういつ》されていたのではないか。

大聖人の「求道の活動」は、実質的《じっしつてき》にこの時から始まっていたと拝される。

斉藤　大聖人は、御自身の出家の年について述べられる場合、「十二・十六」と併記《へいき》されています。

名誉会長　その表現《ひょうげん》に、「日本第一の智者《ちしゃ》に」との誓願《せいがん》が、いかに深く大きな意義《いぎ》を持っていたかがうかがえるね。

斉藤　この誓願について大聖人は「其《そ》の所願《しょがん》に子細《しさい》あり」（一二九二ジペー）と述べられています。「子細」があるとは、さらに詳《くわ》しく述べるべき内容があるということですね。

名誉会長　御書に基《もと》づいて、何点か挙《あ》げるならば、ひとつは、父母《ふぼ》をはじめとして、民衆を救う道を切実《せつじつ》に求める誓願であられた。

大聖人は、「父母の家を出て出家の身となるは必ず父母を・すくはんがためなり」（一九二ジペー）と仰《おお》せです。これは、一般論のような表現になっていますが、御自身のことにも通ずる。また、後に御自身の出家《しゅっけ》を回想《かいそう》されて「仏教を習《なら》う者が父母《ふぼ》、師匠《ししょう》、国の大恩《だいおん》に報《むく》いるには、必ず仏法を究《きわ》めて智者《ちしゃ》とならなければならない」（二九三ペ－ジ、趣旨《しゅし》）とも記《しる》されています。注4

これらの仰《おお》せから、「日本第一の智者に」と誓願《せいがん》されているのは、父母等の恩に報いるためであり、「民衆を真《しん》に救い得《う》る智慧者《ちえしゃ》」を目指されたことが拝察《はいさつ》できます。

斉藤　父母と言われているのは、「民衆」の代表としての父母ですね。

名誉会長　そう。そこが重要《じゅうよう》です。

大聖人は、諸抄《しょしょう》で仰せのように、漁業《ぎょぎょう》で生計《せいけい》を立てていた庶民《しょみん》の生まれでした。注5

当然、大聖人は幼年《ようねん》のころから、力を合わせて懸命《けんめい》に働《はたら》く、御両親と地域の人々との姿《すがた》をつぶさに御覧《ごらん》になっていたでしょう。

もっとも御両親は、その地域の土地を領有《りょうゆう》する領家《りょうけ》との繋《つな》がりがあったとされることから、地域の人たちのまとめ役のような、リーダー的存在にあったとも推察《すいさつ》されています。

いずれにしても、大聖人が庶民のなかで成長されたことは間違いない。

その恩に報いるために、智者となって民衆を救いたいというのが、「日本第一の智者となし給《たま》へ」（八八八ジペー）との誓願《せいがん》がもつ一つの意義《いぎ》です。

斉藤　「日本第一の智者《ちしゃ》」とは、決して民衆の上に立つエリートを目指されたわけではない、ということですね。

名誉会長　大聖人の仏法は、民衆が主役《しゅやく》の、民衆による民衆のための仏法です。若き大聖人の誓願は、まさしく、この民衆仏法としての方向性を決定づけたものと拝察《はいさつ》すべきでしょう。

斉藤　なぜ、父母《ふぼ》等の恩《おん》に報《むく》いるために「智者」にならなければならないのでしょうか。

名誉会長　御書を拝すると、明瞭《めいりょう》です。

父母を本当に救うためには、生死《しょうじ》の苦しみから救わなければならない。そして、そのためには、生死を超《こ》える仏法の真《しん》の智慧《ちえ》を持たなければならないからです。

大聖人は御幼少《ごようしょう》のときに仏法を学び、「先臨終《まずりんじゅう》の事《こと》を習《なろ》うて後《のち》に他事《たじ》を習《なら》うべし」（一四〇四ジペー）という願《がん》を立てたと言われています。注6

また、「日蓮は少《わか》きより今生《こんじょう》のいのりなし只仏《ただほとけ》にならんとをもふ計《ばか》りなり」（一一六九ジペー）とも言われている。仏になるとは、何よりも「生死の苦《く》」を超えることです。

これらの仰《おお》せから、生死《しょうじ》の問題が、大聖人の誓願《せいがん》における重要《じゅうよう》な要素《ようそ》をなしていたことは間違いないでしょう。

苦労して自分を育《そだ》ててくれた御両親に、そして御両親と一緒《いっしょ》に働《はたら》く人々に、真《しん》の幸福への大道《だいどう》を——。その深き御真情《ごしんじょう》から、大聖人は、仏法の根底《こんてい》を究《きわ》め、生死に関する究極《きゅうきょく》の真理《しんり》への到達《とうたつ》を誓願されたと拝される。

斉藤　民衆を真に安穏《あんのん》にするために、生死の苦《く》を超《こ》える智慧《ちえ》を得たいという誓願を立てられた。それが、「所願《しょがん》に子細《しさい》あり」と言われていることの一つのポイントですね。

名誉会長　御両親の漁師《りょうし》の仕事には、死《し》と隣《とな》り合わせの面がある。大聖人は、幼《おさな》き日から、死の問題を解決することが、人間の幸福に深く関係していくと感じられたのではないでしょうか。

「承久《じょうきゅう》の乱《らん》」以後の時代状況《じょうきょう》——力による支配

名誉会長　また、若き大聖人の誓願のもう一つのポイントは、時代状況との関連《かんれん》です。

大聖人が少年期を過《す》ごされた当時の社会には、父母《ふぼ》や民衆の幸福を祈らずにはいられない状況《じようきよう》があったのではないだろうか。

斉藤　大聖人が聖誕《せいたん》されたのは、一二二二年（貞応《じようおう》元年）。朝廷《ちようてい》が鎌倉幕府《かまくらばくふ》と覇権《はけん》を争《あらそ》って敗北《はいぼく》した「承久《じようきゆう》の乱《らん》」の翌年です。

名誉会長　承久の乱は、東国《とうごく》に限《かぎ》られていた幕府の権力が事実上、全国に及んでいく契《けい》機《き》になった大きな戦乱《せんらん》だね。

若き日の大聖人が、強く民衆救済《きゆうさい》を意識《いしき》された背景《はいけい》には、いわば「戦乱後の変動期《へんどうき》」というべき時代状況があった。

武士《ぶし》が覇権を確立《かくりつ》し、武家《ぶけ》社会が固《かた》まっていくことは、その限《かぎ》りでは安定期《あんていき》に入ったと言えます。

しかし、鋭敏《えいびん》な眼《まなこ》から見れば、必ずしも、真《しん》の安定とは、映《えい》じなかったのではないだろうか。

というのは、武家社会が確立したということは、本格的な「武力《ぶりよく》による支配」の時代がきたということにほかならないからです。

それは、「争《あらそ》いの時代」の到来《とうらい》を意味していた。

斉藤　前回、論じていただいたように、「争い」こそ末法《まっぽう》の時代の本質ですね。

名誉会長　大聖人は、それを鋭《するど》く感じ取られていたのではないだろうか。あるいは、そのことを痛感《つうかん》せざるを得《え》ない、何らかの出来事があったとも推察《すいさつ》される。

斉藤　例えば、一つの推測《すいそく》ですが、承久《じょうきゅう》の乱《らん》の武家《ぶけ》の勝利に乗《じょう》じて地頭《じとう》が傲慢《ごうまん》になり、その横暴《おうぼう》が何かと人々を苦しめていたのかもしれません。

名誉会長　たしかに、大聖人は後に、古くからの地域の領主《りょうしゅ》である「領家《りょうけ》」と、武家政《せい》権《けん》をバックに地域を支配するようになった「地頭」の争いにおいて、領家を助けておられる。

地頭の側に何らかの理不尽《りふじん》な行状《ぎょうじょう》があったことは事実でしょう。その時の地頭が、後の小松原《こまつばら》の法難《ほうなん》の首謀者《しゅぼうしゃ》・東条景信《とうじょうかげのぶ》です。

いずれにしても、「承久の乱」の帰趨《きすう》を、少年時代の大聖人が深く受け止められたことは、明らかです。[注7]

斉藤　後鳥羽上皇《ごとばじょうこう》を中心とする朝廷方《ちょうていがた》は、真言密教《しんごんみっきょう》によって、当時では最高度とされていた祈禱《きとう》を行《おこな》いました。人々が、祈禱に兵力《へいりょく》と同様《どうよう》の現実的な力があると考えていた時代です。

加《くわ》えて朝廷《ちょうてい》には伝統の権威《けんい》があり、それを重視《じゅうし》する世でもありました。朝廷方が勝利を収《おさ》めて当然と考えられていたのです。家臣《かしん》であり、さほどの祈禱を行ったわけでもない幕《ばく》府方《ふがた》の勝利に終わるとは、人々は考えもしなかったようです。

名誉会長　当時の既成観念《きせいかんねん》を覆《くつがえ》す事態《じたい》がなぜ起きたのかを、大聖人は鋭《するど》く思索《しさく》しておられた。

承久《じょうきゅう》の乱《らん》の結果は、伝統的権威に基《もと》づく従来の朝廷・貴族《きぞく》が世を治《おさ》める力を失《うしな》うとともに、その社会のなかに組み込まれていた既成仏教が無力化《むりょくか》したことをも意味していました。それは、従来の祈禱仏教の無力化を如実《にょじつ》に示していたのです。

大聖人は、父母《ふぼ》をはじめとして恩《おん》ある人々の苦悩《くのう》を救うための求道《きゅうどう》のなかで、このような問題を意識《いしき》するようになったと拝したい。

片《かた》や、欲望《よくぼう》と力がものをいう末法《まっぽう》の時代が進行《しんこう》している。片や、従来の仏教では民衆を救えないことがはっきりしてきた。

そのなかにあって、民衆救済《きゅうさい》と時代変革《へんかく》の力を持つ新しい仏教への希求《ききゅう》はいよいよ高まり、「日本第一の智者《ちしゃ》に」との熱願《ねつがん》は、いよいよ深まっていかれたに違いない。

「智慧《ちえ》の宝珠《ほうしゅ》」の体験、御修学《ごしゅうがく》、そして立宗《りっしゅう》

斎藤　誓願《せいがん》を立てた若き大聖人は、必死《ひっし》に祈り、研鑽《けんさん》されました。

そして、十六歳で正式《せいしき》に出家《しゅっけ》してから程《ほど》ないころ、清澄寺《せいちょうじ》の本尊の[注8]虚空蔵菩薩像《こくうぞうぼさつぞう》に祈願《きがん》し、その虚空蔵菩薩から明星《みょうじょう》のような「智慧の宝珠」を得《え》られたと、御書にあります。

その智慧によって、当時の[注9]八宗《はっしゅう》・十宗《じっしゅう》の教義《きょうぎ》の大綱《たいこう》を把握《はあく》できたと仰《おお》せです。


名誉会長　諸宗、諸経《しょきょう》の肝要《かんよう》を知る智慧とは、仏法の根本にかかわる智慧です。

要するに、妙法の智慧を開かれたのです。

民衆を根本から救いたいとの大誓願を持ち、必死《ひっし》に求道《きゅうどう》され、開覚《かいかく》されたのです。

斎藤　仏《ほとけ》の悟《さと》りを開いたと拝察《はいさつ》していいのでしょうか。

名誉会長　わが身の法性《ほっしょう》を、豁然《かつぜん》と開覚されたと拝することができます。

凡夫《ぼんぷ》の身に仏性《ぶっしょう》を開かれたのです。

斉藤　弱冠《じゃっかん》十六歳の若さで、悟《さと》りが得《え》られるものでしょうか。

名誉会長　どうすれば民衆を救えるかという深く真剣《しんけん》な祈りのゆえに、智慧《ちえ》の宝珠《ほうしゅ》を得られたと拝される。

大事なことは、大聖人が、それを到達点《とうたつてん》とされたのではなく、この悟りを出発点として、さらなる求道《きゅうどう》の道に入っていかれたことです。

斉藤　三十二歳の立宗《りっしゅう》まで、鎌倉《かまくら》や比叡山《ひえいざん》などで修学《しゅうがく》されます。

名誉会長　大聖人の誓願《せいがん》は、恩《おん》ある人々を救うために日本第一の智者《ちしゃ》になりたいということです。

その誓願を、御遊学《ごゆうがく》を通して、末法《まっぽう》全体を救済《きゅうさい》したいという誓願に深められていった。そして、広宣流布の大願《だいがん》として確立《かくりつ》され、立宗宣言《せんげん》に至《いた》る。

自分だけ悟りに安住《あんじゅう》するのは、ある意味では簡単《かんたん》です。大聖人の場合は、常に民衆を救い、末法の時代を現実に転換《てんかん》するための智慧を求めておられる。自分に悟りがあったからといって、それで終わりではない。

常に「誓願《せいがん》」があって「悟《さと》り」がある。

立宗後《りっしゅうご》も、大難《だいなん》を越えられながら誓願を貫《つらぬ》くことによって、悟りを深められ、ついには発迹顕本《ほっしゃくけんぽん》されて、末法《まっぽう》の御本仏《ごほんぶつ》の御境地《ごきょうち》を顕《あらわ》されていくのです。

斉藤　非常に重要《じゅうよう》なお話だと思います。「誓願」と「悟り」の関連《かんれん》を、もう少し詳《くわ》しくうかがいたいと思います。

名誉会長　最初は、清澄寺《せいちょうじ》での祈願《きがん》で大聖人の求道《きゅうどう》が始まり、その帰結《きけつ》として「智慧《ちえ》の宝珠《ほうしゅ》」の体験をなされます。これまで既《すで》に述べてきたように、これは「誓願から悟りへ」という内実《ないじつ》をもっています。

次に、御自身の悟りをもとに仏典《ぶってん》を求め、鎌倉《かまくら》や比叡山《ひえいざん》などで修学《しゅうがく》されます。そして、その帰結として広宣流布の大願《だいがん》を立てられ、立宗宣言《せんげん》に至《いた》ります。いうなれば「悟りに基《もと》づく大願の確立《かくりつ》」です。

そして、立宗以後、広宣流布の大願に立ち上がられた法華経の行者《ぎょうじゃ》として大難を乗り越えられ、その死身弘法《ししんぐほう》の実践《じっせん》によって、凡夫《ぼんぷ》の身に元初《がんじょ》の仏界《ぶっかい》を開く発迹顕本を遂《と》げていかれます。

斉藤　まず、御修学《ごしゅうがく》についてですが、御自身の悟《さと》りが仏法のなかでどういう位置にあるかを探究《たんきゅう》する意味があったと拝せますね。

名誉会長　末法救済《まっぽうきゅうさい》の法を、御自身の悟りに照《て》らして、奥深く求めていかれたと拝察《はいさつ》できる。

その結果、法華経が一切経《いっさいきょう》のなかでは第一であり、末法を救済する法は法華経である。御自身に開かれた智慧《ちえ》は、釈尊《しゃくそん》の教えのなかでは、法華経の妙法にあたり、この妙法以外に、末法の人々を生死《しょうじ》の苦《く》から解放《かいほう》し、欲望《よくぼう》と争《あらそ》いの末法の時代を変革《へんかく》していく法はないと結論されたと拝されます。

斉藤　この御修学の帰結《きけつ》として立宗宣言《りっしゅうせんげん》がなされます。これは、大難《だいなん》を覚悟《かくご》で「法華経の行者《ぎょうじゃ》」として生き抜く大決意のもとになされたと思われます。

前回、論じていただきましたが、法華経の行者とは、要するに、末法広宣流布の大願《だいがん》に生き抜く人のことですね。

名誉会長　御修学の結論として、広宣流布の大願を立てられたのです。

それは、御幼少《ごようしょう》の時の誓願《せいがん》につながるとともに、法華経に説かれる仏《ほとけ》の大願を受け継《つ》いでいくという明確《めいかく》な御自覚《ごじかく》が伴《ともな》っていた。

斉藤 その御自覚のなかには、地涌《じゆ》の菩薩《ぼさつ》の棟梁《とうりょう》・上行《じょうぎょう》菩薩の使命《しめい》を担《にな》っていくということも含《ふく》まれているのではないでしょうか。

名誉会長 そのことは御書には示されてはいませんが、立宗《りっしゅう》の時に「日蓮」と名乗《なの》られたこと自体が、それを強く示唆《しさ》しています。

日蓮とは、「日月《にちがつ》」と「蓮華《れんげ》」です。法華経では、上行菩薩は衆生《しゅじょう》の闇《やみ》を照《て》らす日月であると説かれています。

また地涌の菩薩は、泥沼《どろぬま》に清《きよ》らかな花を開く蓮華に譬《たと》えられます。注10

さらに、蓮華は、五濁《ごじょく》の悪世《あくせ》において、九界《きゅうかい》の凡夫《ぼんぷ》の当体《とうたい》に仏界《ぶっかい》を開く因果倶時《いんがぐじ》注11の妙法を譬《たと》えているといってもいいでしょう。

立宗から発迹顕本《ほっしゃくけんぽん》へ

斉藤 三十二歳の立宗から五十三歳で身延《みのぶ》に入山《にゅうざん》するまでの二十一年間は、四度の大難《だいなん》をはじめとして、難《なん》が相次《あいつ》いで押《お》し寄せてきます。

名誉会長　すべての大難《だいなん》を忍《しの》ばれながら、未来永遠《みらいえいえん》の一切衆生《いっさいしゅじょう》のために、大法《だいほう》を留《とど》め残してくださったのです。「難来《きた》るを以《もっ》て安楽《あんらく》と意得《こころう》可《べ》きなり」（七五〇㌻）です。

心に広宣流布の大願《だいがん》が屹立《きつりつ》していれば、いかなる大難も風の前の塵《ちり》のようなものである。むしろ「難即悟《そくご》達《だつ》」です。

忍難弘《にんなんぐ》通《つう》の戦いによって、仏界《ぶっかい》の生命は輝《かがや》きわたっていく。そこに最極《さいごく》の人間性の錬磨《れんま》がある。それこそが、即身成仏《そくしんじょうぶつ》の直道《じきどう》であり、一生《いっしょう》成仏の無上道《むじょうどう》です。

その極理《ごくり》を、末法《まっぽう》のはじめに先駆《せんく》を切って、身をもって実証《じっしょう》された方が、日蓮大聖人です。ゆえに、私たちは、大聖人を末法の御本仏《ごほんぶつ》と信奉《しんぽう》するのです。

一つ一つの法難《ほうなん》の歴史については、いずれ詳《くわ》しく論じ合いましょう。

斉藤　大聖人は、竜《たつ》の口《くち》の法難の時に[注12]発迹顕本《ほっしゃくけんぽん》され、御本仏としての境地《きょうち》を顕《あらわ》されていきます。

名誉会長　大聖人は「開目抄《かいもくしょう》」で、この御本仏の御生命を「魂魄《こんぱく》」と言われています。

斉藤　拝読《はいどく》します。

「日蓮といゐし者は去年《こぞ》九月十二日子丑《ねうし》の時に頸《くび》はねられぬ、此《こ》れは魂魄《こんぱく》・佐土《さど》の国にいたりて返年《かえるとし》の二月・雪中《せっちゅう》にしるして有縁《うえん》の弟子《でし》へをくれ《贈》ばをそろし《畏》くて・をそろし《怕》からず」（一二二三ページ）

〈**通解**〉日蓮という凡夫《ぼんぷ》は去年《きょねん》の九月十二日の子丑の時（午後十一時〜午前三時）に首《くび》をはねられたのである。今ここにいるのは日蓮の魂魄が佐渡《さど》の国に至《いた》って、翌年の二月に雪の中でこの「開目抄《かいもくしょう》」を書き、有縁の弟子に送っているのである。したがって、これから述べる勧持品《かんじほん》の三類《さんるい》の強敵《ごうてき》がいかに恐《おそ》ろしい迫害者《はくがいしゃ》であろうとも、魂魄そのものである日蓮にとっては何も恐ろしくないのである。

名誉会長　大願《だいがん》を貫《つらぬ》かれながら、幾多《いくた》の大難《だいなん》を越えてこられた大聖人は、竜《たつ》の口《くち》の法難という、生命に及ぶ最大の迫害をも勝ち越えられました。

ここで仰《おお》せの大聖人の「魂魄」とは、万人《ばんにん》に具《そな》わる元初《がんじょ》の仏界《ぶっかい》の生命です。その生命を、大聖人という一個の御人格の真髄《しんずい》として成就《じょうじゅ》されたがゆえに、「魂魄」と言われているのです。

その生命は、自由自《じ》在《ざい》であり、晴れ晴れと開かれています。生きとし生けるものへの慈《いつく》しみに満《み》ち、苦悩《くのう》する存在への同苦《どうく》が漲《みなぎ》っている。

また、決して枯《か》れることない智慧《ちえ》と精神力《せいしんりょく》が迸《ほとばし》り、尽《つ》きない生命力と福徳《ふくとく》が涌《わ》き出ている。さらに、自他《じた》の悪《あく》と戦う勇気《ゆうき》が燃《も》え、何ものにも恐《おそ》れることはない。

そういう仏界《ぶっかい》の生命を、味《あじ》わい、楽《たの》しみ切っていくことが、人生の至高《しこう》の意義《いぎ》です。人間が「心」を持っているのは、苦しむためでなく、仏界の常楽我浄《じょうらくがじょう》の大境涯《だいきょうがい》を味わい尽くすためです。

これ以上の楽しみはない。ゆえに、法華経の寿量品《じゅりょうほん》では、この現実世界を「衆生所遊楽《しゅじょうしょゆらく》」(法華経四九一ジペー)と説かれているのです。

末法《まっぽう》の根本的な救済《きゅうさい》と変革《へんかく》は、これを教えるしかない。

日蓮大聖人は、この希望の光源《こうげん》を顕《あらわ》し、末法の闇《やみ》を照《て》らしてくださった。ゆえに「日《にち》月《がっ》」なのです。

そして、五濁《ごじょく》の世、恐怖《きょうふ》の悪世《あくせ》に耐《た》えて、元初《がんじょ》の仏界の生命を開花《かいか》させてくださった。それは、泥沼《どろぬま》でも清浄《せいじょう》な花を咲《さ》かせる白蓮華《びゃくれんげ》のようです。ゆえに「蓮華」です。

そして、この元初の生命を万人《ばんにん》に教えるために、大聖人は御自身の魂魄《こんぱく》を御本尊として顕《あらわ》されたのです。

斉藤　御書には「日蓮がたましひ《魂》」を図顕《ずけん》されたのが御本尊であると仰《おお》せです。注13

名誉会長　万人《ばんにん》が元初《がんじょ》の仏界《ぶっかい》を成就《じょうじゅ》するための「明鏡《めいきょう》」として顕されたのです。

御本尊には、法華経に説かれた「万人の成仏《じょうぶつ》」という仏《ほとけ》の大願《だいがん》が込められています。御《ご》本仏《ほんぶつ》の大慈大悲《だいじだいひ》の結晶《けっしょう》であり、全衆生《ぜんしゅじょう》の求道《きゅうどう》すべき根本尊敬《そんけい》の当体《とうたい》なのです。

したがって、大聖人は、御本尊を「法華弘通《ほっけぐつう》のはたじるし《旌》」（一二四三㌻）であるとも仰せです。

斉藤　日顕宗《にっけんしゅう》のような広宣流布の大願も実践《じっせん》もない者たち、それどころか広宣流布を破《は》壊《かい》しようとした者たちには、所詮《しょせん》、正しい御本尊を弘《ひろ》めることは絶対にできない。

現代の提婆達多《だいばだった》としての魔性《ましょう》の正体《しょうたい》は、明々白々《めいめいはくはく》です。

名誉会長　「開目抄《かいもくしょう》」には、「仏と提婆とは身と影《かげ》とのごとし」（二三〇㌻）と、仰せである。

学会こそ、広宣流布の大願が脈動《みゃくどう》する真実《しんじつ》の大聖人の教団《きょうだん》である。だから、破和合僧《はわごうそう》の提婆が嫉妬《しっと》し、憎悪《ぞうお》し、襲《おそ》いかかってきた。

学会は、本物《ほんもの》のなかの本物です。ゆえに、極悪《ごくあく》を打ち破《やぶ》り、いやまして威光勢力《いこうせいりょく》を増《ま》しながら、「一閻浮提《いちえんぶだい》広宣流布」を成《な》し遂《と》げています。

悟《さと》りと誓願《せいがん》

斉藤　今までの考察《こうさつ》を整理《せいり》させていただきます。

誓願を中心に大聖人の御生涯《ごしょうがい》を拝すると、出家《しゅっけ》から発迹顕本《ほっしゃくけんぽん》までは「若き日の誓願」→「智慧《ちえ》の宝珠《ほうしゅ》」→「修学《しゅうがく》」→「立宗時《りっしゅうじ》の誓願」→「法華経の行者《ぎょうじゃ》の実践《じっせん》・大難《だいなん》」→「発迹顕本」となります。

名誉会長　発迹顕本以後は、末法万年《まっぽうまんねん》の広宣流布に向けて、流通《るつう》の法体《ほったい》の確立《かくりつ》に力が注《そそ》がれていきます。

大聖人は、それによって、御自身の誓願と悟りを全世界の民衆に伝えようとされたのです。

斉藤　これをさらに簡潔《かんけつ》にまとめれば、大聖人の御一代《ごいちだい》は「誓願→悟り→誓願の深化《しんか》→

悟《さと》りの深化《しんか》」というリズムになっていると拝察《はいさつ》できます。

名誉会長　そこに一貫《いっかん》して貫《つらぬ》かれているのは、民衆救済《きゅうさい》の実践《じっせん》です。

仏《ほとけ》とは、決して静的《せいてき》な絶対者ではありません。苦悩《くのう》する民衆に会えば同苦《どうく》し、時代の行《い》き詰《づ》まりを感じては、時代変革《へんかく》のために心を砕《くだ》く。

そして、民衆救済、時代変革のために戦おうという誓願《せいがん》を起こす。悟りは、その誓願の力によって、豊穣《ほうじょう》な智慧《ちえ》へと成熟《せいじゅく》する。

釈尊《しゃくそん》が悟ったとき、最初はそのまま悟りの安楽《あんらく》な世界に安住《あんじゅう》してしまおうと考えたが、梵天《ぼんてん》の願いに促《うなが》されて、法を説いて人々を救っていこうと決意します。

これが、いわゆる「梵天勧請《かんじょう》」です。

斉藤　梵天は、現実世界の主《あるじ》とされるインドの神ですね。

名誉会長　その梵天が、釈尊が法を説くのをやめて、悟りの安楽に浸《ひた》ったまま涅槃《ねはん》に入ってしまおうかと迷《まよ》っていたときに、「それでは世界が滅《ほろ》びてしまう」と叫《さけ》んで、釈尊に説法《せっぽう》を勧《すす》めたと言われる。そこで釈尊は、説法を決意する。

この梵天勧請は、釈尊己心《こしん》の生命のドラマであり、釈尊が現実世界に生きる民衆の声を聞いたことを意味すると解釈《かいしゃく》できます。

とすれば、梵天《ぼんてん》の勧《すす》めと釈尊《しゃくそん》の決意は、釈尊の「悟《さと》りの後の誓願《せいがん》」ととることができるでしょう。「悟り」が「誓願」と一体化して、人々を救い、時代を変革《へんかく》する智慧《ちえ》になったとき、真《しん》の仏《ほとけ》の悟りと言えるのです。

法華経方便品《ほうべんぼん》にも、梵天勧請《かんじょう》にあたるものが説かれているね。

斉藤　はい。すべての諸天善神《しょてんぜんじん》による勧請になっています。

また、十方《じっぽう》の諸仏《しょぶつ》によって悟りの力を衆生《しゅじょう》を救う智慧として発揮《はっき》するよう勧められています（法華経一四〇〜一四三㌻）。

名誉会長　天台大師《てんだいだいし》の悟りも、大蘇山《だいそざん》での開悟《かいご》と、天台山華頂峰《かちょうほう》で老僧《ろうそう》から慈悲《じひ》の実践《じっせん》を勧められる体験の二つがあったと言われている。注14

斉藤　ええ。後者《こうしゃ》の体験があって後に、『摩訶止観《まかしかん》』『法華玄義《ほっけげんぎ》』『法華文句《もんぐ》』の天台三大部の講義《こうぎ》が行《おこな》われたとされます。

悟りといっても、まず、妙法に対して生命が開かれ始めた段階《だんかい》がある。

そして妙法が、その人の生命に浸透《しんとう》し、完全に一体化して、その力が人間的な智慧や人格・行動として現れてくる段階《だんかい》があるのですね。

名誉会長　これは、二つの方向があるともいえる。「不変真如《ふへんしんによ》の理《り》」に帰《き》することと、「随縁真如《ずいえんしんにょ》の智《ち》」に命《もとず》くことです。大聖人は南無妙法蓮華経の「南無《なむ》」には、この二つの方向が、具《そな》わっていると説かれます。注15

また、「如去《にょこ》」（真如に去《さ》る）は前者《ぜんしゃ》、「如来《にょらい》」（真如から来《きた》る）は後者《こうしゃ》です。注16

斉藤　二段階と言えば、戸田先生注17の獄中《ごくちゅう》の悟達《ごだつ》にも、二つの段階があると思います。

名誉会長　そう。法難《ほうなん》の獄中にあって、戸田先生は「法華経」を身読《しんどく》され、「仏《ほとけ》とは生命なり」と開覚《かいかく》されました。

平明《へいめい》な現代語で、仏法の真髄《しんずい》を現代に蘇《よみがえ》らせた卓越《たくえつ》した言葉です。これは、仏法の究極《きゅうきょく》の真理《しんり》に心眼《しんがん》が開かれた段階です。

また事実として、わが如来の生命の力を発揮《はっき》する菩薩《ぼさつ》が「地涌《じゆ》の菩薩」です。だからこそ、釈尊《しゃくそん》から滅後《めつご》の弘教《ぐきょう》を託《たく》されたのです。

戸田先生は、「仏とは生命」との真理を開覚した後に、法華経涌出品《ゆじゅつぽん》を読誦《どくじゅ》するなかで、地涌《じゆ》の菩薩《ぼさつ》の法華経の広宣流布の使命《しめい》をわが使命として自覚《じかく》されました。

これは、戸田先生の生命が、妙法と一体化して、まさに事実として「仏《ほとけ》とはわが生命」と自覚されたのです。

その象徴《しょうちょう》が、自《みずか》らが法華経の虚空会《こくうえ》[注18]に参列《さんれつ》しているとの独房《どくぼう》での体験です。

地涌の菩薩は、常に妙法を修行《しゅぎょう》し、瞬間《しゅんかん》瞬間、永遠《えいえん》の生命を呼吸《こきゅう》している菩薩です。修行する姿《すがた》は菩薩でも、内面の境涯《きょうがい》は仏です。

地涌の菩薩として虚空会の儀式《ぎしき》に参列されていたという戸田先生のご境涯は、永遠《えいえん》の生命の世界、本仏《ほんぶつ》の真如《しんにょ》の世界に確かに入られたということではないだろうか。

創価学会の誓願《せいがん》

斉藤　この獄中《ごくちゅう》の悟達《ごだつ》が、戦後の大前進の原点《げんてん》になったのですね。

名誉会長　そうです。この「地涌の使命の自覚」から、戸田先生は第二代会長の推戴《すいたい》を受けられた。そして、七十五万世帯《せたい》の折伏《しゃくぶく》という歴史に残る学会の大誓願を師子吼《ししく》したのです。

青年の皆《みな》さんのために、先生の指導を確認《かくにん》しておきましょう。

斉藤　戸田先生の第二代会長就任式《しゅうにんしき》の講演《こうえん》を拝読《はいどく》します。（一九五一年五月三日）

「現代において、仏《ほとけ》と等《ひと》しい境涯《きょうがい》に立ち、この世界を心から愛する道に徹《てつ》するならば、ただ折伏《しゃくぶく》以外の方法は、すべてなにものもないのであります。

これこそ各人の幸福への最高手段《しゅだん》であり、世界平和への最短距離《さいたんきょり》であり、一国隆昌《いっこくりゅうしょう》の一大秘訣《ひけつ》なのであります。

故《ゆえ》に、私は折伏行こそ、仏法の修行中《しゅぎょうちゅう》、最高のものであるというのです。

折伏行は人類《じんるい》の幸福のためであり、仏法でいう衆生済度《しゅじょうさいど》の問題であるので、仏の境涯と一致《いっち》するのであります。

したがって、折伏をなすものは慈悲《じひ》の境涯にあることを忘《わす》れてはなりませぬ。宗門論争《ろんそう》でもなく、宗門の拡張《かくちょう》のためでも決してない。

御本仏《ごほんぶつ》・日蓮大聖人の慈悲を行ずるのであり、仏にかわって仏の事《じ》を行ずるのであることを、夢《ゆめ》にも忘れてはなりませんぞ。

この一念《いちねん》に立って、私は、いよいよ大折伏《だいしゃくぶく》を果敢《かかん》に実践《じっせん》せんとするものであります。時はすでに熟《じゅく》しきっている。日蓮大聖人立宗宣言《りっしゅうせんげん》あって七百年――その日を明年にひかえて考うるに、創価学会のごとき団体の出現《しゅつげん》が、過去七百年間に、いったいどこに、どの時代にあったでありましょうか。大いに誇《ほこ》りをもっていただきたいのであります。

私の自覚《じかく》にまかせて言うならば、私は広宣流布のために、この身を捨《す》てます！

私が生きている間《あいだ》に、七十五万世帯《せたい》の折伏は私の手でいたします。

もし私のこの願いが、生きている間に達成《たっせい》できなかったならば、私の葬式《そうしき》は出してくださるな。

遺骸《いがい》は品川《しながわ》の沖《おき》に投《な》げ捨てなさい！　よろしいか！」

名誉会長　御書に仰《おお》せ通りの「仏《ほとけ》と等《ひと》しい境涯《きょうがい》」に立っての大宣言です。

こうして、大聖人の誓願《せいがん》は現代に蘇《よみがえ》ったのです。

斉藤　七十五万世帯という途方《とほう》もない数字に、実《じつ》にいろいろな反応《はんのう》があったとお聞きしています。

名誉会長　当時の学会の全世帯数は数千だから、まさか七年で成《な》し遂《と》げるとは、誰《だれ》も考えていなかったでしょう。

ある人は「七万五千」の間違いではないか（笑い）。ある人は、戸田先生は更賜寿命《きょうしじゅみょう》で、途方《とほう》もなく長生《ながい》きをされるのではと考えた（笑い）。

ある人は戸田先生を品川沖《しながわおき》に流すことなど、とてもできないと本気《ほんき》で嘆《なげ》いた。

なにしろ、その時の聖教新聞の報道にすら、「七十五万」という数字は一回も出てこなかったくらいです。品川沖どころか、師《し》の誓願《せいがん》を葬《ほうむ》り去《さ》ろうとした幹部がいたのかもしれない。

私自身は、これから広宣流布の真剣《しんけん》勝負が始まるのだなと心が引き締《し》まる思いだった。とにかく戸田先生の切実《せつじつ》な思いは皆《みな》に伝わってきた。

それで、皆、立ち上がったのです。

私も戸田先生の弟子《でし》として、師匠《ししょう》の願業《がんぎょう》を実現するために、青年部の先頭《せんとう》に立って、折伏《しゃくぶく》・弘教《ぐきょう》の大前進を開始しました。

斉藤　七十五万達成《たっせい》の突破口《とっぱこう》となった、若き池田先生の蒲田《かまた》での「二月闘争《とうそう》」から、この二月（二〇〇二年）で満五十年になります。

名誉会長　一切《いっさい》の原点《げんてん》は「師弟《してい》」です。戸田先生の獄中《ごくちゅう》の悟達《ごだつ》も、牧口先生と師弟不二《ふに》の心で、死身弘法《ししんぐほう》の信心に奮《ふる》い立たれたことに起因《きいん》する。

牧口先生は、大聖人の仏法が、僧侶《そうりょ》に拝《おが》んでもらう宗教なのではなく、自他共《じたとも》の幸福を目指す大善《だいぜん》生活を実現できる宗教であるとの本質を見抜《みぬ》かれていた。だから、僧侶に拝んでもらうだけの単なる信者《しんじゃ》であっては絶対にならないと叫《さけ》ばれた。

斉藤　はい。こう述べられています。

「信者と行者《ぎょうじゃ》を区別しなければならない。信ずるだけでも御願《おねが》いをすれば、御利益《ごりやく》はあるに相違《そうい》ないが、ただそれだけでは菩薩行《ぼさつぎょう》にはならない。自分ばかり御利益を得《え》て、他人に施《ほどこ》さぬような個人主義の仏《ほとけ》はないはずである。菩薩行をせねば仏にはなられぬのである。即《すなわ》ち親心《おやごころ》になって他人に施すのが真《しん》の信者であり、かつ行者である。が、さてそうすると必ず魔《ま》が競《きそ》い起こる……自分一個のために信仰している小善《しょうぜん》生活の人には決して魔は起こらない。之《こ》れに反して菩薩行という大善生活をやれば必ず魔が起こる。起こることを以《も》って行者と知るべきである」（『牧口常三郎全集』第十巻）

名誉会長　障魔《しょうま》が起こっても菩薩行《ぼさつぎょう》という大善《だいぜん》生活を貫《つらぬ》け！　と呼《よ》びかけておられる。まさに、大聖人が一生涯《いっしょうがい》、貫かれた広宣流布の大願《だいがん》に直結《ちょっけつ》する行動です。

斉藤　学会は牧口先生から三代にわたって広宣流布の大願を確かに受け継《つ》ぎ、また大きく広げてきたのですね。

牧口先生が戸田先生に語り、戸田先生が池田先生に語った「一千万」の実現の願いは、まさに象徴的《しょうちょうてき》です。

名誉会長　広宣流布の大願をもって拝してこそ、大聖人が一閻浮提総与《いちえんぶだいそうよ》の大御本尊を建立《こんりゅう》された御心《おこころ》に適《かな》う。御本仏《ごほんぶつ》の仏界《ぶっかい》の生命が感応《かんのう》してくる。

だから学会の信心には、無量無辺《むりょうむへん》の大功徳《だいくどく》がある。

万年《まんねん》の外《ほか》、未来《みらい》までも

名誉会長　最後に、「報恩抄《ほうおんしょう》」の御文《ごもん》を拝しておきたい。大聖人の勝利宣言《せんげん》、末法《まっぽう》万年の広宣流布宣言とも言うべき一節です。

斉藤　謹《つつし》んで拝読《はいどく》します。

「日蓮が慈悲《じひ》曠大《こうだい》ならば南無妙法蓮華経は万年《まんねん》の外《ほか》・未来《みらい》までもながる《流布》べし、日本国の一切衆生《いっさいしゅじょう》の盲目《もうもく》をひらける功徳《くどく》あり、無間地獄《むけんじごく》の道をふさぎぬ、此《こ》の功徳は伝教《でんぎょう》・天台《てんだい》にも超《こ》へ竜樹《りゅうじゅ》・迦葉《かしょう》にもすぐれたり、極楽《ごくらく》百年の修行《しゅぎょう》は穢土《えど》の一日の功徳に及ばず、正像《しょうぞう》二千年の弘通《ぐつう》は末法《まっぽう》の一時《いちじ》に劣《おと》るか、是《こ》れひとへに日蓮が智《ち》のかしこきには・あらず時《とき》のしからしむる耳《のみ》、春は花さき秋は菓《このみ》なる夏は・あたたか《暖》に冬は・つめた《冷》し時のしからしむるに有《あ》らずや」（三二九㌻）

〈通解〉日蓮の慈悲が曠大であれば南無妙法蓮華経は万年のほか、未来までも流布《るふ》するであろう。日本国の一切衆生の盲目を開く功徳がある。無間地獄の道をふさいだのである。この功徳は伝教・天台にも超過《ちょうか》し、竜樹・迦葉にもすぐれている。極楽百年の修行は、穢土の一日の修行の功徳に及ばない。正法《しょうほう》・像法《ぞうほう》二千年の弘通は、末法の一時の弘通に劣るであろう。

　これは、ひとえに日蓮の智慧《ちえ》がすぐれているからではなく、時《とき》がそうさせるのである。春には花が咲《さ》き、秋には果実《かじつ》がなる。夏は暖《あたた》かく、冬は冷《つめ》たい。これも時がそうさせることではないか。

名誉会長 これは、大聖人の未来《みらい》に向けての誓願《せいがん》であり、未来の法華経の行者《ぎょうじゃ》に呼《よ》びかける御遺命《ごゆいめい》の文《もん》とも拝することができる。

「日蓮が慈悲曠大《じひこうだい》」とは――大聖人が末法《まっぽう》の衆生《しゅじょう》を根底《こんてい》から救う法戦《ほうせん》をしてくださったこと。大難《だいなん》に耐《た》え抜いて、そして、その戦いのなかから万人《ばんにん》を救う仏種《ぶっしゅ》である南無妙法蓮華経を顕《あらわ》してくださったことです。

その功徳《くどく》は、末法万年《まんねん》を超《こ》えて尽未来際《じんみらいさい》まで及ぶと仰《おお》せです。

広宣流布の源流《げんりゅう》における大聖人のこの戦いを受け継《つ》ぎ、断《だん》じて絶《た》やしてはならない。そして、その無限《むげん》の功徳を、一人《ひとり》でも多くの人に受けさせていきなさい。そこにこそ、人類《じんるい》の「平和」と「幸福」の光道《こうどう》がある――。

そのように、私たちに呼びかけてくださっているのです。

末法万年から見れば、まだまだ草創期《そうそうき》です。

初めて広宣流布が世界に拡大《かくだい》したのが、現代です。その時代を担《にな》う自覚《じかく》も新《あら》たに、勇《いさ》み進んでいきましょう。

解説

33 **注1** 「善無畏三蔵抄《ぜんむいさんぞうしょう》」に「幼少《ようしょう》の時より虚空蔵菩薩《こくうぞうぼさつ》に願《がん》を立てて云《いわ》く日本第一の智者《ちしゃ》となし給《たま》へと云云《うんぬん》、虚空蔵菩薩眼前《がんぜん》に高僧《こうそう》とならせ給いて明星《みょうじょう》の如《ごと》くなる智慧《ちえ》の宝珠《ほうしゅ》を授《さず》けさせ給いき、其《そ》のしるしにや日本国の八宗並《なら》びに禅宗《ぜんしゅう》・念仏宗《ねんぶつしゅう》等の大綱《たいこう》・粗伺《ほぼうかが》ひ侍《はべ》りぬ」（八八八㌻）とある。また「破良観等御書《はりょうかんとうごしょ》」には「予《よ》はかつしろしめされて候《そうろう》がごとく幼少の時より学文《がくもん》に心をかけし上・大虚空蔵菩薩の御宝前《ごほうぜん》に願《がん》を立て日本第一の智者となし給へ、十二のとしより此《こ》の願を立つ其《そ》の所願《しょがん》に子細《しさい》あり」（一二九二㌻）と述べられている。

34 **注2** 「開目抄《かいもくしょう》」に「法華経は一句《いっく》一偈《いちげ》も末代《まつだい》に持《たも》ちがたしと・とかるるは・これなるべし、今《こん》度《ど》・強盛《ごうじょう》の菩提心《ぼだいしん》を・をこして退転《たいてん》せじと願《がん》しぬ」（二〇〇㌻）とある。

34 **注3** **清澄寺《せいちょうじ》**　安房国長狭郡東条郷《あわのくにながさごおりとうじょうごう》（現在の千葉県安房郡天津《あまつ》小湊町《こみなとまち》）にある寺院。日蓮大聖人は十二歳の時にこの寺院に登り、十六歳の時に出家得度《しゅっけとくど》された。同寺は七七一年、無名《むめい》の法師《ほっし》が虚空蔵菩薩《こくうぞうぼさつ》像《ぞう》を刻《きざ》んで小堂《しょうどう》を営《いとな》んだのが始まりとされ、一時中絶《ちゅうぜつ》したのを八三六年、慈覚大師《じかくだいし》円《えん》仁《にん》が再興《さいこう》し、天台宗《てんだいしゅう》に改《あらた》めたと伝えられている。大聖人が聖誕《せいたん》された一二二二年のころには、源《みなもとのよりとも》頼朝の妻・北条政子《ほうじょうまさこ》の保護《ほご》を受けて繁栄《はんえい》していた。当時の天台宗寺院の通例《つうれい》として、本来の天台仏教に加《くわ》えて真言密教《しんごんみっきょう》や念仏《ねんぶつ》信仰が行《おこな》われていた。

36 注4 「報恩抄《ほうおんしょう》」に「いかにいわうや仏教をならはん者父母《ふぼ》・師匠《ししょう》・国恩《こくおん》をわするべしや、此《こ》の大《だい》恩《おん》をほうぜんには必ず仏法をならひきはめ智者《ちしゃ》とならで叶《かな》うべきか」（二九三㌻）とある。

36 注5 大聖人は御自身の生まれについて以下のように述べられている。

「日蓮は安房《あわ》の国・東条片海《とうじょうかたうみ》の石中《いそなか》の賤民《せんみん》が子なり」（八八三㌻）、「日蓮は……安房の国長狭《ながさ》の郡《こおり》・東条の郷《ごう》・片海の海人《あま》が子なり」（三七〇㌻）、「日蓮は日本国・東夷《とうい》・東条・安房の国・海辺の旃陀羅《せんだら》が子なり」（八九一㌻）、「日蓮今生《こんじょう》には貧窮下賤《びんぐげせん》の者と生れ旃陀羅が家より出《いで》たり」（九五八㌻）、「然《しか》るに日蓮は中国《ちゅうごく》・都《みやこ》の者にもあらず・辺国《へんごく》の将軍《しょうぐん》等の子息《しそく》にもあらず・遠国《おんごく》の者・民《たみ》が子にて候《そうら》いしかば……」（一三三二㌻）

37 注6 「妙法尼御前御返事《みょうほうあまごぜんごへんじ》」に「夫以《それおもん》みれば日蓮幼少《ようしょう》の時より仏法を学び候《そうら》いしが念願《ねんがん》すらく人の寿命《いのち》は無常《むじょう》なり、出《いづ》る気《いき》は入《い》る気を待《ま》つ事《こと》なし・風の前の露尚譬《つゆなおたと》えにあらず、かしこ《賢》きもはかな《愚》きも老《お》いたるも若きも定め無《な》き習《なら》いなり、されば先臨終《まずりんじゅう》の事《こと》を習うて後《のち》に他事《たじ》を習うべしと思いて……」（一四〇四㌻）とある。また、「妙法比丘尼《びくに》御返事」に「日蓮は日本国安房の国と申す国に生れて候しが、民《たみ》の家《いえ》より出でて頭《こうべ》をそり袈裟《けさ》をきたり、此《こ》の度《たび》いかにもして仏種《ぶっしゅ》をもうへ《植》生死《しょうじ》を離《はな》るる身とならんと思いて候《そうらい》し程《ほど》に、皆人《みな》の願わせ給《たま》う事なれば阿弥陀仏《あみだぶつ》をたのみ奉《たてまつ》り幼少より名号《みょうごう》を唱《とな》え候し程に、いささかの事ありて、此の事を疑《うたが》いし故《ゆえ》に一《ひとつ》の願《がん》をおこす」（一四〇七ページ）とある。

40 **注7** 「神国王御書《しんこくおう》」に「日蓮此《こ》の事《こと》（承久《じょうきゅう》の乱《らん》で朝廷方《ちょうていがた》が敗北《はいぼく》したこと）を疑《うたが》いしゆへに幼少《ようしょう》の比《ころ》より随分《ずいぶん》に顕密二《けんみつに》道《どう》・並《なら》びに諸宗の一切《いっさい》の経《きょう》を・或《あるい》は人にならい《習》・或は我《わ》れと開見《かいけん》し勘《かんが》へ見て候《そうら》へば故《ゆえ》の候いけるぞ、我が面《おもて》を見る事は明鏡《めいきょう》によるべし・国土《こくど》の盛衰《せいすい》を計《はか》ることは仏鏡《ぶっきょう》にはすぐべからず」（一五二一ページ）とある。

42 **注8** **虚空蔵菩薩《こくうぞうぼさつ》** 虚空のように広大無辺《こうだいむへん》でゆるぎない智慧《ちえ》と福徳《ふくとく》を具《そな》え、これを衆生《しゅじょう》に与《あた》え、願いを満《み》たして救うという菩薩のこと。形像《けいぞう》には諸説《しょせつ》があるが、右手に智慧の利剣《りけん》、左手に福徳の蓮華《れんげ》と如意宝珠《にょいほうしゅ》を持った姿《すがた》に描《えが》かれる。

42 **注9** **八宗《はっしゅう》・十宗《じっしゅう》** 当時の日本に伝えられていた仏教の全宗派。奈良《なら》時代・平安《へいあん》時代に中国から伝えられた南都《なんと》六宗と天台宗《てんだいしゅう》・真言宗《しんごんしゅう》で八宗、これに新しく流行《りゅうこう》した念仏宗《ねんぶつしゅう》と禅宗《ぜんしゅう》を加《くわ》えて十宗。

46 **注10** 「四条金吾女房御書《しじょうきんごにょうぼう》」に「法華経は日月《にちがつ》と蓮華《れんげ》となり故《ゆえ》に妙法蓮華経と名《なず》く、日蓮又《また》日月と蓮華との如《ごと》くなり、信心の水すまば利生《りしょう》の月《つき》・必ず応《おう》を垂《た》れ守護《しゅご》し給《たま》うべし」（一一〇九ページ）と仰《おお》せである。また、法華経如来神力品《にょらいじんりきほん》第二十一には釈尊滅後《しゃくそんめつご》に出現する上行菩薩《じょうぎょうぼさつ》の振《ふ》る舞《ま》いを説くなかに「日月《にちがつ》の光明《こうみょう》の　能《よ》く諸《もろもろ》の幽冥《ゆみょう》を除《のぞ》くが如《ごと》く　斯《こ》の人は世間《せけん》に行《ぎょう》じて　能く衆生《しゅじょう》の闇《やみ》を滅《めっ》し　無量《むりょう》の菩薩をして　畢竟《ひっきょう》して一乗《いちじょう》に住《じゅう》せしめん」（法華経五七五ページ）とあり、従地涌出《じゅうちゆじゅっ》品《ぽん》第十五には「善《よ》く菩薩の道《どう》を学《がく》して　世間の法に染《そ》まらざること　蓮華の水《みず》に在《あ》るが如《ごと》し」

（法華経四七一㌻）とある。

46 **注11 因果倶時《いんがぐじ》** 仏道修行《しゅぎょう》をする因《いん》の立場である九界と成仏《じょうぶつ》の境地《きょうち》を得《え》た果《か》の立場である仏界《ぶっかい》が、一つの生命に倶《とも》に同時に具《そな》わっていること。法華経には、万人《ばんにん》に仏性《ぶっしょう》が本来具わっていて開くことができると説かれ、十界互具《ごぐ》が明かされ、因果倶時の妙法が示されている。

47 **注12 発迹顕本《ほっしゃくけんぽん》** 仏《ほとけ》・菩薩《ぼさつ》が迹《しゃく》（仮《かり》の姿《すがた》）を開いて本地《ほんち》（本来の境地《きょうち》）を顕《あらわ》すこと。元来《がんらい》は、法華経如来寿量品《にょらいじゅりょうほん》第十六において、釈尊《しゃくそん》が始成正覚《しじょうしょうかく》の迹を開いて久遠実成《くおんじつじょう》の本地を顕したことを言うが、ここでは凡夫《ぼんぷ》の身の当体《とうたい》に究極《きゅうきょく》の仏界《ぶっかい》の生命を顕したことを言う。

50 **注13** 「経王殿御返事《きょうおうどのごへんじ》」に御本尊について「日蓮がたましひ《魂》をすみ《墨》にそめながして・かきて候《そうろう》ぞ信じさせ給《たま》へ、仏《ほとけ》の御意《みこころ》は法華経なり日蓮が・たましひは南無妙法蓮華経に・すぎたるはなし、妙楽云《みょうらくいわ》く『顕本遠寿《けんぽんおんじゅ》を以《もっ》て其《そ》の命《いのち》と為《な》す』と釈《しゃく》し給う」（一一二四㌻）とある。

53 **注14** 大蘇山《だいそざん》の開悟《かいご》とは、天台《てんだい》が青年期に南岳《なんがく》を訪《たず》ねて弟子《でし》となり法華三昧《ほっけざんまい》を修行《しゅぎょう》し経文《きょうもん》を唱《とな》えていたが、薬王品《やくおうほん》の文《もん》に至《いた》った時、諸法《しょほう》の実相《じっそう》に達《たっ》したという体験。一方、華頂峰《かちょうほう》での体験とは、太建《たいけん》七年（五七五年）三十八歳で天台山に入山《にゅうざん》した後、天台が一人で頭陀行《ずだぎょう》に赴《おもむ》いた折《おり》、明《あ》けの明星《みょうじょう》が出るころ、神僧《しんそう》が現れ、天台に「敵《てき》に勝ってこそ勇者《ゆうしゃ》といえる。説法《せっぽう》せよ」と語り、「一実諦《いちじったい》を学び、大慈悲《だいじひ》で広宣流布せよ」と命《めい》じたこと。

54 **注15** 「御義口伝《おんぎくでん》」に南無《なむ》（帰命《きみょう》）について「帰《き》と云《い》うは迹門不変真如《しゃくもんふへんしんにょ》の理《り》に帰《き》するなり命《みょう》とは

本門随縁真如《ほんもんずいえんしんにょ》の智《ち》に命《もとず》くなり帰命とは南無妙法蓮華経是《これ》なり」（七〇八ページ）とある。

[54] **注16** 「如去《にょこ》」「如来《にょらい》」はともに仏《ほとけ》の別名《べつめい》であるサンスクリットの「タターガタ」の意訳語《いやくご》。「タター」とは、文字通《もじどお》りは〝かくのごときもの〟との意で、〝ありのままの真実《しんじつ》〟〝真理《しんり》そのもの〟を指《さ》し、「真如《しんにょ》」と漢訳《かんやく》される。如去とは、現実の苦悩《くのう》を超克《ちょうこく》して真如と一体となった仏の悟《さと》りの境地《きょうち》に基《もと》づく名《な》である。如来とは、その悟りの平安《へいあん》な境地から、人々の苦悩を救うために現実世界へ再び帰《かえ》り来たったことに基づく名。

[54] **注17　戸田先生の獄中《ごくちゅう》の悟達《ごだつ》**　戸田第二代会長は、昭和十九年（一九四四年）元日を期し、東京拘置所《こうちしょ》の独房《どくぼう》で一日一万遍の唱題《しょうだい》と、白文《はくぶん》の法華経を読むことを始める。その拝読《はいどく》が四回目に入った三月初旬《しょじゅん》、三十四の「非《ひ》」によって仏身《ぶっしん》を説いた無量義経《むりょうぎきょう》の文《もん》と格闘《かくとう》し、ついに「仏《ほとけ》とは生命なり」との悟達を得《え》る。さらに、唱題が二百万遍になろうとしていた十一月中旬、法華経の会座《えざ》に連《つら》なっている自己を自覚《じかく》し、「地涌《じゆ》の菩薩《ぼさつ》」として広宣流布に生き抜く使命に立った。

[55] **注18　虚空会《こくうえ》**　法華経の説法《せっぽう》の集《つど》いのうち中核《ちゅうかく》となる、虚空での集い。見宝塔品《けんほうとうほん》第十一から嘱累《ぞくるい》品《ほん》第二十二までが説かれた。虚空会では、多宝如来《たほうにょらい》の宝塔が出現し、十方世界から分身《ぶんしん》の諸仏《しょぶつ》が集まった。その荘厳《そうごん》な場に、多数の地涌《じゆ》の菩薩が大地《だいち》の底《そこ》から呼《よ》び出され、釈尊《しゃくそん》の本地《ほんち》が久遠《くおん》の仏《ほとけ》であることが明かされた後、上行《じょうぎょう》菩薩を上首《じょうしゅ》とする地涌の菩薩に滅後《めつご》弘通《ぐつう》が託《たく》される。

立宗宣言《りっしゅうせんげん》

――末法《まっぽう》の闇《やみ》を照《て》らす「人間宗」の開幕《かいまく》

立宗七百五十年から八百年へ

斉藤　本年（二〇〇二年）の四月二十八日は立宗七百五十年の佳節《かせつ》を刻《きざ》みます。創価学会は、世界百八十カ国・地域で慶祝《けいしゅく》します。

名誉会長　「仏法西還《せいかん》」「一閻浮提《いちえんぶだい》広宣流布」と仰《おお》せの如《ごと》く、世界への広宣流布は、日蓮大聖人の御遺命《ごゆいめい》です。

それを現実のうえで実践《じっせん》し、実現しているのは、学会しかない。これは、厳粛《げんしゅく》なる事実です。この姿《すがた》自体、学会こそが仏意仏勅《ぶついぶっちょく》の正統中《せいとうちゅう》の正統教団《きょうだん》であることの証《あかし》です。

大聖人が、どれほど讃歎《さんたん》してくださっていることか。

斉藤　五十年前、立宗《りっしゅう》七百年（一九五二年）の時の学会の世帯数《せたいすう》は、まだ一万世帯ほどであったと聞きました。それが、わずか五十年で、これだけ世界に広がりました。この未曾有《みぞう》の発展《はってん》は、仏教史に燦然《さんぜん》と輝《かがや》きわたる大偉業《だいいぎょう》です。

この偉業を思うと感動を禁《きん》じ得《え》ません。さらに、先生は先日、立宗八百年への指標《しひょう》を語られました。

「この時までに、どこまで広布を拡大《かくだい》できるか。若き青年部、未来部《みらいぶ》の皆《みな》さま方に、すべてを託《たく》したい。よろしく頼《たの》みます！」と。

これには、もっと深い感動を覚《おぼ》えてなりませんでした。

名誉会長　日蓮大聖人の立宗宣言《せんげん》は、末法万年尽未来際《まっぽうまんねんじんみらいさい》までの民衆救済《きゅうさい》の大宣言であられた。ですから、いよいよ未来に向かって、全人類《ぜんじんるい》を幸福にしていこうとする誓願《せいがん》こそ「立宗の心」です。

未来への希望と、広宣流布に戦う精神《せいしん》に満《み》ちあふれて立宗の日を迎《むか》えてこそ、本当の慶《けい》祝《しゅく》になるのではないだろうか。これが、わが同志の姿《すがた》です。

立宗宣言は、民衆の幸福、末法の根本的救済を願われての一大誓願の表明《ひょうめい》です。また、そう捉《とら》えないと、大聖人がなぜ諸宗批判《ひはん》を烈火《れっか》のごとく開始されたのか、その真意《しんい》が分からなくなる。

立宗《りっしゅう》七百年当時の学会の規模《きぼ》は確かに小さかった。しかし、戸田先生は、ただ一人《ひとり》、広宣流布の誓願《せいがん》に立たれていた。

先生のまなざしは、間違いなく全人類《ぜんじんるい》の幸福に向けられていました。一宗一派《いっしゅういっぱ》を弘《ひろ》めて事《こと》たれりとするような狭《せま》いご境涯《きょうがい》ではなかった。私は、この時の戸田先生の宣言《せんげん》が、今も耳朶《じだ》から離《はな》れません。

「われ日本の柱《はしら》となろう、日本の国の主君《しゅくん》である。日本の国の眼目《がんもく》となろう、国の指導者、師《し》の位《くらい》なり。われ日本の大船《たいせん》とならん、これ親の位。主師親《しゅししん》の三徳《さんとく》としての日蓮大聖人様のこの気迫《きはく》の、百万分の一の気迫をもって、日本民族を救おうではありませんか」(一九五二年＝昭和二十七年四月七日、立宗七百年記念春季総会)

そして、青年には、東洋へ、世界へという、広宣流布の構想《こうそう》を語ってくださった。はじめに民衆救済《きゅうさい》の誓願がある。その大師子吼《だいしし く》があっての創価学会です。

斉藤　今回は、建長《けんちょう》五年(一二五三年)四月二十八日になされた大聖人の立宗宣言の意《い》義《ぎ》について、「立宗《りっしゅう》直前の御思索《ごしさく》」「立宗の模様《もよう》」「諸宗破折《はしゃく》の意味」等の観点《かんてん》から語っていただければと思います。

立宗直前の御思索

斉藤　まず、立宗前の御行動の面から追《お》っていきますが、日蓮大聖人が立宗を決意されるにあたって、深い思索と熟慮《じゅくりょ》を重《かさ》ねられたことは御書にも明確《めいかく》です。

名誉会長　「開目抄《かいもくしょう》」や「報恩抄《ほうおんしょう》」に、その御思索の内容が記《しる》されているね。注1

斉藤　はい。「開目抄」の御文《ごもん》を拝読《はいどく》します。

「日本国に此《こ》れをしれる者は但《ただ》日蓮一人《いちにん》なり。

これを一言《いちごん》も申し出《いだ》すならば父母《ふぼ》・兄弟《きょうだい》・師匠《ししょう》に国主《こくしゅ》の王難《おうなん》必ず来《きた》るべし、いはずば・慈悲《じひ》なきに・にたりと思惟《しゆい》するに法華経・涅槃経等《ねはんきょうとう》に此の二辺《にへん》を合せ見るに・いはずば今生《こんじょう》は事《こと》なくとも後生《ごしょう》は必ず無間地獄《むけんじごく》に堕《おつ》べし、いうならば三障四魔《さんしょうしま》必ず競《きそ》い起《おこ》るべしと・しりぬ、二辺の中には・いうべし、王難等・出来《しゅったい》の時は退転《たいてん》すべくは一度に思ひ止《とどま》るべしと且《しばら》くやす《休》らいし程《ほど》に宝塔品《ほうとうほん》の六難九易《ろくなんくい》これなり、我等《われら》程の小力《しょうりき》の者・須弥山《しゅみせん》はなぐとも我等程の無通《むつう》の者・乾草《かれくさ》を負《お》うて劫火《ごうか》には・やけずとも我等程の無智《むち》の者・恒沙《ごうしゃ》の経経《きょうぎょう》をば・よみをぼうとも法華経は一句《いっく》一偈《いちげ》も末代《まつだい》に持《たも》ちがたしと・とかるるは・これなるべし、今度《こんど》・強盛《ごうじょう》の菩提心《ぼだいしん》を・をこして退転《たいてん》せじと願《がん》しぬ」（二〇〇ページ）

〈通解〉日本国でこのこと（仏教の諸宗は、人々を悪道《あくどう》に堕《お》とす正法誹謗《しょうほうひぼう》の教えを説いており、謗法《ほうぼう》の悪縁《あくえん》が国に満《み》ちていること）を知っている者は、ただ日蓮一人《ひとり》である。

このことを一言《ひとこと》でも言い出すならば、父母《ふぼ》・兄弟《きょうだい》・師匠《ししょう》からの難《なん》、さらには国主《こくしゅ》による難が必ずおそってくるであろう。言わなければ、慈悲《じひ》がないのに等《ひと》しい。

このように考えていたが、言うか言わないかの二つについて法華経・涅槃経《ねはんきょう》等に照《て》らして検討《けんとう》してみると、言わないならば、今世《こんぜ》には何事もなくても、来世《らいせ》は必ず無間地獄《むけんじごく》に堕《お》ちる、言うならば、三障四魔《さんしょうしま》が必ず競《きそ》い起こる、ということがわかった。

この両者のなかでは、言うほうをとるべきである。それでも、国主による難などが起きた時に退転するくらいなら、最初から思いとどまるべきだと、少しの間《あいだ》思いめぐらしていたところ、宝塔品の六難九易とはまさにこのことであった。

「我々のような力のない者が須弥山《しゅみせん》を投げることができたとしても、我々のような通力《つうりき》のない者が枯《か》れ草《くさ》を背負《せお》って、劫火《ごうか》の中で焼《や》けることはなかったとしても、また、我々のような無知《むち》の者がガンジス川《がわ》の砂《すな》の数《かず》ほどもある諸経《しょきょう》を読み覚《おぼ》えることができたとしても、たとえ一句《いっく》一偈《いちげ》であっても末法《まっぽう》において法華経を持《たも》つことは難《むずか》しい」と説かれているのは、このことに違いない。私は、今度こそ、強き求道心《きゅうどうしん》をおこして、断《だん》じて退転《たいてん》するまい、と誓願《せいがん》したのである——。

立宗《りっしゅう》に当たっての、大聖人の深い御胸中《ごきょうちゅう》がうかがえる御文《ごもん》です。

名誉会長　ここに語られているのは、宇宙《うちゅう》に瀰漫《びまん》する魔《ま》との壮絶《そうぜつ》な戦いです。仏法におけるもっとも本源的《ほんげんてき》な精神闘争《せいしんとうそう》とも拝される。

この戦いを勝ち越えて、はじめて仏法は弘《ひろ》められるのです。釈尊《しゃくそん》においても、そうであった。言い出せば大難《だいなん》、言わなければ無慈悲《むじひ》——。経典《きょうてん》の仏語《ぶつご》に照《て》らせば、言い出して人々を救わなければならないのは明らかである。そこで、誓願を立てられたのです。

一度、語り出したならば、どんな大難が起きても断じて退《ひ》くまい、と。

いうなれば、嵐《あらし》のなかに、たった一艘《そう》の船で飛《と》び出していくようなものです。しかし、行かなければならない。今、嵐《あらし》のなかで難破《なんぱ》している目の前の人々を救うために！

ゆえに、誓願《せいがん》という「大船《たいせん》」が必要なのです。

魔性《ましょう》との戦いに打ち勝っていく出発には、誓願があるのです。

斉藤　大聖人は、法華経宝塔品《ほうとうほん》の注2「六難九易《ろくなんくい》」を思い起こして、誓願を立てられています。

名誉会長　釈尊《しゃくそん》は、どんなに大難《だいなん》があっても、仏《ほとけ》の大願《だいがん》を受け継《つ》ぎ、実現していくように、菩薩《ぼさつ》たちに「六難九易」を説きました。

これは、いわば「大難を覚悟《かくご》して仏の大願を実現せよ」という釈尊の遺命《ゆいめい》です。

いずれにせよ、日蓮大聖人が、決然《けつぜん》と妙法を説き始めてくださったからこそ仏法がある。世界中の人々が幸福になる大道《だいどう》が開かれたのです。

広宣流布を開く根源《こんげん》の一歩が、ここにあります。

その大聖人の御心《おこころ》を深く銘記《めいき》していくために、この御文《ごもん》をさらに詳《くわ》しく拝していきましょう。

まず、「日本国に此《こ》れをしれる者は但《ただ》日蓮一人《いちにん》なり」（二〇〇㌻）の「此れ」とは何かを知らなければなりません。

斉藤　「開目抄《かいもくしょう》」は「教《きょう》の重《じゅう》」と言われるように、五重《ごじゅう》の相対《そうたい》を通して、寿量品《じゅりょうほん》の文底《もんてい》に秘沈《ひちん》されている一念三千《いちねんさんぜん》こそが、末法《まっぽう》の衆生《しゅじょう》の成仏《じょうぶつ》の要法《ようほう》であることを明かされています[注3]。

しかし、実際には、大半《たいはん》の人が、この成仏の法である法華経への信を悪縁《あくえん》によって失《うしな》い、悪道《あくどう》に堕《お》ちてしまうとされています。

名誉会長　その悪縁とは、御聖訓《ごせいくん》には「悪魔《あくま》の身に入りたる」僧侶《そうりょ》たちだと喝破《かっぱ》されているね。

斉藤　彼等が巧《たく》みに法華経の修行《しゅぎょう》を妨《さまた》げるので、それにだまされて、皆《みな》、権経《ごんきょう》に堕ち、権経から小乗経《しょうじょうきょう》に堕ち、外典《げてん》・外道《げどう》に堕ちてしまう。

それで最後は悪道に堕ちてしまっているのだと、仰《おお》せです。

名誉会長　要するに、善知識《ぜんちしき》であるべき僧侶が逆に悪知識《あくちしき》となって、人々の善の生命を破壊《はかい》しているという逆説的《ぎゃくせつてき》な事態《じたい》を、厳然《げんぜん》と指摘なされている。

その悪僧《あくそう》たちに惑《まど》わされて、多くの人が法華経から退転《たいてん》してしまうという構図《こうず》です。

この仏法における根本の転倒《てんとう》を、日本国で、日蓮大聖人ただお一人《ひとり》だけが御存《ごぞん》じであられた。ゆえに大聖人は、仏法と民衆を支配する魔性《ましょう》との戦いに、ただお一人、立ち上がられた。

まさに、「但《ただ》日蓮一人《いちにん》なり」との仰《おお》せには、こうした御心《おこころ》が込められているのではないだろうか。

斉藤　次に、このことを言うべきか、言わざるべきかを、経文《きょうもん》に照《て》らして検討《けんとう》されています。

名誉会長　「言う」というのは魔性と戦うこと、「言わない」というのは魔性との戦いから逃《に》げることです。言論《げんろん》こそが、大聖人の戦いの力です。

経文に照らして、当然、言うべきであるという結論です。

斉藤　はい。このことをひとたび語り出すならば、父母《ふぼ》や兄弟《きょうだい》、師匠《ししょう》も巻《ま》き込《こ》んで、国主《こくしゅ》からの大難《だいなん》が競《きそ》い起こる。

言わなければ無慈悲《むじひ》となる。法華経・涅槃経《ねはんきょう》に照らせば、言わなければ現世《げんせ》は安穏《あんのん》でも、後生《ごしょう》は地獄《じごく》です。

反対に、言えば大難《だいなん》が起こることは経文《きょうもん》に明確《めいかく》に説かれている。すなわち、一切衆生《いっさいしゅじょう》の成仏《じょうぶつ》への軌道《きどう》が開かれる、ということです。

ならば、経文に照《て》らして、必ず言うべきであると結論を出されます。

名誉会長　「二辺《にへん》の中には・いうべし」――経文に基《もと》づく判断《はんだん》は明瞭《めいりょう》です。

経文は仏《ほとけ》の言葉です。仏の心を知るための鏡《かがみ》です。私たちで言えば「御書」です。

大聖人は、法華経に照らして判断されたと述べられている。

表面的な地位や安逸《あんいつ》ではなく、生命の究極《きゅうきょく》部分で無慈悲《むじひ》の無間地獄《むけんじごく》に堕《お》ちるか、大難を莞爾《かんじ》と受け止めながら万人《ばんにん》を慈悲で包《つつ》み込む苦難《くなん》の道を選びとるか。当然、後者《こうしゃ》が経文に照らして正しい。

しかし、魔性《ましょう》との戦いは生《なま》やさしいものではない。大聖人は、さらにもう一重《いちじゅう》、深い誓《せい》願《がん》を促《うなが》されていく。

現実に仏法を弘《ひろ》めていくことは、そんなたやすいことではない。中途半端《ちゅうとはんぱ》な気持ちなら、最初からやらないほうがいい。

大聖人は、そうした御心境《ごしんきょう》を綴《つづ》られております。

斉藤　はい。王難《おうなん》などが起こり、それで結局、退転《たいてん》してしまうくらいなら、今、立宗《りっしゅう》に踏《ふ》み出すことは思いとどまったほうがよい、と。それでしばらく、思索《しさく》を停止《ていし》されるほどでした。

名誉会長　その時、大聖人の御胸中《ごきょうちゅう》に、法華経の「六難九易《ろくなんくい》」が思い浮《う》かんだと仰《おお》せだね。己心《こしん》の魔《ま》を最終的に打ち破《やぶ》られた瞬間《しゅんかん》です。

斉藤　九易のなかから「我等《われら》程《ほど》の小力《しょうりき》の者」「我等程の無通《むつう》の者」「我等程の無智《むち》の者」と、たたみかけるように仰せです。須弥山《しゅみせん》を投げるなどの、大力《たいりき》、神通力《じんつうりき》、智慧《ちえ》を発揮《はっき》するのは、普通の人間には、およそ不可能なことです。八桁《けた》しかない電卓《でんたく》で、ロケットの軌《き》道計算《どうけいさん》をするようなものです。（笑い）

そんな不可能なことを可能にすることよりも、もっと困難《こんなん》なことがある。それが六難です。要するに、末法《まっぽう》に法華経を一句《いっく》一偈《いちげ》であっても持《たも》ち続けることこそ困難である、というのです。

名誉会長　この悪世《あくせ》において、法華経への信を持ち続けることは、何よりも至難《しなん》です。そしてさらに、法華経を弘《ひろ》めることは、至難中の至難であるということだね。

確かに、この五濁《ごじょく》の時代に、「皆《みな》が仏《ほとけ》である」「皆を仏にする」という高貴《こうき》な精神性《せいしんせい》を維《い》持《じ》し、さらに拡大《かくだい》しゆくことは、最高に困難《こんなん》な偉業《いぎょう》であるに違いない。

ある意味では、「九易《くい》」のほうは不可能なようでも、科学が発達するなど、何らかの条《じょう》件《けん》が整《ととの》えば何とか可能にすることができる。しかし、どんなに科学が発達しても、人間の心を変革《へんかく》していくことほど、大変な難事《なんじ》はないからです。

斉藤　その至難《しなん》な末法弘教《まっぽうぐきょう》の戦いを、大聖人がただお一人《ひとり》から始められたということですね。

名誉会長　だからこそ、大聖人は、末法の御本仏《ごほんぶつ》であられるのです。

その尊極《そんごく》の道に、具体的な行動において続いているのが、広宣流布のために活躍《かつやく》している私たち創価学会員と自負《じふ》すべきです。

だからこそ、尊《とうと》き仏と等《ひと》しき活動をしている学会の方々を見れば、仏を見るように敬《うやま》わなければならない。荒《あ》れ狂《くる》う現実社会の真《ま》っ直中《ただなか》で、「民衆こそ仏なり」という思想《しそう》を掲《かか》げ、来る日も来る日も実践《じっせん》し、そして人々に弘《ひろ》めている。これ以上、尊いことはない。

斉藤　要するに「六難九易《ろくなんくい》」には、濁悪《じょくあく》の世に法華経を持《たも》つことがどれだけ困難なことか。持《たも》つ行為《こうい》がどれほどの偉業《いぎょう》か。持つ人がどれだけ尊貴《そんき》なのかが指し示されているのですね。

名誉会長　その通りです。そして、仏《ほとけ》が滅後《めつご》の法華経の受持《じゅじ》・弘教《ぐきょう》を強く勧《すす》めているのです。困難《こんなん》を示したうえで、あえて弘教を勧められているのですから、そこに甚深《じんじん》の意義《いぎ》を拝することができる。

大聖人は、その仏の心、仏自身がもつ大願《だいがん》の心に深く触《ふ》れて、己心《こしん》の魔《ま》を完全に打ち破《やぶ》り、末法《まっぽう》の全人類《ぜんじんるい》の救済《きゅうさい》に立ち上がられたと記《しる》されています。

言い換《か》えれば、仏界《ぶっかい》の生命を涌現《ゆげん》させて己心の魔を打破《だは》し、広宣流布の大願に立たれたとの仰《おお》せです。

そのことを「今度《こんど》・強盛《ごうじょう》の菩《ぼ》提心《だいしん》を・をこして退転《たいてん》せじと願《がん》しぬ」（二〇〇ジペー）と述べられている。

これは、魔を打ち破った面から、立宗時《りっしゅうじ》の誓願《せいがん》を表現《ひょうげん》なされています。

これに対して、有名《ゆうめい》な「開目抄《かいもくしょう》」の「我《われ》日本の柱《はしら》とならむ我日本の眼目《がんもく》とならむ我日本の大船《たいせん》とならむ」（二三二ジペー）との一節は、立宗時の誓願を示されていると拝されるとともに、実現される誓願《せいがん》自体を示されています。

大聖人の誓願は、御年《おんとし》三十二歳の時から佐渡《さど》流罪《るざい》を経《へ》て、御入滅《ごにゅうめつ》のその日まで、終始一貫《しゅうしいっかん》しています。何も変わりません。

誓願は貫《つらぬ》き通してこそ、誓願です。

戦い続けてこそ、生きた真《しん》の仏法です。

譬《たと》えて言えば、弓《ゆみ》を的《まと》に向かって射《い》る。射た瞬間《しゅんかん》に、矢《や》は真一文字《まいちもんじ》に的に当《あ》たるまでの軌道《きどう》を飛《と》び続ける。最初から軌道を外《はず》れたり、射る力が弱ければ、失速《しっそく》してしまい、的に当たるはずはない。

反対に言えば、深い決意で立ち上がった人は、もう、だれにも止められないということです。

斉藤　「御義口伝《おんぎくでん》」には、こうあります。

「今日蓮が唱《とな》うる所の南無妙法蓮華経は末法《まっぽう》一万年《まんねん》の衆生《しゅじょう》まで成仏《じょうぶつ》せしむるなり豈今者《あにこんじゃ》已《い》満足《まんぞく》に非《あら》ずや、已とは建長《けんちょう》五年四月廿八日に初めて唱え出《いだ》す処《ところ》の題目を指して已と意得《こころう》可《べ》きなり」（七二〇ジペー）

〈通解〉今、日蓮が唱《とな》えるところの南無妙法蓮華経は、末法《まっぽう》一万年《まんねん》の衆生《しゅじょう》まで成仏《じょうぶつ》させるのである。（法華経方便品《ほうべんぽん》には、釈尊《しゃくそん》が衆生を自分と等《ひと》しくしようと願った所願《しょがん》が今は已《すで》に満足《まんぞく》したと説かれているが）これこそ、「今はすでに満足した」ということではないか。「すでに」とは建長《けんちょう》五年四月二十八日に初めて唱え出したところの題目を指して「すでに（満足した）」と心得《え》るべきである——。

大聖人が、立宗《りっしゅう》の日に唱え始めた南無妙法蓮華経こそ、万年の民衆を成仏させる大法《だいほう》である。

言い換《か》えれば、立宗の日にすでに仏《ほとけ》としての大願成就《だいがんじょうじゅ》がなされたということです。

魔性《ましょう》と戦う「人間宗」の宣言《せんげん》

名誉会長　遠き末法万年、全人類《ぜんじんるい》に響《ひび》けとばかりに放《はな》たれた立宗の師子吼《ししく》の第一声《だいいっせい》。そこに込められた大聖人の誓願《せいがん》は、間違いなく永遠《えいえん》に人類を、赫々《かっかく》と照《て》らし続けていくということです。

「終《つい》には一閻浮提《いちえんぶだい》に広宣流布せん事一定《こといちじょう》なるべし」（八一六ジペー）とも仰《おお》せです。
人類《じんるい》の闇《やみ》を永遠《えいえん》に照《て》らし続ける確かなる広宣《こうせん》の炎《ほのお》。その着火《ちゃっか》が立宗《りっしゅう》です。
「闇を照らす光明《こうみょう》」にふさわしく、また大聖人の御名《おんな》の「日《にち》＝太陽」にふさわしく、大聖人の立宗は正午《しょうご》（午《うま》の時）に行《おこな》われた。

斉藤　はい。建長《けんちょう》五年（一二五三年）四月二十八日正午、清澄寺《せいちょうじ》の諸仏坊《しょぶつぼう》の持仏堂《じぶつどう》の南面の部屋《へや》で、大聖人は、浄円房《じょうえんぼう》という僧侶《そうりょ》や清澄寺の平僧《ひらそう》たちを中心とした少数の聴衆《ちょうしゅう》を前に、念仏宗《ねんぶつしゅう》を破折《はしゃく》する説法《せっぽう》をされます。注4

名誉会長　大聖人の立宗とは、即《そく》、誤《あやま》った宗教への烈々《れつれつ》たる破折から始まりました。僧侶も在家《ざいけ》もこぞって信仰する念仏です。それを真《ま》っ向《こう》から批判《ひはん》するのです。
大聖人はその当時の御心境《ごしんきょう》を後に綴《つづ》られていますね。

斉藤　「をもひ切りて申《もう》し始め」（三二二ジペー）、「をもひ切つて申し出《いだ》しぬ」（一四六〇ジペー）、「我《わ》が身こそ何様《いかよう》にも・ならめと思いて云《い》い出せしかば」（一四五〇ジペー）等と仰せです。
当時は、万人《ばんにん》が念仏を唱《とな》えていたわけですから。

名誉会長　そこで問題なのは、大聖人が立宗で何を宣言《せんげん》されたかです。

当然、南無妙法蓮華経を唱《とな》え出されたことは疑《うたが》いようがない。そのことを指し示す多くの文証《もんしょう》があります。注5

また、大聖人は、それまでの「是聖房蓮長《ぜしょうぼうれんちょう》」という名を捨《す》てられ、自《みずか》ら「日蓮」と名乗《なの》られている。

前にも述べたが、日蓮とは「日月《にちがつ》」と「蓮華《れんげ》」です。この御名乗りは「自解仏乗《じげぶつじょう》」注6であると仰《おお》せです。日月のように衆生《しゅじょう》の闇《やみ》を照《て》らし、蓮華のように清《きよ》らかに妙法の花を社会に咲《さ》かせていく使命《しめい》を自ら悟《さと》られたからです。

斉藤　大聖人は「明《あきら》かなる事《こと》・日月にすぎんや浄《きよ》き事・蓮華にまさるべきや、法華経は日月と蓮華となり故《ゆえ》に妙法蓮華経と名《なづ》く、日蓮又《また》日月と蓮華との如《ごと》くなり」（一一〇九ジペー）と仰せです。

名誉会長　「日蓮」という御名前にも、「万年《まんねん》のため」「全人類《ぜんじんるい》のため」にという、大聖人の大慈《だいじ》大悲《だいひ》の誓願《せいがん》が込められていると拝されます。

この立宗《りつしゅう》の日を出発として、南無妙法蓮華経を弘《ひろ》めていかれた。

南無妙法蓮華経は末法《まっぽう》の衆生が仏性《ぶっしょう》を涌現《ゆげん》する根源《こんげん》の道です。その道を立てたという意味では、「南無妙法蓮華経」宗を立てられたともいえます。

しかし、日蓮仏法は、一宗一派《いっしゅういっぱ》の小さな次元を超《こ》えて、あらゆる人々、あらゆる国々に開かれたものです。いわば「人類宗教《じんるい》」の開幕《かいまく》と拝すべきでしょう。

斉藤　日淳上人《にちじゅんしょうにん》もかつて、大聖人の仏法は「単なる一宗旨《いちしゅうし》であるばかりでなく一切衆生《いっさいしゅじょう》の宗旨」であると述べていましたね。

名誉会長　その意義《いぎ》から考え通してみれば、日蓮仏法は、「人間宗」であり、「世界宗」であると言える。

立宗宣言《りっしゅうせんげん》は、「人間生命に潜《ひそ》む根源《こんげん》の悪《あく》」「生命に内在《ないざい》する魔性《ましょう》」「一切の元品《がんぽん》の無明《むみょう》」との大闘争《だいとうそう》宣言であったとも拝されるのではないだろうか。

大聖人御自身が、立宗の日以来、「第六天《だいろくてん》の魔王《まおう》」という生命の魔性との精神闘争《せいしんとうそう》の連続であったと述懐《じゅっかい》されているからです。

斉藤　はい。「第六天の魔王・十軍のいくさを・をこして・法華経の行者《ぎょうじゃ》と生死海《しょうじかい》の海《かい》中《ちゅう》にして同居穢土《どうこえど》を・とられじ・うばはんと・あらそう、日蓮其《そ》の身にあひあたりて大兵《たいへい》を・をこして二十余年なり、日蓮一度もしりぞく心なし」（一二二四ジペー）と仰《おお》せです。

「四箇《しか》の格言《かくげん》」の意義《いぎ》

名誉会長　この点から拝察《はいさつ》すれば、大聖人の闘争《とうそう》は、決して特定の宗派《しゅうは》の人間を攻撃《こうげき》したり、自派《じは》を拡大《かくだい》するためではない。

どこまでも、民衆を蔑視《べっし》する権威《けんい》・権力の魔性《ましょう》との闘争が、日蓮大聖人の実践《じっせん》の真髄《しんずい》だからです。その根本は、万人《ばんにん》の成仏《じょうぶつ》の道をふさごうとする魔性との闘争です。

万人の成仏という最大の人間尊敬《そんけい》の道を開く「戦う人間主義」の宣言《せんげん》が、立宗《りっしゅう》宣言であったのではないでしょうか。

斉藤　魔性との闘争が根本で、宗派的排他性《はいたせい》はないということですね。

大聖人は、その魔性との戦いを推《お》し進めるなかで、念仏《ねんぶつ》、禅《ぜん》、真言《しんごん》、律《りつ》の諸宗を厳《きび》しく批判《ひはん》しました。そして、その批判は「念仏無間《むけん》」「禅天魔《てんま》」「真言亡国《ぼうこく》」「律国賊《こくぞく》」の四箇の格言として要約《ようやく》されていきます。

このように諸宗を厳しく批判することで、かえって大聖人の仏法が独善的《どくぜんてき》で排他的であると言われるようになりました。

名誉会長　四箇《しか》の格言《かくげん》は、末法《まっぽう》の民衆を救うため魔性《ましょう》との闘争《とうそう》のなかで、次第に結実《けつじつ》していったものです。大聖人の慈悲《じひ》と智慧《ちえ》の結晶《けっしょう》です。

決して、独善的《どくぜんてき》でも、排他的《はいたてき》でもなく、むしろ理性的《りせいてき》な批判《ひはん》です。

四箇の格言について、特定の宗派《しゅうは》を攻撃《こうげき》したものと捉《とら》えては、大聖人の御本意《ごほんい》を損《そこ》なうことになる。独善的な排他主義や宗派主義が大聖人にあられたわけではない。

斉藤　清澄寺《せいちょうじ》での立宗《りっしゅう》の説法《せっぽう》は、念仏宗《ねんぶつしゅう》に対しての批判が中心であったようですが。

名誉会長　当時、諸宗が民衆の念仏信仰を易行《いぎょう》として認《みと》めていたことに加《くわ》え、[注7]専修《せんしゅう》念仏を説く法然門下《ほうねんもんか》たちによって弘《ひろ》められたことで、念仏が大流行《だいりゅうこう》していた。

もちろん、その背景《はいけい》には末法思想《しそう》に基《もと》づく厭世《えんせい》主義があったことは、ご存《ぞん》じの通りです。

斉藤　大聖人が最初に念仏宗を批判された理由を拝察《はいさつ》しますと、次の諸点にまとめられると思います。

第一に、他土《たど》への往生《おうじょう》を救いとする念仏信仰の考えには、現実世界での万人成仏《ばんにんじょうぶつ》を説く法華経に背《そむ》く傾向《けいこう》があること。
第二に、実際に法然《ほうねん》の専修念仏《せんしゅうねんぶつ》は極楽浄土《ごくらくじょうど》への往生《おうじょう》のみが末法《まっぽう》での救いであると説いて、法華誹謗《ひぼう》の説《せつ》を明言《めいげん》していること。
第三に、法然の弟子《でし》や孫《まご》弟子たちが東国《とうごく》に下《くだ》ってきて、教義《きょうぎ》を妥協的《だきょうてき》に改変《かいへん》して鎌倉幕《かまくらばく》府《ふ》の権力者たちに取り入っていること。また、それにもかかわらず専修念仏の独善性《どくぜんせい》は捨《す》てていないこと。
第四に、このような念仏信仰が多くの人々の心を支配し、厭世《えんせい》主義がはびこっていること――などです。
名誉会長 大聖人が真《ま》っ先《さき》に念仏を破折《はしゃく》された背景《はいけい》は、ほかにも種々《しゅじゅ》、考えられます。
斉藤 当時の何人かの有名《ゆうめい》な念仏僧が、悪瘡《あくそう》を生じて狂乱悶絶《きょうらんもんぜつ》の死を遂《と》げたことも、関係があると思われます。注8
名誉会長 最初の説法《せっぽう》の地である清澄寺《せいちょうじ》が、もともと念仏信仰が盛《さか》んだったこと、また、特に地頭《じとう》の東条景信《とうじょうかげのぶ》が熱心《ねっしん》な念仏信仰者であったことも関係していたかもしれない。注9
斉藤 景信は、念仏信仰を僧侶《そうりょ》に強《し》いるくらい、熱心であったようです。

名誉会長 むしろ、権力と結託《けったく》した当時の念仏宗《ねんぶつしゅう》のほうが、独善的《どくぜんてき》で排他的《はいたてき》だったようだね。大聖人は、さまざまな意味で、民衆を毒《どく》するもっとも強い魔性《ましょう》を、当時における念仏信仰の在り方の総体のなかに見て取られていたのではないだろうか。

どんな宗教も、必ず何らかの絶対性を主張《しゅちょう》します。だからこそ、人々を狂《くる》わす魔性を持ちやすいのです。どのような絶対性を主張するかで、その悪影響《あくえいきょう》も変わってきます。

大聖人は、具体的な状況《じょうきょう》の変化に応じて、魔性を強くしてきている諸宗を、順次《じゅんじ》、破折《はしゃく》していかれたのです。

斉藤 はい。まず立宗《りっしゅう》の時は「念仏宗」を、また、ほぼ同時に「禅宗《ぜんしゅう》」を破折されます。伊豆流罪《いずるざい》から戻《もど》られた後には「真言宗《しんごんしゅう》(東密《とうみつ》)」と「律宗《りっしゅう》」を、そして最後に身延入山《みのぶにゅうざん》のころに「天台密教《てんだいみっきょう》」と、順に破折されていきました。

名誉会長 詳《くわ》しい破折の内容は別の機会に譲《ゆず》るとして、総じて言えば、大聖人の諸宗破折は医者の診断《しんだん》にも譬《たと》えられるかもしれない。

末法《まっぽう》の時代に潜《ひそ》む生命の根源《こんげん》の病理《びょうり》を、症状《しょうじょう》に応じて診断したのが諸宗批判《ひはん》です。

そのうえで、表面の症状から根源の病巣《びょうそう》に至《いた》る順で、治療《ちりょう》されたと言ってもよいでしょう。

斉藤　当然、病《やまい》を治《なお》す良薬《りょうやく》は南無妙法蓮華経ですね。

名誉会長　そうです。仏界涌現《ぶっかいゆげん》という最高の大良薬です。

ともあれ、このように諸宗の病状《びょうじょう》に診断《しんだん》を下《くだ》しているのは、何よりも苦しみ悩《なや》む民衆の病を治してあげたいという大聖人の慈悲《じひ》が、根本です。そして、さらに末法《まっぽう》という時代全体を救う大使命《だいしめい》のために、そのような順で、当時の代表的な宗教の持つ魔性《ましょう》に対して、厳《きび》しく、かつ具体的に診断を下していかれたのだと推察《すいさつ》されます。

斉藤　四箇《しか》の格言《かくげん》は、大聖人の御在世《ございせ》当時における各宗の具体的状況《じょうきょう》を踏《ふ》まえて表現《ひょうげん》された病名《びょうめい》といえるかもしれませんね。

名誉会長　いうなれば、病理《びょうり》の本質と具体的な病状の診断と治療《ちりょう》の方向を一語に凝縮《ぎょうしゅく》した巧《たく》みな病名です。

斉藤　それを、時代が大きく異《こと》なる今日《こんにち》において、そのまま主張《しゅちょう》することは的外《まとはず》れになる恐《おそ》れがあると考えます。

名誉会長　その通りです。南無妙法蓮華経の良薬は不変《ふへん》であるとしても、ほかは時代によって変わります。
病気にしても、旧来《きゅうらい》の呼《よ》び名では、病気の本質を表せなくなる場合がある。

斉藤　では、大聖人がどのようにして四箇《しか》の格言《かくげん》の表現《ひょうげん》を創《つく》られたかを拝察《はいさつ》してみます。まず「念仏無間《ねんぶつむけん》」です。先ほどお話があったように、念仏宗は「念仏によってのみ極《ごく》楽往生《らくおうじょう》できる」という排他的主張《はいたてきしゅちょう》で民衆の間《あいだ》に教勢《きょうせい》を伸《の》ばしてきました。
これに対して、大聖人は「極楽往生」を「無間地獄《じごく》」に差《さ》し替《か》えて、その排他性や、排他的主張で結果的に法華経を否定《ひてい》している謗法性《ほうぼうせい》を、端的《たんてき》に破折《はしゃく》されています。

名誉会長　法華経に、法華誹謗《ほっけひぼう》の者は無間地獄に堕《お》ちると説かれている[注10]ので、そう言われているのです。あくまでも、本質を洞察《どうさつ》し、経文《きょうもん》に基《もと》づいて批判《ひはん》されているのです。

斉藤　「禅天魔《ぜんてんま》」は、悟《さと》りを得《え》たとして聖人のように振《ふ》る舞《ま》い、武士《ぶし》などから尊敬《そんけい》されている禅僧《ぜんそう》に対する破折です。[注11]建長寺道隆《けんちょうじどうりゅう》など禅僧が、当時、鎌倉《かまくら》で幕府《ばくふ》の権力者から重く用《もち》いられていました。

名誉会長　道隆は、北条時頼《ほうじょうときより》に用いられている。
御書では、この禅僧を、大聖人迫害《はくがい》の元凶《げんきょう》の一人《ひとり》に挙《あ》げられています。

斉藤　[注12]「教外別伝《きょうげべつでん》」と言って経典《きょうてん》を否定《ひてい》したり、未《いま》だ悟《さと》っていないのに悟っているように振《ふ》る舞《ま》っている「増上慢《ぞうじょうまん》」の面を、端的《たんてき》に「天魔《てんま》」と破折《はしゃく》されたものです。

「真言亡国《しんごんぼうこく》」は、鎮護《ちんご》国家の祈禱《きとう》を売り物にしている真言宗が、蒙古襲来《もうこしゅうらい》の危機意識《ききいしき》を背景《はいけい》に朝廷《ちょうてい》・幕府《ばくふ》などに大いに用《もち》いられたのに対して、「護国《ごこく》」を「亡国」に差《さ》し替《か》えて、その空理性《くうりせい》・呪術性《じゅじゅつせい》を破折されたものです。

名誉会長　空理性・呪術性というのは、裏《うら》づけとしての「一念三千の理《いちねんさんぜん》」がない、形式のみの祈禱を行《おこな》っていることだね。

一念三千の法理《ほうり》がないということは、人間生命をいかに捉《とら》え、いかに変革《へんかく》していくかという、普遍性《ふへんせい》・哲学性《てつがくせい》がないということです。

それなのに、祈禱・呪術の形式だけが発達《はったつ》して、何かありそうに人々に思わせた。その破綻《はたん》の象徴《しょうちょう》が承久《じょうきゅう》の乱《らん》における混迷《こんめい》です。

斉藤　「律国賊《りつこくぞく》」は、持戒《じかい》を装《よそお》って生《い》き仏《ぼとけ》とか国宝《こくほう》と崇《あが》められた[注13]極楽寺良観《ごくらくじりょうかん》などの律《りっ》僧《そう》・持斎《じさい》を破折したもので、「国宝」を「国賊」に差し替えて、その欺瞞性《ぎまんせい》をあらわしたものです。

以上のように、四箇《しか》の格言《かくげん》の批判《ひはん》の対象《たいしょう》になった諸宗は、当時の日本の国家権力や民衆に、かなりの影響力《えいきょうりょく》を持った宗派《しゅうは》です。また、四箇の格言の表現《ひょうげん》は、各宗の当時における売り物を端的《たんてき》に批判することで、各宗の本質を見事にえぐり、破折《はしゃく》しています。当時においては相当《そうとう》な批判力・浸透力《しんとうりょく》があったと考えられます。しかし、それだけに、当時の状況《じょうきょう》を無視《むし》して、今の時代に、表現だけを独《ひと》り歩きさせて用《もち》いるのは、かえってこちらが独善性《どくぜんせい》の誹《そし》りを受けることにもなりかねない危険性《きけんせい》があると思います。

名誉会長　そうだね。

四箇の格言の本質は、当時の各宗の独善性と、その独善性を宗教的権威《けんい》で隠《かく》す欺瞞性《ぎまんせい》を見破《みやぶ》り、厳格《げんかく》に指摘された大聖人の「智慧《ちえ》」の発現《はつげん》だということです。

また、その根底《こんてい》に、民衆を守る「慈悲《じひ》」が漲《みなぎ》っていたことは言うまでもありません。

つまり、各時代において、民衆の幸福を妨《さまた》げる思想《しそう》・宗教を見破っていく智慧を発揮《はっき》していくことが、四箇の格言の「継承《けいしょう》」になるといっていいでしょう。

斉藤　今日においては、日顕宗《にっけんしゅう》の本質をえぐり、破折していくことが、それに当《あ》たると思います。

名誉会長　四箇《しか》の格言《かくげん》を、大聖人が唱《とな》えられたものだからと言って、人々の心を無視《むし》し、時代の変化を無視して、ただ繰《く》り返して唱えても、かえって大聖人の御心《おこころ》に背《そむ》くことになりかねない。それでは、ドグマ（教条《きょうじょう》）になってしまう。宗教の魔性《ましょう》は、そういうところに現れてくるからです。大事なのは人間であり、心です。

四箇の格言は、民衆を惑《まど》わす魔性とは断固《だんこ》として戦うという、大聖人の確固《かっこ》たる信念の現れです。

その点を見失《みうしな》い、四箇の格言を表面的・教条的に捉《とら》えて、大聖人の仏法は排他的《はいたてき》であり、非寛容《ひかんよう》であるというのは、あまりにも浅薄《せんぱく》な批判《ひはん》です。

斉藤　オックスフォード大学のウィルソン博士は、先生との対談集『社会と宗教』のなかで「意識的《いしきてき》・積極的《せっきょくてき》に宗教的寛容を奨励《しょうれい》することと、多神教的《たしんきょうてき》ないし混淆《こんこう》主義的な伝統の中での宗教的無関心《むかんしん》との間《あいだ》には、違いがある」と指摘しています。

少し難《むずか》しいですが、日本的な宗教土壌《どじょう》では、宗教的無関心が寛容であると勘違《かんちが》いされやすいということですね。そのような所では、確固たる宗教的信念が、排他的とか非寛容であると誤解《ごかい》されやすいと言えます。

名誉会長　四箇《しか》の格言《かくげん》は、排他《はいた》主義でも非寛容《ひかんよう》でもありません。その本質は、大聖人の妙法の智慧《ちえ》に照《て》らされた理性的《りせいてき》な宗教批判《ひはん》だからです。すなわち、一次元からいえば、この四宗は偏《かたよ》った宗教の四つの類型《るいけい》を示しているのではないだろうか。

この四宗への批判によって、大聖人の考えられている円満《えんまん》な宗教が浮《う》き彫《ぼ》りにされてくると見ることができます。それは、本来あるべき宗教の特色を、偏頗《へんぱ》なく調和的《ちょうわてき》に含《ふく》んでいる円教《えんきょう》です。一言《ひとこと》で言えば「人間のための宗教」です。

四宗によって示される四つの類型とは、以下の通りです。

①絶対者の他力《たりき》による救済《きゅうさい》を説く宗教（念仏《ねんぶつ》）
②自力《じりき》のみによる悟《さと》りの獲得《かくとく》と悟りへの安住《あんじゅう》を説く宗教（禅《ぜん》）
③呪術《じゅじゅつ》による現世利益《げんせりやく》を説く宗教（真言《しんごん》）
④戒律《かいりつ》・規範《きはん》による外《そと》からのコントロールを説く宗教（律《りつ》）

円教とは、この四つのいずれにも偏ることなく、「自力と他力の一致《いっち》を説き、その力に基《もと》づく人間変革《へんかく》と現実変革を説く宗教」と言えるでしょう。

「自力と他力の一致」とは、自分を超《こ》える力（他力）を自分のなかに見ることです。

つまり、少々、難《むずか》しい表現《ひょうげん》になりますが、大聖人の仏法で説かれる「仏界《ぶっかい》の内在《ないざい》と涌《ゆ》現《げん》」が、それに当《あ》たります。これは、まさに日蓮仏法の真髄《しんずい》にほかなりません。

斉藤　我《わ》が己心《こしん》に仏界を涌現するための「観心《かんじん》の本尊」は、まさにこの円満《えんまん》な宗教の要《かなめ》ですね。

名誉会長　この本尊論については、また別の機会に論じよう。

四つの類型《るいけい》は、日蓮仏法にあっては、一人《ひとり》の人間の変革《へんかく》を支《ささ》える次のような力と現れ、積極的《せっきょくてき》な意味を持つように活《い》かされます。

①どんなに疲《つか》れ病《や》む衆生《しゅじょう》をも、仏界の生命力で包《つつ》み、絶対の安心感を与《あた》える。

②自分のなかに自分を変革する力があることを信じ、それを実際に実感していける。

③現実の変革に勇気《ゆうき》をもって邁進《まいしん》していける。

④内《うち》なる智慧《ちえ》の力で煩悩《ぼんのう》を制御《せいぎょ》し、悪《あく》を滅《めっ》していくことができる。

四箇《しか》の格言《かくげん》の現代的意義《いぎ》は、単なる日本の宗派《しゅうは》の破折《はしゃく》という次元にとどまるのではなく、円満なる人間の生命の力の開花《かいか》にあると言えるのではないだろうか。これが「妙法蓮《れん》華《げ》」であり、無限《むげん》なる「価値創造《かちそうぞう》」なのです。この大聖人の円教《えんきょう》を立て、初めて社会に宣言したのが立宗宣言《りっしゅうせんげん》です。それは「人間宗」の開幕《かいまく》です。
大聖人は、そこに、永遠《えいえん》かつ根本的な人類救済《じんるいきゅうさい》の大道《だいどう》を示してくださったのです。

解説

71 **注1** 「報恩抄《ほうおんしょう》」には「又《また》日蓮此《こ》れを知りながら人人を恐《おそ》れて申さずは寧喪身命《ねいそうしんみょう》・不匿教者《ふのくきょうじゃ》の仏《ぶっ》陀《だ》の諫暁《かんぎょう》を用《もち》いぬ者となりぬ、いかんがせん・いはん《言》とすれば世間《せけん》をそろし止《やめん》とすれば仏《ほとけ》の諫暁のがれ《脱》がたし進退此《しんたいここ》に谷《きわまれ》り、むべなるかなや、法華経の文《もん》に云《いわ》く『而《し》かも此経《このきょう》は如来《にょらい》の現在にすら猶怨嫉《なおおんしつ》多し況《いわ》んや滅度《めつど》の後《のち》をや』又云く一切世間《いっさいせけん》怨《あだ》多くして信じ難《がた》し等云云《とううんぬん》」（二九七㌻）とある。

74 **注2　六難九易《ろくなんくい》**　法華経見宝塔品《けんほうとうほん》第十一（法華経三九〇㌻〜三九三㌻）に説かれる。仏滅後《ぶつめつご》に法華経を受持《じゅじ》することの難《むずか》しさを六難と九易の対比《たいひ》をもって示したもの。六難とは①広説此経難《こうせつしきょうなん》（仏《ほとけ》の滅後に悪世《あくせ》のなかで法華経を説くこと）②書持《しょじ》此経難（仏の滅後に法華経を書き、人に書かせること）③暫読《ざんどく》此経難（仏の滅後に悪世のなかで、しばらくの間でも法華経を読むこと）④少説《しょうせつ》此経難（仏の滅後に一人のためにも法華経を説くこと）⑤聴受《ちょうじゅ》此経難（仏の滅後に法華経を聴受して、その義趣《ぎしゅ》を質問すること）⑥受持此経難（仏の滅後によく法華経を受持すること）。

九《く》易《い》とは①余経説法易《よきょうせっぽうい》（法華経以外の無数の経《きょう》を説くこと）②須弥擲置易《しゅみちゃくちい》（須弥山《しゅみせん》をとって他方の無数の仏土《ぶつど》に擲《な》げ置《お》くこと）③世界足擲易《そくちゃくい》（足の指で大千《だいせん》世界を動かして遠くの他国に擲《な》げること）④有頂説法易《うちょう》（有頂天《うちょうてん》に立って無量《むりょう》の余経《よきょう》を説法すること）⑤把空遊行易《はくうゆぎょうい》（手に虚空《こくう》・大《おお》空《ぞら》をとって遊行すること）⑥足地昇天易《そくちしょうてんい》（大地《だいち》を足の甲《こう》の上に置いて梵天《ぼんてん》に昇《のぼ》ること）⑦大火不《だいかふ》焼易《しょうい》（枯草《かれくさ》を負《お》って大火に入っていっても焼《や》けないこと）⑧広説得通易《こうせつとくつうい》（八万四千の法門《ほうもん》を演説《えんぜつ》して聴者《ちょうしゃ》に六通を得《え》させること）⑨大衆羅漢易《たいしゅうらかんい》（無量の衆生《しゅじょう》に阿羅漢《あらかん》位を得させて六神通《ろくじんつう》をそなえさせること）。九易といっても考えられない大難事《だいなんじ》であるが、滅後《めつご》・末法《まっぽう》に法華経を受持《じゅじ》することなどに比較《ひかく》するならば、容易《ようい》なことであるとされる。

75 **注3** 「一念三千《いちねんさんぜん》の法門《ほうもん》は但《ただ》法華経の本門《ほんもん》・寿量品《じゅりょうほん》の文《もん》の底《そこ》にしづめたり、竜樹《りゅうじゅ》・天親《てんじん》・知ってしかも・いまだ・ひろ《拾》いいだ《出》さず但我《わ》が天台智者《てんだいちしゃ》のみこれをいだ《懐》けり」（一八九㌻）と仰《おお》せである。

83 **注4** 「清澄寺大衆中《せいちょうじだいしゅうちゅう》」に「建長《けんちょう》五年四月二十八日安房《あわ》の国東条《くにとうじょう》の郷《ごう》清澄寺道善《どうぜん》の房持仏堂《ぼうじぶつどう》の南面にして浄円房《じょうえんぼう》と申《もう》す者並《なら》びに少少《しょうしょう》の大衆にこれを申しはじめて其《そ》の後《ご》二十余年が間《あいだ》・退転《たいてん》なく申す」（八九四㌻）とあり、「聖人御難事《しょうにんごなんじ》」に「去《い》ぬる建長五年［太歳癸丑《たいさいみずのとうし》］四月二十八日に安房の国長狭郡《ながさごおり》の内《うち》東条の郷・今は郡《こおり》なり、天照太神《てんしょうだいじん》の御《み》くりや《厨》右大将家《うだいしょうけ》の立て始め給《たま》いし日本第二のみくりや今は日本第一なり、此《こ》の郡の内清澄寺と申す寺の諸仏坊《しょぶつぼう》の持仏堂の南面にして午《うま》の時に此の法門《ほうもん》申しはじめて今に二十七年・弘安《こうあん》二年［太歳己卯《つちのとう》］なり」（一一八九㌻）とある。

84 **注5**　例えば、「諫暁八幡抄《かんぎょうはちまんしょう》」には「今日蓮は去《い》ぬる建長《けんちょう》五年［癸丑《みずのとうし》］四月二十八日より今年弘安《こうあん》三年［太歳庚辰《たいさいかのえたつ》］十二月にいたるまで二十八年が間又他事《あいだまたたじ》なし、只《ただ》妙法蓮華経の七字五字を日本国の一切衆生《いっさいしゅじょう》の口《くち》に入れんとはげむ計《ばか》りなり、此《こ》れ即《すなわち》母の赤子《あかご》の口に乳《ちち》を入れんとはげむ慈悲《じひ》なり」（五八五㌻）とあり、「松野殿後家尼御前御返事《まつのどのごけあまごぜんごへんじ》」には「但《ただ》日蓮一人《いちにん》ばかり日本国に始めて是《これ》を唱《とな》へまいらする事、去ぬる建長五年の夏のころより今に二十余年の間・昼夜朝暮《ちゅうやちょうぼ》に南無妙法蓮華経と是を唱うる事は一人なり、念仏《ねんぶつ》申す人は千万なり」（一三九三㌻）とある。

84 **注6**　**自解仏乗**《じげぶつじょう》　教えを受けることなく、自《みずか》ら仏《ほとけ》の境地《きょうち》を解《さと》ること。「寂日房御書《じゃくにちぼう》」に「日蓮となのる事《こと》自解仏乗とも云《い》いつべし」（九〇三㌻）と述べられている。

87 **注7**　**専修念仏**《せんしゅうねんぶつ》　浄土往生《じょうどおうじょう》のために念仏をもっぱら称《とな》えること。法然《ほうねん》の「選択集《せんちゃくしゅう》」では、浄土往生を願うのならば、ただひたすら念仏を称えるべきであると説き、他の修行《しゅぎょう》と並行《へいこう》して念仏を修行することを否定《ひてい》した。

88 **注8**　「当世念仏者無間地獄事《とうせいねんぶつしゃむけんじごくじ》」に「当世の念仏の上人達並《しょうにんたちならび》に大檀那《だいだんな》等の臨終《りんじゅう》の悪瘡《あくそう》等の諸《もろもろ》の悪《あく》重病《じゅうびょう》並に臨終の狂乱《きょうらん》は意を得《え》ざる事《こと》なり」（一〇五㌻）とある。

88 **注9**　「清澄寺大衆中《せいちょうじたいしゅうちゅう》」に「東条景信《とうじょうかげのぶ》が悪人《あくにん》として清澄寺で飼《か》っている鹿《しか》を狩《か》り獲《と》り、各坊《かくぼう》の法《ほっ》師《し》等を念仏者《ねんぶつしゃ》の所従《しょじゅう》にしようとした」（八九四㌻、趣旨《しゅし》）と述べられている。

91 **注10**　法華経譬喩品《ひゆほん》第三に、法華経や法華経を受持《じゅじ》する人を誹謗《ひぼう》する者の受ける罪報《ざいほう》について

「其《そ》の人は命終《みょうじゅう》して　阿鼻獄《あびごく》に入《い》らん」（法華経一九九㌻）とある。

91 **注11　建長寺道隆《けんちょうじどうりゅう》**　一二一三年〜一二七八年。鎌倉《かまくら》時代の臨済宗《りんざいしゅう》の僧《そう》・蘭渓《らんけい》道隆のこと。宋《そう》から渡《わた》り、北条時頼《ほうじょうときより》の帰依《きえ》をうけ、時頼が建長五年（一二五三年）十一月に建立《こんりゅう》した建長寺の開山《かいざん》となった。極楽寺良観《ごくらくじりょうかん》などと共に日蓮大聖人に敵対《てきたい》し、北条執権《しっけん》を動かし、平左衛門尉《へいのさえもんのじょう》と謀《はか》って大聖人を迫害《はくがい》した。

92 **注12　教外別伝《きょうげべつでん》**　禅宗《ぜんしゅう》の根本教義《きょうぎ》。仏《ほとけ》の本意は経典《きょうてん》とは別に以心伝心《いしんでんしん》で伝えられたとし、それを伝えているのが禅宗であるとする。

92 **注13　極楽寺良観《ごくらくじりょうかん》**　一二一七年〜一三〇三年。鎌倉《かまくら》中期の真言律宗《しんごんりっしゅう》（西大寺流律宗《さいだいじりゅう》）の僧《そう》。良観房忍性《にんしょう》のこと。奈良《なら》西大寺の叡尊《えいそん》の弟子《でし》。正元《しょうげん》元年（一二五九年）に鎌倉に入り、師《し》の叡尊の関《かん》東下向《とうげこう》を契機《けいき》に幕府《ばくふ》への影響力《えいきょうりょく》を強め、文永《ぶんえい》四年（一二六七年）に鎌倉の極楽寺に入った。各種の土木事業《どぼくじぎょう》や非人《ひにん》の組織化など、本来、幕府が担《にな》うべき事業を肩代《かたが》わりして請《う》け負《お》い、その代償《だいしょう》にさまざまな利権《りけん》を獲得《かくとく》していった。一方では祈禱僧《きとうそう》としても活動し、幕府の要請《ようせい》を受けて祈雨《きう》や蒙古調伏《もうこちょうぶく》の祈禱を行《おこな》った。文永八年、大聖人は良観に祈雨の勝負《しょうぶ》を挑《いど》み、打ち破《やぶ》ったが、良観はそれを恨《うら》んで大聖人に敵対《てきたい》し、幕府要人《ようじん》に大聖人への迫害《はくがい》を働《はたら》きかけた。それが大聖人に竜《たつ》の口《くち》の法難《ほうなん》・佐渡流罪《さどるざい》をもたらす大きな要因《よういん》となった。

立正安国《りっしょうあんこく》（上）

――「民衆の幸福」「社会の平和」を開く「正法《しょうほう》の確立《かくりつ》」

学会は永遠《えいえん》に「御書根本」の正道《せいどう》を

斉藤　いよいよ、四月二十八日には、御書発刊《はっかん》五十周年を迎《むか》えます。この意義《いぎ》は幾重《いくえ》にも語ることができると思いますが、常日頃《つねひごろ》、実感していることがあります。

それは、創価学会にあって、広範《こうはん》な民衆がじかに日蓮大聖人の「御本仏《ごほんぶつ》の言葉」に触《ふ》れているという事実が、いかに重いかということです。私たちにとって当たり前のことですが、これほど偉大《いだい》な宗教革命《かくめい》はないのではないでしょうか。

名誉会長　御書に「声仏事《ぶつじ》を為《な》す」（七〇八ジペー）と仰《おお》せです。また、「仏《ほとけ》は文字《もんじ》に依《よ》つて衆生《しゅじょう》を度《ど》し給《たま》うなり」（一五三ジペー）とも明言《めいげん》されている。

仏《ほとけ》が悟《さと》っただけでは、「法」は、まだ民衆から遠い。否《いな》、無《む》に等《ひと》しい。仏が法を「説く」ことによって、初めて法は民衆を苦悩《くのう》の闇《やみ》から解放《かいほう》する光として輝《かがや》く。ゆえに「法自《おのずか》ら弘《ひろ》まらず人《にん》・法を弘むる故《ゆえ》に人法ともに尊《たっと》し」（八五六ジペー）と仰《おお》せです。弘教《ぐきょう》は、人・法ともに輝いていく尊《とうと》い作業《さぎょう》です。

仏は不惜身命《ふしゃくしんみょう》で民衆を救う言葉を発し、仏弟子《ぶつでし》たちもまた死身弘法《ししんぐほう》の決心で経典《きょうてん》を結集《けつしゅう》したのです。それが仏の言葉であり、経典の文字《もじ》です。仏の不惜身命の金《きん》文字を集め編纂《へんさん》したのが経典です。

森中　経典は師弟共戦《していきょうせん》の結晶《けっしょう》ですね。

名誉会長　経典の冒頭《ぼうとう》にある「如是我聞《にょぜがもん》（是の如《かく》きを我《わ》れ聞きき）」とは、「我が人生を変えた師《し》の言葉を確かに聞きました」という仏弟子の感動の言葉です。そして、時を超《こ》え空《くう》間《かん》を超えて、この法を万人《ばんにん》に伝えたいという師弟の願いを込めて、文字の経典が残されたのです。

斉藤　「如是」の言葉に、「そうだ、その通りだ」という仏弟子たちの心底《しんそこ》からの「うなずき」を感じます。

森中　文字《もじ》を軽視《けいし》して、文字以外に悟《さと》りが伝わっているなどと考えるのは、人・法どちらも軽視している姿《すがた》というしかありません。

その意味で、日顕宗《にっけんしゅう》の神秘的《しんぴてき》な相伝《そうでん》主義は、大聖人が「文字《もんじ》を離《はなれ》れば何を以《もっ》てか仏事《ぶつじ》とせん」（一五三ジペー）と仰《おお》せの通り、まさに「天魔《てんま》の部類《ぶるい》・外道《げどう》の弟子《でし》」（同）と断《だん》じることができます。

名誉会長　御書全集の発刊《はっかん》も、戸田先生の深き発願《ほつがん》がなければ、永遠《えいえん》に不可能な事業だったでしょう。日蓮大聖人が難《なん》を忍《しの》ばれ民衆の救済《きゅうさい》のために認《したた》められた御著作《ごちょさく》を、余《あま》すところなく正しく伝えていこうという誓願《せいがん》がなければ、とうてい刊行《かんこう》できるものではなかった。

戸田先生は、御書全集の「発刊の辞《じ》」に「この貴重《きちょう》なる大経典《だいきょうてん》が全東洋へ、全世界へ、と流布《るふ》して行く事《こと》をひたすら祈念《きねん》して止《や》まぬものである」と綴《つづ》られている。

この一念《いちねん》があればこそ、不滅《ふめつ》の聖典《せいてん》ができあがったのです。

広宣流布の誓願に立っておられたからこそ、大聖人の法門《ほうもん》の一切《いっさい》を全民衆に公開《こうかい》しようとする御書全集が完成した。そして五十年の間《あいだ》、広く真剣《しんけん》に民衆に拝されてきたのです。

諸言語《しょげんご》への翻訳《ほんやく》も当然、この御書全集が基本です。世界へ広がるべき「一書」です。民衆に限《かぎ》りない勇気《ゆうき》を送りゆく原典《げんてん》として、全人類《ぜんじんるい》の宿命転換《しゅくめいてんかん》を指南《しなん》した仏典《ぶってん》として、戸田先生の御書刊行《かんこう》は、二十世紀《せいき》で最高に価値《かち》のある出版《しゅっぱん》事業だったと後世《こうせい》に評価《ひょうか》されていくでしょう。「全東洋へ、全世界へ」と、民衆に仏法を公開《こうかい》した意義《いぎ》は、あまりにも大きい。

斉藤 今は、英語、中国語、韓国語《かんこくご》、スペイン語等、世界の主要《しゅよう》言語に翻訳され、それぞれ全集ないし選集が刊行されています。太陽の光は万人《ばんにん》に降《ふ》り注《そそ》がれています。だれかが、買い占《し》めたり独占《どくせん》できるものではありません。

森中 ところが、日顕宗《にっけんしゅう》はそんな道理《どうり》も分からない（笑い）。万人が燦々《さんさん》と陽光《ようこう》を浴《あ》びているのに、いまだに、どこか薄暗《うすぐら》い洞窟《どうくつ》の中で〝私だけが秘密《ひみつ》の太陽を持っているから、私を仰《あお》げ〟などと言っている（笑い）。

名誉会長 本来、寿量品《じゅりょうほん》の[注1]「如来秘密《にょらいひみつ》」とは、爾前経《にぜんきょう》で説かれないゆえに「秘《ひ》」で、厳《げん》然《ぜん》と仏《ほとけ》だけが知っているから「密《みつ》」です。決して隠《かく》したり、もったいぶったりすることではない。寿量品は、その「如来」の「秘密」を公開したのです。

日蓮大聖人の「三大秘法《さんだいひほう》」も、いわば、寿量文底《もんてい》に秘沈《ひちん》されていた「久遠元初《くおんがんじょ》の法」

を、民衆が直接修行《しゅぎょう》できるように大聖人が公開《こうかい》なさった大法《だいほう》だと拝されるでしょう。

斉藤　民衆が直接、大聖哲《だいせいてつ》の言葉を学び、自身の境涯《きょうがい》を高めていく糧《かて》としていく――。「御書根本」の生き方は、そのまま、民衆の境涯革命《かくめい》を確立《かくりつ》していく正道《せいどう》であり、人類《じんるい》の壮大《そうだい》なる教育革命の大道《だいどう》であるとも言えます。

名誉会長　御書には、全人類が求めてやまない、最高の普遍性《ふへんせい》を持つ「哲学《てつがく》」がありま す。また、未来《みらい》を照《て》らす「指標《しひょう》」がある。絶望《ぜつぼう》の人を蘇生《そせい》させる「希望」がある。人生を豊かにする「智慧《ちえ》」があり、人びとを奮《ふる》い立たせる「励《はげ》まし」があり、民衆を救う「慈《じ》悲《ひ》」がある。さらに、悪《あく》と戦う「勇気《ゆうき》」があり、魔性《ましょう》を破《やぶ》る「利剣《りけん》」がある。そして、前進をうながす「情熱《じょうねつ》」、真心《まごころ》を大切にする「誠実《せいじつ》」、無明《むみょう》を断《た》ち切る「確信」、勝利の道を開く「将軍学《しょうぐんがく》」がある。

最高の「人間学」「生命学」であり、「人生と生活」の鏡《かがみ》であり、「社会と自然」を見つめる叡智《えいち》があり、「幸福」を探究《たんきゅう》し、「平和」を創造《そうぞう》する実践《じっせん》が説かれている。

創価学会は永久《えいきゅう》に「御書根本」です。御書発刊《はっかん》五十年の節目《ふしめ》にあたり、その原点《げんてん》を確認《かくにん》し合い、ますます御書を拝し、語っていく出発の日としていきたい。

牧口先生の御書

斉藤　創価学会教学部の最大の誇《ほこ》りは、三代の会長が「御書根本」の生き方を自《みずか》ら示してくださったことです。三代の会長が御書の根幹《こんかん》のなんたるかを教えてくださったから、創価学会が大発展《だいはってん》したと思います。

名誉会長　牧口先生が用《もち》いられていた御書（霊艮閣版御書《りょうごんかくばん》）をひもといたことがあります。要文《ようもん》にたくさん線が引かれ、欄外《らんがい》に書き込みが多くあった。

「開目抄《かいもくしょう》」の「汝《なんじ》を法華経の行者《ぎょうじゃ》といはんとすれば大《だい》なる相違《そうい》あり」（二三〇㌻）の個所《かしょ》に傍線《ぼうせん》。その上の欄外には「行者とは何ぞや」と書かれて、文字《もじ》を枠《わく》で囲《かこ》まれていた。

同じように「忽《たちまち》に現罰《げんばち》あるか」（二三一㌻）の個所は一文字ひともじの横に〇《マル》をつけられ、欄外に「現罰の有無《うむ》」と書かれている。

「大願《だいがん》を立てん」（二三二㌻）の個所には二重線《にじゅうせん》が引かれ、欄外に大きくくっきり「大願」と書かれている。

「諸難《しょなん》」「折伏《しゃくぶく》」そして「廣宣流布《こうせんるふ》」「大難来《だいなんきたる》の喜び」等の書き込みも印象《いんしょう》に残った。

森中 牧口先生が、本当にご自身の実践《じっせん》の指標《しひょう》として御書を拝読《はいどく》されていたことが分かります。

名誉会長 日蓮仏法は〝広宣流布宗〟です。妙法を弘通《ぐつう》していく決意と実践がなければ、御書は虚妄《こもう》になる。七百年間、御本仏《ごほんぶつ》の文字《もじ》は確かに存在していた。しかし、その文字は広宣流布されることはなかった。日蓮大聖人の御精神《ごせいしん》をそのままに、御書の心を蘇生《そせい》させたのは先師《せんし》・牧口常三郎先生です。

その意味で、創価学会の出現《しゅつげん》が日蓮大聖人の仏法を証明《しょうめい》したのです。現代において、学会を離《はな》れて、日蓮仏法を正しく行《ぎょう》ずることもできなければ、大聖人の御精神の真髄《しんずい》に触《ふ》れることも、絶対にできません。このことは厳粛《げんしゅく》なる事実として宣言《せんげん》しておきます。

斉藤 この真実《しんじつ》こそ未来永遠《みらいえいえん》に伝えていかなければならないと思います。

経文《きょうもん》に説かれている内容を証明するのは、経文を身で実践した人がいて初めて可能になります。広宣流布に戦う人がいなければ、経文は嘘《うそ》になる。このことこそ、大聖人が御書のいたるところで仰《おお》せられていることです。

「日蓮無《な》くんば仏語《ぶつご》は虚妄《こもう》と成《な》らん」（五〇七ページ）
「法華経の第五の巻《まき》・勧持品《かんじほん》の二十行の偈《げ》は日蓮だにも此《こ》の国に生《うま》れずば・ほと《殆》をど世《せ》尊《そん》は大妄語《だいもうご》の人・八十万億那由佗《まんおくなゆた》の菩薩《ぼさつ》は提婆《だいば》が虚誑罪《こおうざい》にも堕《お》ちぬべし」（二〇二ページ）
「日蓮末法《まっぽう》に出《い》でずば仏《ほとけ》は大妄語の人・多宝《たほう》・十方《じっぽう》の諸仏《しょぶつ》は大虚妄の証明《しょうめい》なり、仏滅後《めつご》二千二百三十余年が間《あいだ》・一閻浮提《いちえんぶだい》の内に仏の御言《みことば》を助けたる人・但《ただ》日蓮一人《いちにん》なり」（一一九〇ページ）

森中　ただ、どうも日本人は、こうした断言《だんげん》を嫌《きら》う面があります（笑い）。自分の信念をはっきり言う人は生意気《なまいき》だとか、好《す》きになれない、とか。島国根性《しまぐにこんじょう》とでも言うのでしょうか。

名誉会長　日蓮大聖人が日本人から誤解《ごかい》されやすいのも、一つには、そうした面があるからでしょう。

森中　大確信《だいかくしん》の言葉、凝縮《ぎょうしゅく》した言葉を嫌い、なにか煩悶《はんもん》した言葉を並《なら》べているのが知識《ちしき》人《じん》だと思っているみたいですね。

名誉会長　思想家《しそうか》の注2内村鑑三《うちむらかんぞう》が、大聖人に対する感情的な批判《ひはん》に対して、次のように論《ろん》破《ぱ》しています。

「日蓮を非難《ひなん》する現代のキリスト教徒に、自分の聖書《せいしょ》がほこりにまみれていないかどうか、調《しら》べてもらいましょう。たとえ聖書の言葉が毎日口《くち》にされ、それからじかに霊感《れいかん》を与《あた》えられているとしても、自分の派遣《はけん》された人々の間《あいだ》に聖書が受容《じゅよう》されるために、一五年間にもおよぶ剣難《けんなん》や流罪《るざい》に堪《た》えうるでしょうか。聖書のために、身命《しんみょう》をも懸《か》けることができるでしょうか。このことを自分に尋《たず》ねてみてほしいのであります」（鈴木範久訳、『代表的日本人』、岩波書店）

不屈《ふくつ》の真《しん》の宗教家を目指す彼らしい言葉です。聖典《せいてん》に説かれている通りの大難《だいなん》を莞爾《かんじ》として受け続ける。そうした闘争《とうそう》に対して、聖書を埃《ほこり》まみれにするような傍観者《ぼうかんしゃ》が批判《ひはん》できるだろうか、との指摘はまことに鋭《するど》い。

斉藤　非難する人は自身を問え、ということですね。ほとんどの日本人は、そこまで自身に問いかけての批判には至《いた》っていません。

名誉会長　日蓮大聖人の時代にも、同じような批判は多かったようだ。日蓮大聖人がいなければ釈尊《しゃくそん》は大嘘《おおうそ》つきになってしまうとの大確信《だいかくしん》に対して、大聖人を「大慢《だいまん》の法師《ほっし》」と批判《ひはん》する人々がいた。これに対する大聖人の破折《はしゃく》が痛快《つうかい》だね。

森中　御書に同趣旨《どうしゅし》の仰《おお》せが幾《いく》つかありますが[注3]、その一つを拝読《はいどく》します。

「難《なん》じて云《いわ》く汝《なんじ》は大慢《だいまん》の法師《ほっし》にして大天《だいてん》[注4]に過《す》ぎ四禅比丘《しぜんびく》[注5]にも超《こ》えたり如何《いかん》、答えて云く汝日蓮を蔑如《べつじょ》するの重罪又提婆達多《じゅうざいまただいばだった》に過ぎ無垢論師《むくろんし》[注6]にも超えたり、我《わ》が言《ことば》は大慢に似《に》たれども仏記《ぶっき》を扶《たす》け如来《にょらい》の実語《じつご》を顕《あらわ》さんが為《ため》なり、然《しか》りと雖《いえど》も日本国中に日蓮を除《のぞ》いては誰人《たれびと》を取り出《いだ》して法華経の行者《ぎょうじゃ》と為《な》さん汝日蓮を謗《そし》らんとして仏記を虚妄《こもう》にす豈大悪人《あにだいあくにん》に非《あら》ずや」（五〇七㌻）

〈通解〉非難《ひなん》して言うには、あなた（大聖人）は大慢心《だいまんしん》の僧侶《そうりょ》であって、その慢心ぶりは大天よりひどく、四禅比丘をも超えていると思うが、いかがだろうか。答えて言うには、あなたが日蓮を蔑《さげす》む重罪こそ、提婆達多が犯《おか》した罪《つみ》よりも重く、無垢論師の罪をも超えている。私（大聖人）の言葉は大慢心のように聞こえるかもしれないが、仏《ほとけ》の未来記《みらいき》を助け、釈尊《しゃくそん》の言葉が真実《しんじつ》であることを証明《しょうめい》するためである。しかしながら、日本国中で日蓮を除いて、だれをもって法華経の行者と言うことができようか。あなたこそ、法華経の行者である日蓮を謗《そし》って、仏の未来記を虚妄にする者である。あなたこそまさに大悪人ではないか。

名誉会長　この大確信《だいかくしん》が日蓮仏法の真髄《しんずい》です。「法華経ありて我《われ》（大聖人）あり」「我ありて法華経あり」です。この大聖人に直結《ちょっけつ》するのが創価学会です。ゆえに、「御書が創価学会を証明《しょうめい》」し、「創価学会が御書を証明する」とも言えるでしょう。

「安国論《あんこくろん》」に始まり「安国論」に終わる

斉藤　まさに、今回お伺《うかが》いしたかったことの論点は、そのことです。日蓮大聖人の御書のなかで、広く一般の人たちにも知られているのは、やはり「立正安《りっしょうあん》国論」だと思います。高校の教科書にも取り上げられ、読売新聞が行《おこな》った「二十一世紀《せいき》に伝える　あの一冊《さつ》」の調査《ちょうさ》（二〇〇〇年）でも、日本の名著《めいちょ》第二位に選ばれています。ただし、有名《ゆうめい》なわりには、日蓮大聖人の「立正安国」の法理《ほうり》ほど、多くの日本人に誤解《ごかい》されてきたものもないと思います。

森中　先ほどの内村鑑三《うちむらかんぞう》ですが、日蓮大聖人を高く評価《ひょうか》する半面、大聖人の「立正安国論」による諫暁《かんぎょう》の実践《じっせん》については、次のように述べています。

「戦いのあかつきは結果は一つ、自宗《じしゅう》か他宗《たしゅう》か、いずれかの絶滅《ぜつめつ》しかありません。その激《はげ》しい熱情《ねつじょう》は、狂気《きょうき》と区別しがたいものでありました」（鈴木範久訳、前掲書）

そもそも、彼の日蓮像《ぞう》の結論は「闘争好きを除いた日蓮、これが私どもの理想《りそう》とする宗教者であります」（同）という内容でした……。

名誉会長　前にも述べたが、大聖人は末法《まっぽう》という争《あらそ》いの時代を転換《てんかん》して、万人《ばんにん》が仏性《ぶっしょう》を現し、そして民衆の幸福と平和の時代を築《きず》いていくために、法戦《ほうせん》を展開《てんかい》されたのです。

正法《しょうほう》を惜《お》しみ、民衆を慈《いつく》しむ心が強かったがゆえに、戦わざるをえなかったのです。

いうまでもなく、日蓮大聖人の御境涯《ごきょうがい》は広大であられた。人間を深く慈しまれていたがゆえに、魔性《ましょう》に対しては厳《きび》しく戦われた。時代全体を根本的に救おうとされたがゆえに、時代それ自体を超《こ》えていた。その平和思想《しそう》の精髄《せいずい》を的確《てきかく》に捉《とら》えて十分に語りうる知性《ちせい》は、なかなか、いなかったのではないかと思う。

斉藤　「立正安国論《りっしょうあんこくろん》」をどう拝していくかは、この連載《れんさい》の一つの重要《じゅうよう》なテーマである「日蓮仏法の人間主義」を語るうえでも重要なポイントになります。

森中　広宣流布の大願《だいがん》と実践《じっせん》を貫《つらぬ》いてきた創価学会の「立正安国《りっしょうあんこく》」観《かん》を提示《ていじ》してこそ、これまでの多くの人たちによって誤解《ごかい》されてきた国家主義的日蓮像《ぞう》を変え、日蓮仏法をますます世界宗教へ飛翔《ひしょう》させていくターニングポイントになるのではないでしょうか。

名誉会長　「立正」とは何か。「安国」とは何を意味するのか。「正」とは具体的にどのようなことか。「立」てるとはどうすることか。「国」とは何か。

これらのことについて、七百年間、あまたの人が「立正安国論」を読み、わかったようでいて、実《じっ》は大きく誤解してきたのではないだろうか。

「立正安国」の真《しん》の意味が理解されれば、創価学会・ＳＧＩ（創価学会インタナショナル）の運動の意義《いぎ》も正しく理解されるようになる。

また、日蓮仏法が今後の人類《じんるい》社会をリードしうる人間主義の宗教であることも、「立正安国」の原理《げんり》を正確《せいかく》に示すことで浮《う》き彫《ぼ》りにされる。

「御書根本」の意義を確認《かくにん》する意味で、今回はこのテーマを考えてみたい。

斉藤　よく、「日蓮大聖人御一代《ごいちだい》の御化導《ごけどう》は立正安国論に始まり、立正安国論に終わる」と言われる意味を明確《めいかく》に知りたいという質問が寄《よ》せられます。

名誉会長　一つには、日蓮大聖人の御生涯《ごしょうがい》が「立正安国論《りっしょうあんこくろん》」を中心に展開《てんかい》していたということです。それは、取りも直《なお》さず、立正安国の実現こそ大聖人の弘教《ぐきょう》の根本目的であったということです。

森中　その観点《かんてん》から、大聖人の御生涯を簡潔《かんけつ》にたどってみたいと思います。立宗宣言《りっしゅうせんげん》は建長《けんちょう》五年（一二五三年）四月二十八日です。この日から、時代と社会を変革《へんかく》し、全民衆を救済《きゅうさい》する日蓮大聖人の法戦《ほうせん》が始まりました。「立正安国論」の提出《ていしゅつ》は文応《ぶんおう》元年（一二六〇年）七月十六日で、立宗から七年後のことです。

名誉会長　この「国主諫暁《こくしゅかんぎょう》」を境《さかい》に、いよいよ時代・社会の変革へ本格的な挑戦《ちょうせん》が始まったと言えます。

斉藤　それが「安国論に始まる」ということですね。

森中　大聖人が受けた大難《だいなん》も、「立正安国論」提出を機に、熾烈《しれつ》さを増《ま》していきます。「立正安国論」提出の翌月、文応元年（一二六〇年）八月二十七日に鎌倉《かまくら》・松葉ケ谷《まつばがやつ》の草庵《そうあん》が襲撃《しゅうげき》され、念仏者《ねんぶつしゃ》たちが大聖人の御命《おいのち》を狙《ねら》おうとしました（松葉ケ谷の法難《ほうなん》）。これは、明らかに当時の政治権力者が背後《はいご》にいたからこそ、そうした襲撃事件が可能になったと考えられています。
そして、翌年の弘長《こうちょう》元年（一二六一年）五月十二日の伊豆流罪《いずるざい》。これは、当時の執権《しっけん》・[注7]北条長時《ほうじょうながとき》の父親である重時《しげとき》が念仏《ねんぶつ》の強信者《ごうしんじゃ》で、「立正安国論《りっしょうあんこくろん》」の内容に激怒《げきど》したからであると言われています。

名誉会長　「立正安国論」で予言《よげん》されている二難《なん》、すなわち[注8]「自界叛逆難《じかいほんぎゃくなん》」「他国侵逼《たこくしんぴつ》難《なん》」の的中《てきちゅう》をめぐって、その後の御生涯《ごしょうがい》の闘争《とうそう》が大きく推移《すいい》していきます。

森中　はい。大聖人と幕府《ばくふ》権力との緊張《きんちょう》関係が次に高まっていくのが文永《ぶんえい》五年（一二六八年）です。この年に日本に服従《ふくじゅう》を要請《ようせい》する蒙古《もうこ》の国書《こくしょ》が到来《とうらい》しました。これで、他国侵逼難の予言の的中が現実味を帯《お》びてきました。

名誉会長　「種種御振舞御書《しゅじゅおふるまいごしょ》」を拝すると、この直後に、大聖人及び一門《いちもん》の弾圧《だんあつ》について幕府内で議論されたことがわかるね。[注9]

森中　そして、文永八年（一二七一年）九月十二日の竜《たつ》の口《くち》の法難《ほうなん》で、捕《と》らえに来た[注10]平《へいの》左衛門尉《さえもんのじょう》の面前《めんぜん》で、再び、大聖人は、日本の柱《はしら》を倒《たお》せば二難が必ず起こると予言し、諫暁《かんぎょう》します。

その言葉の通り、佐渡《さど》流罪中《るざいちゅう》に、二月騒動《そうどう》（北条時輔《ほうじょうときすけ》の乱《らん》）が起こり、「自界叛逆難《じかいほんぎゃくなん》」が的中《てきちゅう》します。そして赦免《しゃめん》直後に、蒙古《もうこ》の襲来《しゅうらい》が現実のものとなり、「他国侵逼難《たこくしんぴつなん》」が的中します（文永《ぶんえい》の役《えき》）。大聖人が亡《な》くなる前年の弘安《こうあん》四年（一二八一年）には、蒙古の第二次襲来（弘安の役）があります。

名誉会長　「立正安国論《りっしょうあんこくろん》」で予言《よげん》した二難は、言い換《か》えれば、「内乱《ないらん》」と「侵略《しんりゃく》」です。戦争ほど悲惨《ひさん》なものはありません。戦争は民衆の生活を破壊《はかい》する。民衆の安穏《あんのん》のために戦争だけは絶対に起こしてはならない――それが大聖人の至誠《しせい》の諫暁《かんぎょう》であったのです。

戦争回避《かいひ》の道へ「手遅《ておく》れにならないうちに」――「立正安国論」でも、国主《こくしゅ》に真剣《しんけん》な呼《よ》びかけをされます。しかし、残念《ざんねん》ながら、大聖人の叫《さけ》びは見過《みす》ごされてしまう。

そして、その理想《りそう》の実現は弟子《でし》たちに託《たく》されました。大聖人は御入滅《ごにゅうめつ》の直前に「立正安国論」を力強く講義《こうぎ》されています。

斉藤　大聖人が、御入滅の二週間ほど前の弘安五年（一二八二年）九月二十五日、池上《いけがみ》邸《てい》で「立正安国論」を講義されたという記録があります。まさに「安国論に終わる」のお姿《すがた》です。

名誉会長　このように、大聖人の御生涯《ごしょうがい》は「立正安国《りっしょうあんこく》」の実現を目指して展開《てんかい》していきます。それが日蓮仏法の本質であることは明確です。

実《じつ》は、後で述べるが、「法」ということを深く考え抜けば、立正安国の理念と実践《じっせん》は仏法と不可分《ふかぶん》の関係にあるのです。本来は、大聖人のみの特殊《とくしゅ》な理念ではありません。

あえて言えば、「立正安国」の理念は釈尊《しゃくそん》の仏教にも内蔵《ないぞう》されているのであり、さらには、あらゆる宗教が目指すべき理想《りそう》だとも言えるのです。

ゆえに、日蓮仏法の継承者《けいしょうしゃ》は、「立正安国」の本道《ほんどう》を行かねばなりません。

「個人の次元の立正」と「社会の次元の立正」

斉藤　それにしても、「立正安国」の理念について、これまで誤解《ごかい》が多かったのは何故《なぜ》でしょうか。

名誉会長　二つの原因が考えられます。

一つは、偏狭《へんきょう》な宗派性《しゅうはせい》で「立正」が見られてしまったことです。例えば、国が一つの宗派で統一されるのが「立正《りっしょう》」であると見るような誤《あやま》りです。
もう一つは、民衆を忘《わす》れて、権力者中心の観点《かんてん》で「安国《あんこく》」が見られてしまったことだと言えます。「安国」とは、要するに「民衆の安穏《あんのん》」であり、「民衆の幸福」です。そして、「民衆が生活する国土《こくど》の平和」です。この単純《たんじゅん》な目的が忘れられてしまったのです。

森中　日蓮主義といわれる、近代日本で起こった国家主義的な日蓮解釈《かいしゃく》は、その誤りの典型《てんけい》ですね。

斉藤　一面から言えば、政治と宗教のゆがんだ関係が、「立正安国」の誤った解釈をもたらしてきたとも言えます。宗教が自分の宗派《しゅうは》の拡大《かくだい》のために政治と癒着《ゆちゃく》を図《はか》る。あるいは、政治が自分たちの統制《とうせい》を強めるために宗教を利用する。そういう関係を前提《ぜんてい》とすると正しい解釈はできないと思われます。

名誉会長　そうだね。「国家（政治）と宗教」の本来あるべき理念を探究《たんきゅう》せず、既存《きそん》の在り方に短絡的《たんらくてき》に結《むす》び付けようとしたから、「立正」も「安国」も誤って理解されていったのではないだろうか。むしろ、国家と宗教の正しい関係を示すのが「立正安国」の理念です。

森中　宗教が幕府《ばくふ》の支配体制のなかに完全に組み込まれた江戸時代の末期《まっき》には、ある有《ゆう》名《めい》な日蓮宗学者は、ついに「立正安国論《りっしょうあんこくろん》」を実《じつ》なき論として否定《ひてい》してしまったそうです。仮《かり》にも日蓮門下《もんか》なのに残念《ざんねん》なことです。

斉藤　では、まず「立正」を中心に、この理念の意義《いぎ》を拝察《はいさつ》してみたいと思います。「立正」とは「正法《しょうほう》を立てる」ことですね。それは何を意味するのか。安国論では、何が災難《さいなん》の原因となる誤《あやま》った信仰なのかについては多く述べられていますが、「立正」とは何かについては、ほとんど述べられていません。

名誉会長　ただ、安国論十段中、第九段に至《いた》って、「立正安国」の実現の鍵《かぎ》は「信仰の寸心《すんしん》」の変革《へんかく》にあると示されます。この心の変革こそが立正の根本であると拝察できます。その御文《ごもん》を拝してみたい。

森中　拝読《はいどく》します。

「悲《かな》しいかな皆《みな》正法の門を出《い》でて深く邪法《じゃほう》の獄《ごく》に入《い》る、愚《おろか》なるかな各《おのおの》悪教《あっきょう》の綱《つな》に懸《かか》つて鎮《とこしなえ》に謗教《ぼうきょう》の網《あみ》に纏《まつわ》る、此《こ》の朦霧《もうむ》の迷彼《まよいか》の盛焔《じょうえん》の底《そこ》に沈《しず》む豈《あに》愁《うれ》えざらんや豈苦《くるし》まざらんや、汝《なんじ》早く信仰の寸心を改《あらた》めて速《すみやか》に実乗《じつじょう》の一善《いちぜん》に帰《き》せよ、然《しか》れば則《すなわ》ち三界《さんがい》は皆仏国《ぶっこく》なり仏国《ぶっこく》其《そ》れ衰《おとろえ》んや十方《じっぽう》は悉《ことごと》く宝土《ほうど》なり宝土何《なん》ぞ壊《こわ》れんや、国に衰微《すいび》無《な》く土《ど》に破壊《はえ》無《なく》んば身は是《こ》れ安全・心は是れ禅定《ぜんじょう》ならん、此《こ》の詞《ことば》此の言《ことば》信ず可《べ》く崇《あが》む可し」（三二㌻）

〈**通解**〉悲《かな》しいことに、人びとは皆《みな》、正法《しょうほう》の門を出て、深く邪法《じゃほう》の牢獄《ろうごく》に入っている。愚《おろ》かにも、各人が悪教《あっきょう》の綱《つな》にかかって、永久《えいきゅう》に身動《みうご》きできないまでに謗法《ほうぼう》の教えの網《あみ》に纏《まとわ》りつかれている。現世《げんせ》には邪教《じゃきょう》の深い霧《きり》に迷《まよ》い、死後《しご》は阿鼻地獄《あびじごく》の火炎《かえん》の底《そこ》に沈《しず》むのである。どうして愁《うれ》えずにいられようか。どうして苦しまずにいられようか。

あなたは一刻《いっこく》も早く、誤《あやま》った信仰の寸心《すんしん》を改《あらた》めて、速《すみ》やかに実乗《じつじょう》（法華経）の一善《いちぜん》に帰《き》依《え》しなさい。そうすればすなわち、この三界《さんがい》は皆、仏国《ぶっこく》である。仏国であるならば、どうして衰微《すいび》することがあろうか。十方の国土《こくど》はことごとく宝土である。宝土であるならば、どうして破壊《はかい》されることがあろうか。こうして国土が衰微することがなく、破壊されることもなければ、あなたの身は安全になり、心は安《やす》らかになるのである。この言葉は、心から信ずるべきであり、崇《あが》めるべきである。

名誉会長　ここでは、「立正安国《りっしょうあんこく》の原理《げんり》」の根本的な次元を教えられています。それは「信仰の寸心」、すなわち一人《ひとり》の人間の「心」の次元です。「心の次元の変革《へんかく》」がなければ、

「立正安国《りっしょうあんこく》」もない。

謗法《ほうぼう》という根本悪《あく》を打ち破《やぶ》って、信仰の寸心《すんしん》を改《あらた》めれば、今、生きている、この三界《さんがい》、すなわち現実世界がそのまま清《きよ》らかな仏国土《ぶっこくど》であり、崩《くず》れざる宝土《ほうど》である、とされています。また、信ずべき法は「実乗《じつじょう》の一善《いちぜん》」であると仰《おお》せです。「実乗」とは真実《しんじつ》の教えの意で、すなわち法華経のことです。「一善」とは、根本の善ということです。

法華経は、万人《ばんにん》が仏性《ぶっしょう》を開発《かいはつ》できることを説き、万人の成仏《じょうぶつ》の実現のために行動していくべきことを説きます。それが「仏《ほとけ》の知見《ちけん》」であり、また「仏の生き方」です。この仏の哲学《てつがく》と実践《じっせん》こそ、根本善なのです。

大聖人の「三大秘法《さんだいひほう》」も、末法《まっぽう》における根本善の実践にほかならない。いずれにせよ、この哲学を信じ、この実践に生きる人は、その心、その生き方において仏と等《ひと》しいのであり、その人の住む所は、いずこであれ仏国土である。

このように仏法の「法」とは、まず個人の生き方を支《ささ》えるものです。

法華経という根本善を信じて、個人が「心の平和」を確立《かくりつ》することが「立正」の根本です。そして、根本善にかなった社会の在り方を定着《ていちゃく》させ、実際に「社会の平和」を実現していくのです。

しかし、この場合、社会全体が同じ法華経の信仰で統一されることとは限《かぎ》りません。社会の全体としての在り方のなかに、「万人《ばんにん》が仏《ほとけ》」という法華経の平和の大哲学《だいてつがく》が生かされていくことが重要《じゅうよう》です。

社会の次元の「立正《りっしょう》」とは、「人間尊敬《そんけい》」の哲学、「生命尊厳《そんげん》」の理念が社会を支《ささ》え、動かす原理《げんり》として確立《かくりつ》されることにほかならないのです。


斉藤　仏法が社会を支える原理として働《はたら》くという点は、大聖人が御書のなかでしばしば言及《げんきゅう》されています。

例えば、大聖人はこう仰《おお》せです。

「仏法やうやく顚倒《てんどう》しければ世間《せけん》も又濁乱《またじょくらん》せり、仏法は体《たい》のごとし世間はかげのごとし体曲《まが》れば影《かげ》ななめなり」（九九二㌻）

名誉会長　仏法は「体」であり、根本です。根本の仏法が混乱《こんらん》し、見失《みうしな》われれば、世間もまた大混乱する。
社会を根底《こんてい》から支える思想《しそう》が確立しなければ、世の中は規範《きはん》を失う。

その結果、弱肉強食《じゃくにくきょうしょく》の畜生道《ちくしょうどう》となり、争《あらそ》いの絶《た》えない修羅道《しゅらどう》となり、不満《ふまん》が渦巻《うずま》く餓鬼道《がきどう》となる。ついには苦悩《くのう》が尽《つ》きない無間地獄《むけんじごく》の社会となってしまう。だからこそ、「立正《りっしょう》」がまず必要なのです。そうすれば、必ず「安国《あんこく》」となっていく道理《どうり》です。

森中　ところが、当時の諸宗は、権力に媚《こ》びて、権力の安定を祈ることをもっぱらにし、民衆の幸福を忘《わす》れ、自分たちだけが保護《ほご》を得《え》て、利権《りけん》を貪《むさぼ》っていました。そのもたれあいの癒着《ゆちゃく》を「王法《おうほう》」と「仏法」の助け合う姿《すがた》だと誤解《ごかい》し、強弁《きょうべん》していたのです。

名誉会長　当時の日本には「王法と仏法」のゆがめられた関係があった。元来《がんらい》、「王法」とは、政治をはじめ、社会のさまざまなしくみ、制度のことです。「仏法」とは、万人《ばんにん》の幸福を実現しようとする仏《ほとけ》の説いた教えであり、その教えを実践《じっせん》するための体系《たいけい》です。

斉藤　この正しい意味での王法と仏法の関係は、釈尊《しゃくそん》の時代から見られると言ってよいと思います。

名誉会長　そうです。釈尊《しゃくそん》は出家前《しゅつけまえ》は王子《おうじ》であり、その地位を捨《す》てて修行《しゅぎょう》し、仏《ほとけ》に成《な》った。その点からすると、「王法《おうほう》」と「仏法」は別である。「仏法」は「王法」を超越《ちょうえつ》するものであるという面もあります。

しかし、以前に少しふれたが、釈尊には悟《さと》りの直後に梵天勧請《ぼんてんかんじょう》の体験があります。

斉藤　はい、簡潔《かんけつ》に確認《かくにん》しておきます。

釈尊が悟りを得《え》た後、悟った法を説いてもわかる者がなく、かえって混乱《こんらん》させるばかりで疲《つか》れるだけだから、説かないでおこうとした。するとこの世界の主《あるじ》である梵天が、「仏が法を説かなければ、この世界は滅《ほろ》びてしまう」と嘆《なげ》いて、釈尊に説法《せっぽう》を勧《すす》め請《こ》うた。

こういう内容です。

森中　この点について、故・中村元《はじめ》博士は、こう分析《ぶんせき》しています。

「おそらくゴータマ・ブッダ自身の心のうちに『説こうか、説くまいか』というためらいがおこっていたのであるが、『説かなければさとりは完成しない』ということをさとったのであろう」（『中村元選集〔決定版〕』第十一巻、春秋社）

「人々とのつながりを離《はな》れて、抽象的《ちゅうしょうてき》な宙《ちゅう》に浮《う》いたようなさとりというものは、なにも

存在しない」（『中村元《はじめ》選集〔決定版〕』第十一巻、春秋社）

人びとに説き示し、現実に人を救ってこそ、真《しん》の悟《さと》りとして完成する。そう指摘されています。仏《ほとけ》の悟りは万人《ばんにん》のためのものです。もし自分だけの悟りなら「独覚《どっかく》」です。すなわち「縁覚《えんかく》」の境地《きょうち》にとどまってしまう。

名誉会長　そう、そこが大事です。仏教は、その出発以来、「宗教のための宗教」ではない。「人間のための宗教」であった。社会を滅亡《めつぼう》から救う「支柱《しちゅう》」であったのです。だからこそ、釈尊《しゃくそん》は弟子《でし》たちに、「人びとの幸福のために、利益《りやく》のために、安楽《あんらく》のために、諸国《しょこく》を遍歴《へんれき》せよ！」と呼《よ》びかけました。

この釈尊の心を、「王法《おうほう》」の側で引き継《つ》いだといえる存在が、インドのアショーカ大王《だいおう》[注11]だね。

斉藤　はい。アショーカ大王は、カリンガ地方を征服《せいふく》した時の悲惨《ひさん》な戦いを目《ま》の当《あ》たりにして改心《かいしん》し、それまでの「武力《ぶりょく》による勝利」を捨《す》て、「法による勝利」を目指します。

カリンガの地に刻《きざ》まれた法勅《ほうちょく》の第一章には、こうあります。

「すべての人は私の子である。私は王子《おうじ》のためと同様《どうよう》に、〈かれらが〉現世《げんせ》と来世《らいせ》の、す

べての利益《りやく》と安楽《あんらく》を得《え》ることを願う」（塚本啓祥著、『アショーカ王碑文《おうひぶん》』、第三文明社）

名誉会長　釈尊《しゃくそん》の呼《よ》びかけを真正面《ましょうめん》から受け止め、あらゆる人びとが、幸福であるよう願ったのです。

戦争ほど残酷《ざんこく》なものはない。勝っても負《ま》けても不幸である。大王《だいおう》はそこに気づいたのでしょう。そして、三世《さんぜ》永遠《えいえん》の幸福への闘争《とうそう》を開始したのです。

現代のインドを代表する哲学者《てつがくしゃ》の注12ロケッシュ・チャンドラ博士は、私との対談でこう語っておられた。

「私の古い友人であり、偉大《いだい》なインド学者であった故・中村元《はじめ》博士は、アショーカ王のいう『法』とは、『人間の理法《りほう》』としての法であり、それは仏教によって正しく説かれていると王は信じていた、と述べていました。

アショーカ王は、一般的な仏教を語ったというより、むしろ『法』そのものを語ったのではないでしょうか。

彼の思想《しそう》は仏教に由来《ゆらい》しますが、それを一般的な言葉で普遍的《ふへんてき》な価値《かち》として人々に示したのです」（『東洋の哲学を語る』、第三文明社）

大王《だいおう》は、仏法の教義《きょうぎ》の押《お》し付けはしていない。宗教の自由があり、他の宗教も認《みと》めている。大王は「人間の幸福」「平和な社会」という大目的のために、諸宗教を自由に競争《きょうそう》させたのではないだろうか。大王が目指したのは、牧口先生が提唱《ていしょう》されていた「人道的《じんどうてき》競争」に通じるといえるかもしれない。

森中　なるほど、そう考えると、大聖人の「王仏冥合《おうぶつみょうごう》」の意義《いぎ》がよくわかります。

名誉会長　民衆は賢明《けんめい》です。大勢《おおぜい》の人を長期間にわたって強制《きょうせい》しつづけたり、騙《だま》しつづけることなどできません。それゆえ、ニセモノはついには滅《ほろ》びざるを得《え》ない。厳粛《げんしゅく》な歴史の審判《しんぱん》です。

仏法の「法」の力は、あくまでも現実の社会に顕現《けんげん》して、社会の正しい在り方を支《ささ》えるものである。その例として、さらに、[注13]竜樹《りゅうじゅ》の言葉を確認《かくにん》しておこう。

諫暁《かんぎょう》の心

森中　はい。大乗《だいじょう》の大論師《だいろんし》・竜樹は、友人のシャータヴァーハナ王朝《おうちょう》の王にあてた「宝《ほう》行王正論《ぎょうおうしょうろん》」という著作《ちょさく》を残しています。そこで、こう語っています。

「王よ、いかなる行《おこ》ないであっても、法を先とし、法を中間《ちゅうかん》とし、法を後として、それらを全《まっと》うするならば、この世にあってもかの世にあっても衰滅《すいめつ》することはありません」(瓜生津隆真《うりうづりゅうしん》訳、『大乗仏典《だいじょうぶってん》』第十四巻竜樹《りゅうじゅ》論集、中央公論社)

「法こそが最高の政道《せいどう》であります。なんとなれば、法に世の人びとは感動し、彼らが感動するときには、王は、この世においてもかの世においても、欺《あざむ》かれないからです」(同)

「たとえいま苦《く》であっても、未来《みらい》に有益《ゆうえき》であるならば、それを行《おこ》なってください。まして楽《らく》であり、自《みずか》らにも他の人びとにも利益《りやく》をもたらすものであるなら、それをなすべきことはいうまでもありません。これは永遠《えいえん》の法《ダルマ》であります」(同)

真実《しんじつ》の仏法に基《もと》づくところに、永遠の繁栄《はんえい》があると教えています。そして目先《めさき》の小さな利益《りえき》にとらわれることなく、大目的に生きよと諭《さと》しています。

名誉会長　まさに「立正安国《りっしょうあんこく》」の思想《しそう》です。竜樹は「自他共《じたとも》の幸福を実現することをなせ、それが永遠の法である」とも言っている。

人間が生まれてきたのは幸福になるためです。何らかの力がある立場は、何であれ皆《みな》をるのです。

幸福にするためにあるのです。「その真実《しんじつ》に目覚《めざ》めよ」「その使命《しめい》に目覚めよ」と教えてい

斉藤　これだけのことを国王《こくおう》に進言《しんげん》するのは、友人とはいえ、大変なことです。

竜樹《りゅうじゅ》はその思いをこう述べています。

「王がたとえ真理《しんり》に背《そむ》くこと（非法《ひほう》）や非道《ひどう》をなすとも、王に仕《つか》える人びとは概《がい》して称《しょう》讃《さん》します。それゆえに、王にとっては正当《せいとう》か正当でないか、を知ることがむずかしいのです。

たとえほかの人であっても、その人の気に入らないばあい、正当なことを語るのはむずかしいのに、まして、あなたは大王《だいおう》であり、その王に修行僧《しゅぎょうそう》である私が語るときはいうまでもありません。

しかし、あなたによって下《くだ》される慈愛《じあい》によって、また世の人びとへの憐《あわ》れみから、私はひとりあなたに、たとえまったくお気に召《め》さないことであっても、道にかなったことを語るでありましょう」（瓜生津隆真《うりうづりゅうしん》訳、前掲書）

名誉会長　まさに諫暁《かんぎょう》の心だね。「世の人びとへの憐れみ」のために語る。民衆のため

に身命《しんみよう》をなげうって正義《せいぎ》を語る。これこそ、仏法者の正道《せいどう》です。

森中　ところが、大聖人の御在世《ございせ》当時の日本では、諸宗は政治権力に媚《こ》び、権力による諸宗への不当《ふとう》な肩入《かたい》れが横行《おうこう》していました。

院政期《いんせいき》ごろから「王法《おうほう》とは、実際には国王《こくおう》（天皇）や世俗諸権門《せぞくしよけんもん》の権力と秩序《ちつじよ》、その統治《とうち》」であり、「仏法とは、現実の社会的・政治的勢力《せいりよく》としての大寺社《だいじしや》ないしその活動のこと」（黒田俊雄著、『王法と仏法——中世史の構図　増補新版』、法蔵館）という意味合いが強くなりました。当時の寺院は多くの荘園《しようえん》をもち、大きな権力をもっていました。

初めて院政を敷《し》いて権力を一手《いって》に握《にぎ》った[注14]白河上皇《しらかわじようこう》が、その自分でも思い通りにならないのが、京都を流れ、しばしば洪水《こうずい》を起こす鴨川《かもがわ》の水と、双六《すごろく》のサイコロの目と、比叡山《ひえいざん》の僧侶《そうりよ》集団だ、といっていたくらいです。

斉藤　比叡山延暦寺《えんりやくじ》や興福寺《こうふくじ》などの大寺は、宗教的権威《けんい》を盾《たて》に強引《ごういん》な要求《ようきゆう》を繰《く》り返し、種々《しゆじゆ》の特権《とつけん》を貪《むさぼ》っていました。

当時の通念《つうねん》では、権力をもつ政治家らが王法、権威をふりかざし権力を動かす悪侶《あくりよ》らが仏法となっていたのです。

治承《じしょう》四年（一一八〇年）に平重衡《たいらのしげひら》らが東大寺《とうだいじ》・興福寺《こうふくじ》などの奈良《なら》の諸寺を焼《や》き討《う》ちした時、九条兼実《くじょうかねざね》[注15]は、「仏法王法滅尽《おうほうめつじん》しおわるか」と日記《にっき》『玉葉《ぎょくよう》』に記《しる》しています。

名誉会長　しかし、大聖人が「王法」「仏法」と仰《おお》せの時は、まったく意味が違う。本来の意味で言われているのです。見せかけの権威《けんい》や勢力《せいりょく》ではない。民衆のための仏法です。

「王法」とは、社会を支《ささ》える根本原理《げんり》であり、その原理を現実に展開《てんかい》する体制です。政治をはじめ、経済、教育、学術等を含《ふく》んだ、ありとあらゆる社会の営《いとな》みのことです。

「仏法」とは、仏《ほとけ》の教えの真髄《しんずい》であり、万人《ばんにん》の幸福を実現する根本の妙法である。狭《せま》い一宗一派《いっしゅういっぱ》ではなく、宇宙大に広がる仏の慈悲《じひ》の心です。人びとを守り導《みちび》き育《はぐく》む「主《しゅ》師《し》親《しん》の三徳《さんとく》」を具《そな》えた、仏の魂《たましい》なのです。

人間と社会を向上させる根本が仏法です。

斉藤　はい。したがって大聖人が仰せの「王仏冥合《おうぶつみょうごう》」とは、「仏法の精神《せいしん》を、社会のあらゆる次元に脈動《みゃくどう》させていく」「社会に仏法の精神を開花《かいか》させていく」こととといえます。民衆の幸福を根本とする社会を築《きず》いていくことです。

名誉会長　大聖人は、「立正安国論《りっしょうあんこくろん》」の提出《ていしゅつ》の御心《おこころ》を、「本尊問答抄《ほんぞんもんどうしょう》」で述べられています。

森中　こう仰《おお》せです。

「是《か》くの如《ごと》く仏法の邪正乱《じゃしょうみだ》れしかば王法《おうほう》も漸《ようや》く尽《つ》きぬ結句《けっく》は此《こ》の国・他国にやぶられて亡国《ぼうこく》となるべきなり、此の事《こと》日蓮独《ひと》り勘《かんが》え知れる故《ゆえ》に仏法のため王法のため諸経《しょきょう》の要文《ようもん》を集めて一巻《いっかん》の書を造《つく》る仍《よ》つて故最明寺入道殿《こさいみょうじにゅうどうどの》に奉《たてまつ》る立正安国論と名《なづ》けき」（三七一㌻）

〈通解〉このように仏法の邪正が乱れたために王法も次第に滅《ほろ》びてしまい、ついには、この国は他国に破《やぶ》られて滅びてしまうであろうことを、日蓮はただ一人《ひとり》考えて知っているが故に、仏法のため王法のため諸経の要文を集めて一巻の書を著《あらわ》して故最明寺入道に奉ったのである。「立正安国論」と名づけたのがそれである。

名誉会長　亡国への道をひた走《はし》っている「仏法」と「王法」の在り方に警鐘《けいしょう》を鳴《な》らすために、大聖人は「安国論」を提出《ていしゅつ》されたのです。そのままでは民衆が不幸になるだけであり、社会全体が無間地獄《むけんじごく》へと堕《お》ちてしまうからです。あくまでも「民《たみ》のため」であり、「法のため」「社会のため」なのです。

「仏法」と「王法《おうほう》」が、正しい意味で互《たが》いに支《ささ》えあって平和で豊《ゆた》かな国を創《つく》ろう。そう考えられたと拝したい。もとより、「王法」によって自身の「仏法」を特別扱《あつか》いし守ってもらおうなどという、旧来《きゅうらい》のゆがんだ関係に入ろうとされたのではなかった。

森中　ところが、大聖人の御在世《ございせ》当時、諸宗の高僧《こうそう》はその仏法を捻《ね》じ曲《ま》げ、悪用《あくよう》していました。

しかも、その弟子《でし》たちに至《いた》っては、やみくもに師匠《ししょう》を崇《あが》めるばかりで、自分たちの誤《あやま》りにまったく気づいていなかったのです。

名誉会長　そういう輩《やから》には、大聖人の崇高《すうこう》な心はわかりません。自《みずか》らの卑《いや》しい心から推《お》し量《はか》って、大聖人も自分たちと同様《どうよう》に権力にすり寄《よ》ろうとしていると見ていた。そういう心のやましさがあるから、地位も権力もない大聖人を恐《おそ》れ、陰《いん》に陽《よう》に迫害《はくがい》を加《くわ》えてくる。悪人《あくにん》は自分の影《かげ》におびえるからです。それは今も同じです。正義《せいぎ》の人にいわれなき中傷《ちゅうしょう》をする悪人は、自身の悪事《あくじ》を投影《とうえい》して讒言《ざんげん》を捏造《ねつぞう》する。

しかし、絶《た》え間《ま》ない迫害に対して、大聖人は一歩も退《ひ》かれなかった。民衆を不幸に陥《おとしい》れる悪とは、徹《てっ》して闘《たたか》われたのです。

斉藤　当時は、念仏《ねんぶつ》、天台《てんだい》、真言《しんごん》、律《りつ》、禅《ぜん》という有力諸《ゆうりょく》宗をはじめ、神道《しんとう》、陰陽道《おんようどう》、儒《じゅ》教《きょう》もありました。しかし「今神術《しんじゅつ》も協《かな》わず仏威《ぶつい》も験《しる》しなし」（一七㌻）という結果でした。それにもかかわらず、幕府《ばくふ》の中枢《ちゅうすう》をなす北条氏《ほうじょうし》一族は、諸宗への帰依《きえ》をいよいよ深め、次々と大寺院を建《た》てていったのです。

森中　「安国論《あんこくろん》」に「仏閣甍《ぶっかくいらか》を連《つら》ね経蔵軒《きょうぞうのき》を並《なら》べ僧《そう》は竹葦《ちくい》の如《ごと》く侶《りょ》は稲麻《とうま》に似《に》たり崇重《そうじゅう》年旧《としふ》り尊貴《そんき》日《ひ》に新《あら》たなり」（二〇㌻）と仰《おお》せの通りでした。

〈**通解**〉仏教寺院は甍《いらか》を連ね、経典《きょうてん》を納《おさ》める経蔵も軒を並べている。また僧侶《そうりょ》も竹や葦《あし》、稲《いね》や麻《あさ》のようにたくさんいる。人々が仏教を崇重《すうちょう》するようになってすでに年久《としひさ》しいし、これを尊《たっと》ぶ心は日々新《あら》たに起こされている。

名誉会長　確かに建物《たてもの》は立派だ。僧侶も続々といる。しかし、すべて形式ばかりであった。その見せかけの格好《かっこう》に、人々は目を晦《くら》まされ、心を奪《うば》われていた。その様子を大聖人は、続く御文《ごもん》で、厳《きび》しく指弾《しだん》されている。

森中　「但《ただ》し法師《ほっし》は諂曲《てんごく》にして人倫《じんりん》を迷惑《めいわく》し王臣《おうしん》は不覚《ふかく》にして邪正《じゃしょう》を弁《べん》ずること無《な》し」

（二〇ジペー）と仰《おお》せです。

〈通解〉しかし、現在の僧侶《そうりょ》の心は、へつらい曲《ま》がった心が強く、人々を迷《まよ》わせている。
また国王《こくおう》や臣下《しんか》たちは仏法に無智《むち》のため、僧や法の邪正《じゃしょう》をわきまえていないのである。

名誉会長 人々を盲従《もうじゅう》から解放《かいほう》しようとされ、為政者《いせいしゃ》の自覚《じかく》と責任《せきにん》を促《うなが》されているのです。まさに「立正安国論《りっしょうあんこくろん》」は、警世《けいせい》の書であり、諫暁《かんぎょう》の書です。

斉藤 「種種御振舞御書《しゅじゅおふるまいごしょ》」には、「立正安国論」は注16「白楽天《はくらくてん》が楽府《がふ》にも越へ仏《ほとけ》の未来記《みらいき》にもをとらず」（九〇九ジペー）と位置付けられています。

名誉会長 諫暁書である白楽天の「新楽府《しんがふ》」、そして「仏の未来記」に比《ひ》しているということは、大聖人御自身、安国論を「諫暁書」、「予言書《よげんしょ》」として位置付けられていたと拝することができます。

森中 白楽天は、白居易《はくきょい》ともいいます。中国・唐代《とうだい》の著名《ちょめい》な詩人《しじん》です。
彼は、詩は真実《しんじつ》の道を託《たく》するためのものと位置付け、民《たみ》の嘆《なげ》きを謳《うた》い為政者を諭《さと》す諷諭《ふうゆ》詩《し》こそ、詩の根本としていました。そして、時の皇帝《こうてい》である憲宗《けんそう》にしばしば諫言《かんげん》したのです。憲宗は、「白居易小子《しょうし》は朕《ちん》に礼《れい》なし」（内田泉之助著、『白氏文集』、明徳出版社）（訳・白居易のやつは、皇帝《こうてい》の私に対して礼儀《れいぎ》をしらない）と慨嘆《がいたん》することもありましたが、多くは受け入れて善政《ぜんせい》を行《おこな》ったといいます。

名誉会長　「詩《し》は志《し》なり」――高い志《こころざし》をまっすぐに貫《つらぬ》く「詩心《しごころ》」こそ、精神《せいしん》の混迷《こんめい》を打ち破《やぶ》るカギです。これは、アイトマートフ氏をはじめ、多くの世界の一級の文学者《ぶんがくしゃ》と語りあった実感です。

白楽天《はくらくてん》は、平凡《へいぼん》な家庭に生まれ、学問を究《きわ》め、民衆のために尽《つ》くし、為政者《いせいしゃ》を正している。大聖人がこの中国の大詩人《だいしじん》に光を当てられた意義《いぎ》も、わかる気がします。

森中　白楽天は、「唐生《とうせい》に寄《よ》する詩」に、「宮律《きゅうりつ》の高きを求めず、文字《もんじ》の奇《き》なるを務《つと》めず、ただ生民《せいみん》の病《へい》を歌《うと》うて、天子《てんし》に知られんことを願ふ」（内田泉之助著、前掲書）（訳・言葉の調子《ちょうし》が高尚《こうしょう》であることを求めない。文章《ぶんしょう》・文字遣《もじづか》いに奇をてらうこともない。ただ民衆の苦悩《くのう》を詩にうたって皇帝に知られることを願うばかりである）と述べています。

平明《へいめい》な言葉で、どこまでも民衆の苦しみを皇帝に訴《うった》えたのです。

名誉会長　そうです。「わかりやすい言葉」が大事です。いくら善《よ》いことを言っていても、人々に通じなければ役に立たない。また、「力強い言葉」が大事です。勇気《ゆうき》から湧《わ》き上がる確信《かくしん》の一言《ひとこと》こそが心を打つ。

そして、深く広い心が生み出す誠実《せいじつ》が胸に響《ひび》くのです。

斉藤　「新楽府《しんがふ》」の「序《じょ》」には「総《すべ》てこれを言えば、君《きみ》の為《ため》、臣《しん》の為、民《たみ》の為、物《もの》の為、事《こと》の為にして作る。文《ぶん》の為にして作らざるなり」（内田泉之助著、前掲書）とあります。

名誉会長　どこまでも、皆《みな》のためを願っての正義《せいぎ》の言論《げんろん》を――それが白楽天《はくらくてん》の心であった。その心が、大聖人の御境涯《ごきょうがい》と響《ひび》きあったのでしょう。

「安国論御勘由来《あんこくろんごかんゆらい》」には、こう仰《おお》せである。

「但偏《ただひとえ》に国の為法の為人の為にして身の為に之《これ》を申《もう》さず」（三五ジペー）

自分の地位や名誉のためではない。どこまでも、社会のため、法のため、民衆のために、大聖人は命《いのち》を賭《と》して訴《うった》えられた。

斉藤　まさしく「立正安国《りっしょうあんこく》」とは、民衆仏法の在り方そのものですね。

名誉会長　学会は、個人次元の立正のために、正しい信仰の確立《かくりつ》を目指している。社会次元での立正のために、人間尊厳《そんげん》・民衆根本の精神《せいしん》を広げている。その思想《しそう》を基調《きちょう》として、現実社会で、すなわち王法《おうほう》の次元で、文化・平和・教育の運動を、大いに展開《てんかい》している。世界百八十カ国・地域を舞台《ぶたい》とした、この仏法を基調《きちょう》とした大運動は、必ずや「人類《じんるい》の崩《くず》れざる平和」へ、大河《たいが》の流れになっていくと思います。いよいよこれからです。

斉藤　はい。私たちも、その誇《ほこ》りを胸に前進していきます。ありがとうございました。「立正安国論《りっしょうあんこくろん》」については、「安国」や「予言《よげん》」など、まだまだ論ずべきことが残っています。次回も、考察《こうさつ》を続けたいと思います。

解説

104 **注1　如来秘密《にょらいひみつ》**　法華経如来寿量品《じゅりょうほん》第十六の冒頭《ぼうとう》では、弥勒菩薩《みろくぼさつ》の要請《ようせい》に応じて釈尊《しゃくそん》が「汝等《なんだち》よ。諦《あきら》かに聴《き》け。如来の秘密・神通《じんつう》の力を」（法華経四七七㌻）と述べ、その後、釈尊が久遠《くおん》の昔《むかし》から仏《ほとけ》であり、方便《ほうべん》として入滅《にゅうめつ》するけれども、実《じつ》はこの娑婆《しゃば》世界に常住《じょうじゅう》しており、妙法を強盛《ごうじょう》に信じる者には現れてくることが説かれる。

「御義口伝《おんぎくでん》」に「今日蓮等の類《たぐ》いの意《い》は即身成仏《そくしんじょうぶつ》と開覚《かいかく》するを如来秘密神通之力とは云《い》うなり、成仏するより外《ほか》の神通と秘密とは之《こ》れ無《な》きなり」（七五三㌻）と仰《おお》せのように、如来の秘密の法とは、万人《ばんにん》の成仏の法である妙法である。

108 **注2　内村鑑三《うちむらかんぞう》**　一八六一年〜一九三〇年。札幌《さっぽろ》農学校在学中《ざいがくちゅう》に新渡戸稲造《にとべいなぞう》らと共にキリスト教を信仰。米国・アマースト大学卒業後、一八九〇年に第一高等中学校の嘱託《しょくたく》教員になるが、翌年一月、教育勅語《ちょくご》の奉拝拒否《ほうはいきょひ》を不敬《ふけい》として職を追《お》われた。「万朝報《よろずちょうほう》」などで執筆《しっぴつ》活動するとともに、足尾鉱毒《あしおこうどく》事件に取り組み、日露《にちろ》戦争の際には非戦論《ひせんろん》を主張した。聖書《せいしょ》を根本とする無教会《むきょうかい》主義を唱《とな》え、日本人独自《どくじ》のキリスト教の確立《かくりつ》を目指した。

110 **注3**　ほかに次のような御文《ごもん》がある。「現に勝《すぐ》れたるを勝れたりという事《こと》は慢《まん》にて大功徳《だいくどく》なりけるか」(二八九ページ)、「喜び身に余るが故《ゆえ》に堪《た》え難《がた》くして自讃《じさん》するなり」(三三四ページ)、「云《い》わずば仏語《ぶつご》を空《むな》しくなす過《とが》あり」(一一二九ページ)、「かう申《もう》せば日蓮が自讃なりと心えぬ人は申すなり、さには・あらず是《これ》を云わずば法華経の行者《ぎょうじゃ》にはあらず、又《また》云う事の後にあへ《合》ばこそ人も信ずれ、か《斯》うただ・かき《書》をき《置》なばこそ未来《みらい》の人は智《ち》ありけりとは・しり候《そうら》はんずれ」(一一二一ページ)。

110 **注4　大天《だいてん》**　マハーデーヴァのこと。「摩訶提婆《まかだいば》」等と音写《おんしゃ》する。従来の規則《きそく》と異《こと》なる新《あら》たな五つの規定《きてい》を主張し、仏教教団を乱《みだ》した。

110 **注5　四禅比丘《しぜんびく》**　善星《ぜんしょう》比丘のこと。釈尊《しゃくそん》の弟子《でし》の一人だが、釈尊に敵対《てきたい》した。出家《しゅっけ》して仏道修行に励《はげ》み、欲界《よくかい》の煩悩《ぼんのう》を断《だん》じて、四禅を得《え》たので四禅比丘という。一説には釈尊の出家前の子ともいわれる。

110 **注6　無垢論師《むくろんし》**　ヴィマラミトラのこと。無垢友《むくう》と訳す。インドの小乗《しょうじょう》の論師。加湿弥羅国《かしゅみらこく》の人。小乗教《しょうじょうきょう》に執《しゅう》し、大乗教を誹謗《ひぼう》して無間地獄《むけんじごく》に堕《お》ちたとされる。

115 **注7　北条長時《ほうじょうながとき》・重時《しげとき》**　長時（一二二九年～一二六四年）。第五代執権《しっけん》・北条時頼《ときより》が重病《じゅうびょう》にかかった際、その子・時宗《ときむね》が成長するまでの代理《だいり》として、第六代執権についた。重時は、その父。一一九八年～一二六一年。熱心な念仏信奉者《ねんぶつしんぽうしゃ》であったため、「念仏無間地獄《むけんじごく》」と破折《はしゃく》する日蓮大聖人に迫害《はくがい》を加《くわ》えた。長時に働《はたら》きかけ、大聖人を伊豆流罪《いずるざい》に処《しょ》したが、翌月、怪異《かいい》を見て病《やまい》となり、さまざまな治療《ちりょう》、加持祈禱《かじきとう》を行《おこな》ったが治《なお》らず、弘長《こうちょう》元年（一二六一年）に没《ぼっ》した。

115 **注8　自界叛逆難《じかいほんぎゃくなん》・他国侵逼難《たこくしんぴつなん》**　薬師経《やくしきょう》の七難のうち、「立正安国論《りっしょうあんこくろん》」御執筆《ごしっぴつ》当時、まだ起きていなかった二つの難。自界叛逆難とは、仲間同士《なかまどうし》の争《あらそ》い、内乱《ないらん》などの難のこと。他国侵逼難とは、他国から侵略《しんりゃく》を受けるという難。日蓮大聖人は、「立正安国論」で、邪法《じゃほう》を用《もち》いて、正法《しょうほう》を誹謗《ひぼう》し続けるならば、この二難までも起こると予言《よげん》して警告《けいこく》された。

115 **注9**　「種種御振舞御書《しゅじゅおふるまいごしょ》」には、次のように記《しる》されている。「いよいよ・あだをなし・ますますにくみて御評定《ごひょうじょう》に僉議《せんぎ》あり、頸《くび》をはぬべきか鎌倉《かまくら》ををわるべきか弟子《でし》檀那《だんな》等をば所領《しょりょう》あらん者は所領を召《め》して頸を切れ或《あるい》はろう《籠》にてせめ・あるいは遠流《おんる》すべし等云云《うんぬん》」（九〇九㌻）。

115 **注10　平左衛門尉《へいのさえもんのじょう》**　？年～一二九三年。鎌倉《かまくら》時代の武将《ぶしょう》。名は頼綱《よりつな》。執権《しっけん》・北条氏《ほうじょうし》の内管領《ないかんれい》で貞《さだ》時《とき》の乳母《めのと》の夫。北条時宗《ときむね》、貞時の二代に仕《つか》え、鎌倉幕府の政治上の実力者《じつりょくしゃ》として権勢《けんせい》をふるった。真言律宗《しんごんりっしゅう》の極楽寺良観《ごくらくじりょうかん》らと結託《けったく》し、日蓮大聖人を迫害《はくがい》し、門下《もんか》を弾圧《だんあつ》した張本人《ちょうほんにん》。

125 **注11　アショーカ大王《だいおう》**　古代インドの王。漢訳では阿育《あいく》などと音写《おんしゃ》し、無憂《むう》と訳す。生没年不詳《せいぼつねんふしょう》。在位《ざいい》は紀元前二六八年～前二三二年ごろとされる。王は自《みずか》らを天愛喜見王《てんあいきけんおう》ともいう。マガダ国を根拠地《こんきょち》とし諸王国に分裂《ぶんれつ》していたインドを統一したマウリヤ朝《ちょう》の第三代の王。最初は「暴虐《ぼうぎゃく》阿育」と呼ばれるほど残虐《ざんぎゃく》であり、即位《そくい》に際して兄弟《きょうだい》と争《あらそ》ったという。即位九年に東南インドのカリンガ地方（現代のオリッサ地方）を征服《せいふく》し、南インドの一部を除《のぞ》く全インドをほぼ統一した。カリンガ征服では、約十万人を殺害《さつがい》し、さらに約十五万人を捕虜《ほりょ》にしたという。王はこの事件の二年前に仏教に帰依《きえ》していたようだが、この惨状《さんじょう》に深く反省《はんせい》し、より深く仏教を尊崇《そんすう》するようになった。その後、王は、武力《ぶりょく》による征服をやめ、法（ダルマ）による支配を根本とした。また辺境《へんきょう》の民族、外国人とも親《した》しく交渉《こうしょう》をもち、シリア、エジプト、マケドニア、南インド、スリランカ、カシミール、ガンダーラなどの諸地方に使節《しせつ》、伝道師《でんどうし》を派遣《はけん》した。

126 **注12　ロケッシュ・チャンドラ博士**　インド文化国際アカデミー理事長。同アカデミーを創立《そうりつ》した父は、インドの自由独立《どくりつ》の闘士《とうし》で、サンスクリットの世界的権威《けんい》であるラグヴィラ博士。池田SGI会長との対談集『東洋の哲学を語る』が出版されている。

127 **注13　竜樹《りゅうじゅ》**　ナーガールジュナのこと。一五〇年～二五〇年ごろ。インドの大乗《だいじょう》の論師《ろんし》。中論《ちゅうろん》など多くの論を著《あらわ》し、大乗仏教を理論的、体系的《たいけいてき》に確立《かくりつ》して、その優位《ゆうい》を決定的なものとし、中国、日本の仏教にも多大の影響《えいきょう》を与《あた》えた。

130 **注14　白河上皇《しらかわじょうこう》**　一〇五三年〜一一二九年。父・後三条天皇《ごさんじょう》の譲位《じょうい》を受けて即位《そくい》したが、弟で皇《こう》太子《たいし》となった実仁《さねひと》の病死を機に、子（堀河《ほりかわ》天皇）に譲位。関白《かんぱく》・藤原師通《ふじわらもろみち》、堀河天皇の死後、鳥《と》羽《ば》天皇が五歳で即位したが、政権を掌握《しょうあく》し、その後、対抗者《たいこうしゃ》を排除《はいじょ》して、院政《いんせい》を確立《かくりつ》した。

131 **注15　九条兼実《くじょうかねざね》**　一一四九年〜一二〇七年。平安《へいあん》時代末から鎌倉《かまくら》時代初期の公卿《くぎょう》。平家《へいけ》滅亡《めつぼうご》後、源頼朝《みなもとのよりとも》に協力して摂政《せっしょう》となり、後白河院《ごしらかわいん》による院政《いんせい》から朝廷《ちょうてい》政治の復興《ふっこう》を図《はか》る。やがて頼朝と疎遠《そえん》になり、失脚《しっきゃく》する。日記『玉葉《ぎょくよう》』は当時の史料として貴重《きちょう》である。

135 **注16　白楽天《はくらくてん》**　白居易《はくきょい》のこと。楽天は号。中国・唐代《とうだい》の著名《ちょめい》な詩人。民《たみ》の嘆《なげ》きを謳《うた》い為《い》政者《せいしゃ》を諭《さと》す諷諭《ふうゆ》詩《し》を創《つく》り、時の皇帝《こうてい》・憲宗《けんそう》にしばしば諫言《かんげん》した。貧《まず》しい家庭の出身《しゅっしん》だったが、十六歳で都《みやこ》・長安《ちょうあん》に出て本格的に学問を始め、二十九歳で難関《なんかん》の試験に受かり、三十五歳の時、抜擢《ばってき》されて翰林学士《かんりんがくし》となった。四十四歳のとき、宰相《さいしょう》・武元衡《ぶげんこう》が賊《ぞく》に暗殺《あんさつ》されたのに責任者が手を拱《こまね》いていたことについて諫言したことが、越権行為《えつけんこうい》として反感を買い、江州《こうしゅう》に左《さ》遷《せん》、流《る》謫《たく》の身となった。その後、孤高《ここう》の境地《きょうち》に立って、詩文集《しぶんしゅう》を自《みずか》ら編纂《へんさん》、それが『白氏文集《はくしもんじゅう》』の原型《げんけい》となった。そこに「新楽府《しんがふ》」も収《おさ》められている。楽府とは古い詩の形態《けいたい》を用《もち》いて作られた詩で、憲宗にしばしば諫言していた時期の作品が多い。

立正安国《りっしょうあんこく》（下）

——民衆本位《ほんい》・人間主義の「安国」観

安国とは「民衆の安穏《あんのん》」

斉藤　前回に続き、「立正安国論」を巡《めぐ》ってお話を伺《うかが》いたいと思います。前回は「立正」（正法《しょうほう》を立てる）を中心に語っていただきましたので、今回は「安国」（国を安《やす》んずる）を中心にお願いいいたします。

名誉会長　はじめに前回の復習《ふくしゅう》も兼《か》ねて「立正」と「安国」の関係を簡潔《かんけつ》に述べると、「立正」は「安国の根本条件《じょうけん》」であり、「安国」は「立正の根本目的」であると言えるでしょう。

日蓮大聖人が「立正安国論」で言われる正法とは「実乗《じつじょう》の一善《いちぜん》」（三二一ジペー）、すなわち、すべての民衆が仏性《ぶっしょう》という根源《こんげん》の力を開いて成仏《じょうぶつ》できると説く法華経の法理《ほうり》にほかなりません。この法華経への強い信を立てることが、「個人における立正《りっしょう》」です。言い換《か》えれば、一人《ひとり》ひとりが自他共《じたとも》の成仏をめざしていくことである。

また、実際に、末法《まっぽう》の凡夫《ぼんぷ》が仏界《ぶっかい》を涌現《ゆげん》していける法である「三大秘法《さんだいひほう》の南無妙法蓮華経」を受持《じゅじ》することが、「立正」の根本の実践《じっせん》です。

さらに、法華経から帰結《きけつ》される「人間への尊敬《そんけい》」「生命の尊厳《そんげん》」の理念が、社会の万般《ばんぱん》を支《ささ》える哲学《てつがく》として確立《かくりつ》されることが、「社会の次元における立正」です。

次に、「立正」の目的である「安国《あんこく》」とは、民衆が幸福に安穏《あんのん》に暮《く》らし、自身の人間性を最大に開いていける平和な社会を実現することです。

要するに、「民衆の安穏」「民衆の平和」こそ、大聖人が言われる「安国」の本質です。当然のことながら権力者や特権階級《とっけんかいきゅう》だけの安泰《あんたい》をいうのではありません。

森中　「国を安《やす》んずる」といっても、その「国」の中身《なかみ》をどう捉《とら》えるかで、その意義《いぎ》は大きく変わるということですね。民衆中心の国か、権力者中心の国か。この点こそ、多くの人が「立正安国論」を読み誤《あやま》ったもっとも大きな理由であると考えられます。

斉藤　日本の仏教は、伝来《でんらい》以来、鎮護《ちんご》国家といって、要するに「支配者の安泰《あんたい》」を第一に祈る仏教でした。この場合の国とは、支配者中心の権力構造としての国家のことです。大聖人の「立正安国《りっしょうあんこく》」を、この旧来《きゅうらい》の鎮護国家と同様《どうよう》のものと考えてしまう人が多いようです。しかし、大聖人の時代には、そういう旧来の国家仏教は、権力者たちと同等《どうとう》の権《けん》益《えき》を持って権勢《けんせい》を誇《ほこ》っていたものの、宗教的には破綻《はたん》していました。

その国家仏教の破綻を象徴《しょうちょう》するのが、大聖人が聖誕《せいたん》される前年に起こった承久《じょうきゅう》の乱《らん》[注1]でした。盛《さか》んに祈禱《きとう》を行《おこな》った朝廷側《ちょうていがわ》があっけなく負《ま》けてしまったからです。

大聖人は、御幼少《ごようしょう》のころから、このような祈禱仏教あるいは国家仏教というべき在り方に疑問《ぎもん》を持たれていました。そして、それを超《こ》えたのが大聖人の「立正安国」であると思います。

名誉会長　そうだね。大聖人は、民衆に根源《こんげん》から活力《かつりょく》を与《あた》えることを説く法華経、そして、その真髄《しんずい》である南無妙法蓮華経を末法《まっぽう》の正法《しょうほう》として弘《ひろ》め、民衆の安穏《あんのん》と平和を実現しようとされたのです。

この「民衆中心の安国」の考え方を映《うつ》し出《だ》しているのが、「安国論」の冒頭《ぼうとう》で、客《きゃく》と主人が民衆の悲惨《ひさん》と宗教の無力《むりょく》を嘆《なげ》く最初の問答《もんどう》です。

全世界から悲惨の二字をなくしたい

森中 はい。その「安国論《あんこくろん》」冒頭《ぼうとう》の客《きゃく》の言葉の一部を拝読《はいどく》いたします。

「旅客来りて嘆いて《りょきゃくきたりてなげ》曰く《いわ》近年より近日に至る《いた》まで天変地夭《てんぺんちよう》・飢饉疫癘《ききんえきれい》・遍く《あまね》天下《てんか》に満ち《み》広く地上《ちじょう》に迸る《はびこ》牛馬巷《ぎゅうばちまた》に斃れ《たお》骸骨路《がいこつみち》に充て《み》り死を招く《まね》の輩《ともがら》既《すで》に大半《たいはん》に超《こ》え悲《かなし》まざるの族《やから》敢《あえ》て一人《いちにん》も無《な》し」（一七ページ）

〈**通解**〉旅人《たびびと》が訪《おとず》れて嘆いて語る。数年前から近日に至るまで、天変地夭が天下の至るところで起こり、飢饉・疫病《えきびょう》が広く地上を覆《おお》っている。牛馬が巷に行き倒《たお》れ、骸骨が道にあふれている。死を招いた者が大半を超え、悲《かな》しまない者など一人《ひとり》もいない。

また、こうも仰《おお》せです。

「弥飢疫《いよいよききえき》に逼《せめ》られ乞客目《こつきゃくめ》に溢《あふ》れ死人眼《しにんまなこ》に満《み》てり、臥《ふ》せる屍《しかばね》を観《ものみ》と為《な》し並《なら》べる尸《かばね》を橋《はし》と作《な》す」（同）

〈通解〉ますます飢饉《ききん》・疫病《えきびょう》が広がり、物乞《ものご》いをしてさすらうものが目に溢《あふ》れ、死人《しにん》が眼《め》を満《み》たす。屍《しかばね》が積《つ》み重《かさ》なって物見台《ものみだい》となり、横に並《なら》べられて橋となるほどである。

名誉会長 簡潔《かんけつ》な御文《ごもん》ですが、想像《そうぞう》を絶《ぜっ》する悲惨《ひさん》さです。牛馬《ぎゅうば》まで巷《ちまた》に倒《たお》れたとあっては、どれほど時代の生命力が弱っていたかがわかります。どれほど民衆は苦しんでいたことか。

森中 特に正嘉《しょうか》元年（一二五七年）から、「安国論《あんこくろん》」を提出《ていしゅつ》した文応《ぶんおう》元年（一二六〇年）に至《いた》る四年間に、深刻《しんこく》な大災害《だいさいがい》が続いています。正嘉元年の八月には鎌倉《かまくら》に大地震《だいじしん》、翌年には大風《おおかぜ》、洪水《こうずい》などがあり、その翌年には全国的な大飢饉と大疫病が起こって、次の年まで続き、民衆は完全に打ちのめされていました。

名誉会長 客《きゃく》の言葉に答えて主人は「独《ひと》り此《こ》の事《こと》を愁《うれ》いて胸臆《くおく》に憤悱《ふんぴ》す」（一七ジペー）と述べています。

「胸臆に憤悱する」というのは、悲《かな》しみを通り越して憤《いきどお》りがどうにも収《おさ》まらないことです。これは、大聖人の御心《おこころ》を、そのまま述べられたものと拝することができます。

まさに「同苦《どうく》」の心です。

斉藤　大聖人は、当時の民衆の塗炭《とたん》の苦しみを直視《ちょくし》し、その実態《じったい》を客《きゃく》の嘆《なげ》きとして、赤《せき》裸々《らら》に語られています。困苦《こんく》の極《きわ》み、悲惨《ひさん》の極致《きょくち》にあえいでいた民衆を、大聖人は、何としても救おうとされたのですね。

名誉会長　この懊悩《おうのう》する民衆への「同苦《どうく》」こそ、「安国論《あんこくろん》」の根本です。これは単なる感傷《かんしょう》でもなければ、単なる同情《どうじょう》でもない。民衆を幸福にすることが仏《ほとけ》の使《し》命《めい》です。民衆を不幸にする根本の魔性《ましょう》を打ち破《やぶ》る戦いがなければなりません。そのために実態を直視《ちょくし》されているのです。

救うべきは苦悩《くのう》にあえぐ民衆であり、戦うべき相手は、民衆を苦悩の底《そこ》に突き落とした魔性です。

戸田先生は、昭和三十二年の「大白蓮華」新年号に、こう記《しる》されていた。

「願わくは、吾人《ごじん》と志《こころざし》を同じくする同志は、世界にも、国家にも、個人にも、『悲惨』という文字《もじ》が使《つか》われないようにありたいものと考えて、望《のぞ》み多き年頭《ねんとう》をむかえようではないか」（『戸田城聖全集』第三巻）

悲惨の二字を世界からなくしたい——。

そのために民衆を苦しめる魔性《ましょう》とは、どこまでも戦っていく。それが仏《ほとけ》の心です。また、丈夫《じょうぶ》の心です。この心に立脚《りっきゃく》せずして、広宣流布の指揮《しき》はとれません。

いずれにしても、「安国論《あんこくろん》」の冒頭《ぼうとう》には「安国論」御執筆《ごしっぴつ》の動機《どうき》が記《しる》されているが、その根本は「民衆への同苦《どうく》」です。とすれば、目指すべき「安国」とは、何よりも「民衆の安穏《あんのん》」であることは明らかです。

森中　その傍証《ぼうしょう》として、既《すで》に幾度《いくど》も指摘されていますが、大聖人が「立正安国論《りっしょうあんこくろん》」の御《ご》真筆《しんぴつ》で用《もち》いられている「くに」の漢字《かんじ》が、重要《じゅうよう》な示唆《しさ》を与《あた》えています。

安国論では「国」「國《くに》」そして「囻《くに》」の三種の字が用いられています。

「国」は「王」が領土《りょうど》の中にいることを示す字です。「國」の字の中には「戈《ほこ》」という武《ぶ》器《き》が記されています。武器で領土を守る姿《すがた》を示したものとされます。

しかし、安国論では約八割が「囻」という字を用いられています。

名誉会長　「民衆が生活する場」としての国を意味する字だね。民衆の幸福を根本とした国のあり方を示唆されているといえるのではないだろうか。

また、大聖人は、国主《こくしゅ》と民衆の関係について「王は民《たみ》を親《おや》とし」（一五五四ジペー）と仰《おお》せです。政権は民《たみ》の支《ささ》えを得《え》ていなければ、倒《たお》されてしまいます。民衆こそ王を生《う》み、育《はぐく》む親《おや》です。

斉藤　権力者は「万民《ばんみん》の手足」（一七一ジペー）であるとも仰《おお》せです。親ともいうべき民衆を守り、その手足となって奉仕《ほうし》してこそ、王は人間として尊敬《そんけい》されるものといえます。

民衆本位《ほんい》の立場から権力者に直言《ちょくげん》

名誉会長　大聖人の民衆本位の思想《しそう》は明らかだね。「立正安国論《りっしょうあんこくろん》」の前年に著《あらわ》された「守護国家論《しゅごこっかろん》」の冒頭《ぼうとう》では、「民衆の歎《なげ》き」（三六ジペー）を知らざる国主《こくしゅ》は三悪道《さんあくどう》に堕《お》ちると明言《めいげん》されています。

大聖人は、諫暁《かんぎょう》の書「立正安国論」を、当時の最高実力者である北条時頼《ほうじょうときより》にあてて提出《ていしゅつ》しました。

諫暁は、絶対的な権威《けんい》・権力への異議《いぎ》申《もう》し立てです。命《いのち》に及ぶ大難《だいなん》への壮絶《そうぜつ》な覚悟《かくご》がなければ、成《な》し遂《と》げることはできない。それでもあえて、大聖人は諫暁されたのです。

それは、当然、民衆救済《きゅうさい》の思いが止《や》み難《がた》かったからです。ともに、時頼《ときより》という人物《じんぶつ》にも一分《いちぶん》の希望を持たれていたと拝される。確か、時頼が執権《しっけん》だったころ、民衆のために種々《しゅじゅ》の政策を行《おこな》っているでしょう。

森中　はい。宝治《ほうじ》二年（一二四八年）閏《うるう》十二月二十三日には「（百姓《ひゃくしょう》らに）田地《でんち》ならびにその身を安堵《あんど》せしむることこそ、地頭《じとう》の進止《しんし》（＝行動規範《きはん》）たるべし」（『吾妻鏡《あずまかがみ》』『新訂増補国史大系』第三十三巻、吉川弘文館）と、民衆に対する武士の横暴《おうぼう》を戒《いまし》めています。

また建長《けんちょう》三年（一二五一年）六月五日には、幕府《ばくふ》高官《こうかん》の贅沢《ぜいたく》が民衆を苦しめていることを戒める命令《めいれい》も出しています。[注2]

名誉会長　質実剛健《しつじつごうけん》の気風《きふう》だったのだろう。『徒然草《つれづれぐさ》』などにも、時頼が、かわらけ（素《す》焼《やき》の陶器《とうき》）に残った味噌《みそ》を肴《さかな》として満足《まんぞく》して酒を飲んだ逸話《いつわ》が記《しる》されているね。

また、時頼は、唐《とう》の発展《はってん》の基盤《きばん》を確立《かくりつ》した太宗《たいそう》の言行録《げんこうろく》[注3]『貞観政要《じょうがんせいよう》』を重要視《じゅうようし》していました。同書では、名君《めいくん》の条件《じょうけん》として、「我《わ》が身を正《ただ》すこと」と「臣下《しんか》の諫言《かんげん》を聞き入れること」を一貫《いっかん》して述べています。

斉藤　ですから、時頼が意見を聞く姿勢を重んじる人であったので、大聖人は[注4]宿屋入道《やどやにゅうどう》を通じて「立正安国論《りっしょうあんこくろん》」を届《とど》けられたのではないでしょうか。

名誉会長　「撰時抄《せんじしょう》」によると、その際に、「安国論」で書かれた念仏破折《ねんぶつはしゃく》だけではなく、時頼《ときより》が傾倒《けいとう》していた禅宗《ぜんしゅう》の破折も宿屋入道《やどやにゅうどう》を通して伝えられているね。[注5]

斉藤　はい。さらに御真筆《ごしんぴつ》の断簡《だんかん》によると、[注6]どうも「安国論」提出《ていしゅつ》に先立って、大聖人は、時頼に会われていたようです。その折《おり》にも禅宗を破折されています。

時頼の禅への傾倒は著《いちじる》しかったようです。それは、時頼個人の資質《ししつ》に適《かな》っていたということもありますが、社会的な点からいうと、朝廷《ちょうてい》のある京都への対抗意識《たいこういしき》があったのではないでしょうか。京都に負《ま》けない文化を確立《かくりつ》しようとしていたのだと思います。

田舎町《いなかまち》から実質的《じっしつてき》な政治の中心となったとはいえ、鎌倉《かまくら》はまだまだ未成熟《みせいじゅく》な都市でした。それゆえ、伝統を誇《ほこ》る旧来《きゅうらい》の仏教ではなく、新《あら》たに中国から伝わった禅に注目《ちゅうもく》したのだと思います。

森中　それに、仏教を離《はな》れて世俗的《せぞくてき》な利益《りえき》も大きかったようですが。

名誉会長　そうです。当時の中国は、技術《ぎじゅつ》の大発展期《だいはってんき》です。羅針盤《らしんばん》による航海術《こうかいじゅつ》、活字《かつじ》による印刷術《いんさつじゅつ》、火薬《かやく》などが発明《はつめい》されました。それらは後に西洋の近代化をもたらしたものです。

日本は、平安《へいあん》時代の長い対外的閉鎖状態《たいがいてきへいさじょうたい》を越えて、世界の最先端《さいせんたん》をいく中国の高度《こうど》な技《ぎ》術《じゅつ》・文化に競《きそ》ってふれようとしていた時代です。

森中　北条氏《ほうじょうし》一族も船を仕立てて貿易《ぼうえき》に励《はげ》んでいました。通訳には僧侶《そうりょ》がしばしば当《あ》たっています。

名誉会長　承久《じょうきゅう》の乱《らん》で、武力《ぶりょく》によって政治の実権《じっけん》を掌握《しょうあく》したが、まだ、その精神的機軸《せいしんてききじく》も、人材も、制度も整《ととの》っていなかった。その空白《くうはく》を埋《う》めようと焦《あせ》る心があった。その心の隙間《すきま》に深く入り込んだのが、禅宗《ぜんしゅう》であった。

大聖人は、その点を鋭《するど》く見抜《みぬ》かれ、本当に心の支《ささ》え、社会の柱《はしら》とすべき思想《しそう》は、禅宗ではなく、法華経であることを訴《うった》えられたと拝察《はいさつ》される。

斉藤　当時の宋《そう》は、農業・工業・商業で目覚《めざ》ましい発展《はってん》を遂《と》げていたものの、国家の財《ざい》政《せい》は乱費《らんぴ》と戦争によって危機《きき》に陥《おちい》っていました。蒙古《もうこ》（後の元《げん》）をはじめとして北方《ほっぽう》の異《い》民族《みんぞく》の力は強く、国家滅亡《めつぼう》の危機に直面《ちょくめん》していました。僧侶は国家への奉仕《ほうし》を要請《ようせい》され、皇帝《こうてい》のため、国家のための祈禱《きとう》を率先《そっせん》して行《おこな》っていました。

したがって、宋《そう》から日本にやってきた禅僧《ぜんそう》には護国意識《ごこくいしき》が強く、後に元《げん》からの国書《こくしょ》がやってきた時も強硬路線《きょうこうろせん》を唱《とな》えます。その弟子《でし》には、敵国降伏《てきこくこうふく》を率先《そっせん》して祈願《きがん》するものが現れました。

森中　日本の禅僧もそれに倣《なら》いました。臨済宗《りんざいしゅう》の注7栄西《えいさい》は、一一九八年（建久《けんきゅう》九年）に既《すで》に「興禅護国論《こうぜんごこくろん》」を書いています。そのなかで、禅を興《おこ》すことによって鎮護《ちんご》国家が可能になるという主張《しゅちょう》を行《おこな》っています。その栄西の孫弟子《まごでし》に、御書に僭聖増上慢《せんしょうぞうじょうまん》と指摘されている注8円爾弁円《えんにべんねん》（聖一《しょういち》）がいます。

また、時頼《ときより》が建《た》て、禅僧の注9蘭渓道隆《らんけいどうりゅう》が開山《かいざん》となった建長寺《けんちょうじ》は、正式《せいしき》には「建長興国禅《こうこくぜん》寺《じ》」という名称《めいしょう》です。

「上は皇帝《こうてい》の万歳《ばんざい》、将軍家《しょうぐんけ》および重臣《じゅうしん》の千秋《せんしゅう》、天下《てんか》の泰平《たいへい》を祈り、下は源氏《げんじ》の将軍三代、二位家《にいけ》（＝源頼朝夫人《みなもとのよりともふじん》の北条政子《ほうじょうまさこ》）ならびに北条一門《いちもん》過去数輩《すうはい》の没後《ぼつご》を弔《とむら》うため」（高木豊編、『論集日本仏教史』第四巻、雄山閣出版）に建立《こんりゅう》されたものです。一握《ひとにぎ》りの権力者にばかり目がいって、最《もっと》も多く、最も大切な民衆は、まったく眼中《がんちゅう》になかったようです。

名誉会長　大聖人の場合は、どこまでも民衆の幸福が根本です。万人《ばんにん》の成仏《じょうぶつ》を説く法華経に基《もと》づくならば、必然的《ひつぜんてき》に民衆根本になるのです。

戸田先生は、かつてこのように語っておられた。

「政体とか政権とかいったものは、大きくみれば、民衆の意思《いし》によって、その時代時代で変わっていくものだ。そんな移《うつ》ろい易《やす》いものに眼《め》を奪《うば》われ、民衆自身に光をあてなければ、この厄介《やっかい》な社会を寂光土化《じゃっこうどか》する広宣流布の仕事は決してできない」

鋭《するど》い洞察《どうさつ》です。常に民衆に目を向け、光を当てていかなければ、広宣流布は進まない。人類《じんるい》は永遠《えいえん》に闇《やみ》に包《つつ》まれ、不幸の流転《るてん》に陥《おちい》ってしまう。このことを、私たちはどこまでも深く銘記《めいき》しなければならない。

ゆえに、広布の活動は、一人《ひとり》から一人へと法を伝えていく着実《ちゃくじつ》な戦いが基本です。

私どもは、日々、どれほど壮大《そうだい》な、確かなる歴史を綴《つづ》りゆく偉業《いぎょう》に、邁進《まいしん》していることか。

今は、たとえどんなに目立たなくとも、また人々から誤解《ごかい》され、正しく評価《ひょうか》されなくとも、まったく気にすることはない。永遠の生命観、歴史観からみれば、それらは一瞬《いっしゅん》の出来事にすぎないし、取るに足《た》らないことです。

見る人は見ています。声をあげて賛同《さんどう》する識者《しきしゃ》も年々増《ふ》えてきている。また、学会は世界が味方《みかた》です。そういう時代に入った。いずれにしても、私どもの足跡《そくせき》を、大聖人が、さらに十方《じっぽう》の仏《ほとけ》・菩薩《ぼさつ》が最大に賛嘆《さんたん》されているに違いない。

斉藤　世界各国・各界からの先生に対する数多くの顕彰《けんしょう》が、その偉業《いぎょう》を証明《しょうめい》しています。私たちにとって、最大の誇《ほこ》りです。

名誉会長　すべて、「世界の平和」「民衆の幸福」が目的です。それが広宣流布です。私が開いた道を後継《こうけい》の青年が受け継《つ》ぎ、さらに広げ延《の》ばしてもらいたい。そして、世界のすみずみまで、幸福の使者《ししゃ》となって駆《か》け巡《めぐ》っていただきたい。それが私の願いです。

「民衆本位《ほんい》」が大聖人の安国観《あんこくかん》の根本であり、出発点であるとすれば、「世界平和」は大聖人の安国観の結論です。「安国」、すなわち、「国を安《やす》んずる」とは、結論的に言えば「平和を実現すること」だからです。

「立正安国論《りっしょうあんこくろん》」では、自界叛逆《じかいほんぎゃく》、他国侵逼《たこくしんぴつ》の両難《りょうなん》が起こることを警告《けいこく》しています。これは、戦争の危機《きき》に警鐘《けいしょう》を鳴《な》らされたものです。

戦争は、その結果が残酷《ざんこく》かつ悲惨《ひさん》で、醜悪《しゅうあく》なばかりではなく、人間生命の最《もっと》も醜《みにく》く残忍《ざんにん》な働《はたら》きの現れです。人間としての崇高《すうこう》さ、尊厳性《そんげんせい》をはぎとり、人間を人間でなくしてしまう魔《ま》の行為《こうい》です。生命の尊厳を守り、仏界《ぶっかい》という人間として最《もっと》も崇高な境涯《きょうがい》に万人《ばんにん》を導《みちび》こうとする仏法が、戦争の阻止《そし》に、真《ま》っ向《こう》から取り組むのは、当然の使命《しめい》です。

争《あらそ》いへ、争いへと激流《げきりゅう》のように流されていくのが、末法《まっぽう》の人間です。それを阻止《そし》する根本は、人間それ自身の仏性《ぶっしょう》を開発《かいはつ》する以外にありません。ですから、仏界涌現《ゆげん》こそ、最も本源的《ほんげんてき》な平和の道なのです。それを確かな永遠《えいえん》の軌道《きどう》にしていくことこそ、大聖人の戦いであられた。私たちは、その戦いを継承《けいしょう》しているのです。

国家主義的解釈《かいしゃく》の誤《あやま》り

斉藤 「民衆本位《ほんい》」と「世界平和」が、大聖人の安国観《あんこくかん》の本質であることが分かりました。ところが、近代の日本にあっては、大聖人が偏狭《へんきょう》な国家主義の思想《しそう》を説いているかのような、全く逆《ぎゃく》のイメージが持たれてきました。

森中 その元凶《げんきょう》は、田中智学《たなかちがく》や本多日生《ほんだにっしょう》といった、戦前のいわゆる日蓮主義者たちです。ちなみに、日蓮主義とは彼ら自身による呼称《こしょう》です。彼らは、明治、大正、昭和と仏教界の先頭《せんとう》に立って、国家主義の論調《ろんちょう》を引っ張ってきました。

彼らは、日蓮仏法を利用して戦争への道を準備《じゅんび》していきました。そして、アジア侵略《しんりゃく》を推《お》し進めた軍人や暗殺《あんさつ》テロの首謀者《しゅぼうしゃ》にも影響《えいきょう》を与《あた》えました。

斉藤　日蓮主義者たちは、大聖人の教えを、徹底《てってい》して国家主義的にねじ曲《ま》げて〝改釈《かいしゃく》〟してきました。

彼らの解釈《かいしゃく》は、まず国家主義や国家神道《しんとう》の考えが根にあって、それに適合《てきごう》するように大聖人の言葉を解釈していく手法《しゅほう》です。それが、当時の国家主義的な風潮《ふうちょう》のなかで日蓮仏法の正しい解釈だと思われるようになってしまいました。

名誉会長　大聖人には、具体的に民衆が生きていく場としての「国」を大切にするお考えがあります。それを国家主義的に歪《ゆが》めて解釈し、悪用《あくよう》することは絶対に許《ゆる》されない。

総じて言うと、同じ「国」という言葉でも、〝権力者中心の国〟か〝民衆中心の国〟かという基準《きじゅん》で見ていけば、いわゆる日蓮主義者たちの根本的狂《くる》いは明白《めいはく》でしょう。

斉藤　はい、そう思います。彼らは、「立正安国論《りっしょうあんこくろん》」も国家主義的解釈のために利用しました。代表的な一例を挙《あ》げると、「立正安国論《りっしょうあんこくろん》」第七問答《もんどう》に、「先《ま》ず国家を祈りて須《すべから》く仏法を立つべし」（二六ページ）とあります。彼らは、この部分だけを切り離《はな》して、日蓮大聖人が、あたかも宗教よりも国家を優先《ゆうせん》させる国家主義者であったかのように論じました。

森中　しかし、これは、北条時頼《ほうじょうときより》を想定《そうてい》した客《きゃく》の側《がわ》の言葉であって、大聖人御自身に当《あ》たる主人の言葉ではありませんね。

名誉会長　そうです。客はこの時、主人の教えをようやく理解した段階《だんかい》にあります。その段階での発言《はつげん》であることに留意《りゅうい》すべきなのです。

主人はこれまで、民衆を苦しめる大災害《だいさいがい》の根本原因は法華誹謗《ほっけひぼう》の教えを説いて多くの民衆を惑《まど》わしている念仏宗《ねんぶつしゅう》であり、災難《さいなん》を止めて国を安穏《あんのん》にするには、念仏の一凶《いっきょう》を禁《きん》ずるべきであると主張《しゅちょう》してきました。

このような災難の原因があることを理解した客が、何が正しい仏法なのかを探究《たんきゅう》するのは後にして、まずは国の安泰《あんたい》を祈って、どうすれば災難を止められるかを主人に尋《たず》ねているのが「先ず国家を祈りて……」という言葉です。

斉藤　つまり、客の「先ず国家を祈りて須く仏法を立つべし」（同）という言葉の意味は、「まず国の安泰《あんたい》を祈って災難《さいなん》を止めて、その後に、何が正しい教えなのかを詳《くわ》しく求めていきたい」という意味ですね。

ここからどうして、宗教よりも国家を優先《ゆうせん》させるというのが大聖人のお考えであると言えるのでしょうか。

名誉会長　その通りです。「安国論《あんこくろん》」の結論部分では、主人が客《きゃく》に「汝《なんじ》早く信仰の寸心《すんしん》を改《あらた》めて速《すみやか》に実乗《じつじょう》の一善《いちぜん》に帰《き》せよ、然《しか》れば則《すなわ》ち三界《さんがい》は皆仏国《みなぶっこく》なり仏国其《そ》れ衰《おとろえ》んや十方《じっぽう》は悉《ことごと》く宝土《ほうど》なり宝土何《なん》ぞ壊《こわ》れんや」（三二ジペー）と述べています。大聖人は、あくまでも「立《りっ》正《しょう》」を根本の大前提《だいぜんてい》として「安国」を考えられていました。

断《だん》じて、「立正による安国」という真《しん》の平和を実現していかねばならない。しかし、当時、民衆の間《あいだ》に広く広まっている念仏《ねんぶつ》の教えが来世《らいせ》や他土《たど》への逃避《とうひ》を説いて、現実世界に平和を実現するという法華経の行き方を妨《さまた》げていたのです。

森中　念仏で極楽《ごくらく》に往生《おうじょう》する以外に末法《まっぽう》の人々の救いはないという法然《ほうねん》の排他的《はいたてき》な教えは、特に大きな妨げになっていました。

名誉会長　そう。だからこそ、大聖人は法然の教えを一凶《いっきょう》と断じているのです。

そして、その法然一派《ほうねんいっぱ》の高僧《こうそう》たちに寺院を寄進《きしん》して、擁護《ようご》していたのが、鎌倉幕府《かまくらばくふ》の高《こう》官《かん》たちです。大聖人が「念仏《ねんぶつ》の一凶《いっきょう》を禁《きん》ぜよ」と言われているのは、具体的には高僧たちへの「布施《ふせ》を止《とど》める」こと、つまり権力者と高僧たちの癒着《ゆちゃく》関係を断《た》ち切《き》るべきであると進言《しんげん》されているのです。

いずれにしても、いわゆる日蓮主義者たちが、この御文《ごもん》を読み違えたのは、国家主義的な考えが先にあって、その先入観《せんにゅうかん》のもとで、「先《ま》ず国家を祈りて」という言葉を大聖人の国家主義の表明《ひょうめい》だと錯覚《さっかく》してしまったのでしょう。

重要《じゅうよう》なことは、大聖人の民衆本位《ほんい》の安国観《あんこくかん》が分からないと、大聖人の平和主義が分からないことになるという点です。

斉藤　民衆本位が分からず、国家主義を前提《ぜんてい》にしていたため、大聖人の教えが、結局、侵略《しんりゃく》主義を正当化《せいとうか》するものとして誤用《ごよう》されてしまいました。[注10]「八紘一宇《はっこういちう》」という言葉を、日本の侵略主義の合言葉《あいことば》として用《もち》い始めたのも日蓮主義者です。

名誉会長　トインビー博士は、国家主義を「人間の集団の力を信仰の対象とする宗教である」と位置付けておられた。日蓮主義者たちは、法華経や日蓮大聖人の御書の言葉を用いながら、その正体《しょうたい》は、国家を偶像《ぐうぞう》として崇拝《すうはい》する「国家宗教」だったのです。まさに「雖学《すいがく》仏教・還同《げんどう》外見《げけん》（＝仏教を学《がく》すといえども、かえって外見に同《どう》ず）」（三八三㌻）、「日蓮を用《もち》いぬるともあし《悪》くうやま《敬》はば国亡《ほろ》ぶべし」（九一九㌻）というほかない。

この点、国家主義的な解釈《かいしゃく》が誤《あやま》っていることを指摘し、批判《ひはん》する識者《しきしゃ》もいたね。

森中　はい。例えば、注11高山樗牛《たかやまちょぎゅう》は、こう述べています。

「日蓮は真理《しんり》の為《ため》に国家を認《みと》む、国家の為に真理を認めたるに非《あら》ず。彼れにとりては真理は常に国家よりも大也《だいなり》」（「日蓮上人《しょうにん》と日本国」『樗牛全集』第四巻、博文館）

また、注12矢内原忠雄《やないはらただお》も同じ趣旨《しゅし》のことを言っています。

「日蓮は国を法によって愛したのであって、法を国によって愛したのではありません（中略）立正《りっしょう》が安国《あんこく》の因《もと》でありまして、安国によりて立正を得《え》ようとするは、本末顛倒《ほんまつてんとう》であります。日蓮の目的としたものは国家主義の宗教ではありません」（『余《よ》の尊敬《そんけい》する人物』、岩波書店）

名誉会長　しかし、日本は、狂《くる》った国家主義へ突《つ》き進んでしまった。

その真《ま》っ直中《ただなか》にあって、真っ向《こう》から闘争《とうそう》を挑《いど》んでいかれたのが、牧口先生です。全体主義の暴風《ぼうふう》が吹《ふ》きすさぶなかで、「我々は国家を大善《だいぜん》に導《みちび》かねばならない。敵前上陸《てきぜんじょうりく》も同じである」と言われ、宗教改革《かいかく》の旗《はた》を高らかに掲《かか》げられたのです。

宗門から神札《かみふだ》を受けるように言われても、厳然《げんぜん》と拒否《きょひ》された。

「一宗が滅《ほろ》びることではない、一国が滅びることを、嘆《なげ》くのである。宗祖聖人《しゅうそしょうにん》のお悲《かな》しみを、恐《おそ》れるのである。いまこそ、国家諫暁《かんぎょう》の時ではないか。なにを恐れているのか」(『戸田城聖全集』第三巻)――これが初代会長の精神《せいしん》です。

斉藤　その牧口先生に対して「自《みずか》らの宗教信条《しんじょう》に基《もと》づいて神札を拒否しただけで、国家主義の立場から戦争に賛成《さんせい》していた」という見当違《けんとうちが》いの批判《ひはん》をする学者がいます。時代状《じょう》況《きょう》を全《まった》くわかっていない。

名誉会長　創価教育学会の活動が本格化《ほんかくか》したのは、国を挙《あ》げて国家主義に雪崩《なだれ》を打っていった時代です。

息《いき》の詰《つ》まるような厳《きび》しい言論統制《げんろんとうせい》が行《おこな》われていた。会合で、少しでも政府を批判するようなことを口《くち》にすると、特高刑事《とっこうけいじ》から「中止! 中止!」と妨害《ぼうがい》が入った。機関紙にも、陰湿《いんしつ》な検閲《けんえつ》の目が光っていた。周《まわ》りを見渡《みわた》しても、敵《てき》、敵、敵。まさに「敵前上陸」です。そのなかにあって、牧口先生は言論《げんろん》を唯一《ゆいいつ》の武器《ぶき》としながら、不撓不屈《ふとうふくつ》の闘争《とうそう》を展開《てんかい》していかれた。

どうすれば、国家神道《しんとう》に精神《せいしん》を侵《おか》された人々を目覚《めざ》めさせることができるか、「不惜身命《ふしやくしんみよう》」「死身弘法《ししんぐほう》」を貫《つらぬ》かれたのです。

森中　時には、軍国主義のスローガンまでうまく使《つか》い、逆手《ぎやくて》にとりながら、巧《たく》みに、政府に対する批判《ひはん》を行《おこな》いました。

牧口先生の肉声《にくせい》は、今となっては聞くすべはありませんが、特高警察《とつこうけいさつ》に捕《と》らえられたときの「訊問調書《じんもんちようしよ》」でも、厳然《げんぜん》と国家主義と戦われています。そこには、例えば、大日本帝《てい》国憲法《こくけんぽう》と法華経の大法《だいほう》の関係について、こう述べておられます。

「法華経の法は宇宙根本の大法でありまして過去・現在・未来《みらい》の三世《さんぜ》を通じて絶対不変《ふへん》万古不易《ばんこふえき》の大法であります（中略）此《こ》の大法に悖《もと》る事は、人類《じんるい》としても将又《はたまた》国家としても許《ゆる》されない事で反すれば直《ただち》に法罰《ほうばち》を受けるのであります」（『牧口常三郎全集』第十巻）

仏法は、国家の上に立つと厳然と主張《しゆちよう》されているのです。

斉藤　時には、御書を開いて「立正安国論《りつしようあんこくろん》」を示されながら、当時行《おこな》われていた戦争は、「聖戦《せいせん》」ではなくて「国難《こくなん》」であると断《だん》じられています。
「現在の[注13]日支事変《にっしじへん》や大東亜《だいとうあ》戦争等にしても其《そ》の原因は矢張《やは》り謗法国《ほうぼうこく》である処《ところ》から起きて居《い》ると思います」（『牧口常三郎全集』第十巻）

当時の侵略《しんりゃく》戦争に、鮮明《せんめい》に反対の論陣《ろんじん》を張られています。

名誉会長　牧口先生は、当時の時代を「末法《まっぽう》の悪《あく》・国家悪時代」と断言《だんげん》しておられた。権力の暴走《ぼうそう》に一国がこぞって押《お》し流されていた時に、牧口先生は巌《いわお》のごとく揺《ゆ》るぎなく立っておられた。いかなる弾圧《だんあつ》にも屈《くっ》することなく、正義《せいぎ》を主張《しゅちょう》なされた。そして、殉教《じゅんきょう》されたのです。

斉藤　いわゆる日蓮主義者は、人間を、国家の繁栄《はんえい》のための手段《しゅだん》とした。国家権力に奉《ほう》仕《し》する宗教観であった。それに対して、牧口先生は、国家を、人間の幸福のための手段とした。ここに決定的な違いがあったと思います。

森中　牧口先生と日蓮主義者の違いは、教育にも顕著《けんちょ》に現れています。
「[注14]教育勅語《ちょくご》」のもとでの教育は、皇国《こうこく》の臣民《しんみん》を養成《ようせい》する教育でした。
田《た》中智《なかち》学《がく》は、「教育勅語」を「世界第一の貴重《きちょう》なる経典《きょうてん》」と持ち上げています。さらに、小学校、中学校で徹底《てってい》して軍隊教育することだ、と主張《しゅちょう》している。

これに対して、牧口先生は、「教育勅語《ちょくご》」は「人間生活の道徳的《どうとくてき》な最低基準《きじゅん》を示されているにすぎない」と断《だん》じておられます。

例えば、「教育勅語」の「一旦緩急《いったんかんきゅう》あれば義勇公《ぎゆうこう》に奉《ほう》じ（危急《ききゅう》の場合は、義勇を国に捧《ささ》げ）」のところは、こう教育されていた。「平和が大事である。平和を考えていきなさい。平和を守れば、『緩急あれば』などということは必要ない」。

教え子の一人《ひとり》は、「牧口先生は、軍国主義の教育は全《まった》くされなかった。『平和しかない』と教えた。あの時代の中で、全く驚《おどろ》くべき教育でした」と述懐《じゅっかい》している。

牧口先生は、子どもたちに「どうすれば将来《しょうらい》もっとも幸福な生涯《しょうがい》を送らせることができるか」を目指しておられました。

名誉会長　万人《ばんにん》の生命に備《そな》わる偉大《いだい》な可能性を、いかに開花《かいか》させていくか。そこに日蓮仏法、そして創価学会の運動の根本目的があります。だからこそ、牧口先生は、それを阻《はば》む権力の魔性《ましょう》とは、徹《てっ》して戦われたのです。断固《だんこ》として国家諫暁《かんぎょう》されたのです。

国家権力の魔性にひれ伏《ふ》す宗教にあっては、人間は、国家の繁栄《はんえい》のための手段《しゅだん》に過《す》ぎない。要するに、日蓮主義者は、国家を超《こ》える視点《してん》を持ち得《え》なかった。

日蓮大聖人は、当時の権力者を、宇宙大《うちゅうだい》の妙法の次元から見下《みお》ろしながら、同時に、苦《く》悩《のう》にあえぐ民衆の真《ま》っ直中《ただなか》に入り込んで闘争《とうそう》を展開《てんかい》された。

牧口先生も、同じ道を歩まれた。日本の狂《くる》った国家主義を見下ろしながら、厳然《げんぜん》と批判《ひはん》されていた。しかも、単に批判するだけではない。

牧口先生が偉大《いだい》なのは、民衆の中に入られて、苦楽《くらく》を分かち合いながら、徹《てっ》して対話を続けられたことです。特高警察《とっこうけいさつ》の厳《きび》しい弾圧《だんあつ》にもかかわらず、戦時下《せんじか》で二百四十回以上も座談会を開かれていたことが、牧口先生に対する起訴状《きそじょう》に記《しる》されています（昭和十六年五月から十八年六月まで）。

これほどまでに、民衆と徹して語り合って、広宣流布を実現しようとした勇者《ゆうしゃ》がどこにいたであろうか。日蓮大聖人の立正安国《りっしょうあんこく》の精神《せいしん》を蘇《よみがえ》らせたのは、牧口先生です。まことに不思議《ふしぎ》なる偉大な先生です。学べば学ぶほど、その思いを深くします。

斉藤　牧口先生は、戦争が始まってから、友人だった注15柳田國男《やなぎたくにお》氏のところにも折伏《しゃくぶく》に訪《おとず》れています。

後に柳田《やなぎた》氏は、当時の牧口先生の活動について回想《かいそう》しています。

「若い者を用《つか》つて熱心に戦争反対論や平和論を唱《とな》へるものだから、陸軍に睨《にら》まれて意味なしに牢屋《ろうや》に入れられた。妥協《だきょう》を求められたが抵抗《ていこう》しつづけた為《た》め、牢《ろう》の中か、又《また》は、出されて直《す》ぐかに死んでしまった」(『定本《ていほん》柳田國男集』別巻第三、筑摩書房)

牧口先生が、青年と共《とも》に「平和」を声高らかに唱えていた、一つの証拠《しょうこ》です。

森中　こうした国家主義の流れに一貫《いっかん》して迎合的《げいごうてき》な態度《たいど》をとってきたのが、日蓮正宗宗門です。日蓮系《けい》の各派が、大聖人に「立正大師号《りっしょうだいしごう》」を宣下《せんげ》するよう政府に請願《せいがん》した際も、一緒《いっしょ》になって運動しています。

軍部の圧力《あつりょく》が激《はげ》しくなると、伊勢《いせ》神宮《じんぐう》の神札《かみふだ》も受けました。

「日蓮は一閻浮提《いちえんぶだい》第一の聖人《しょうにん》なり」(九七四ジ)など、大聖人の御金言《ごきんげん》を十四カ所にわたって御書から削除《さくじょ》したほか、御書の刊行《かんこう》まで禁止《きんし》してしまった。勤行《ごんぎょう》に使《つか》う経本《きょうぼん》の観念文《かんねんもん》を皇国史観《こうこくしかん》の色濃《いろこ》い内容に改変《かいへん》するなど、保身《ほしん》と権力迎合に終始《しゅうし》しています。

名誉会長　その通りだ。宗門には、人間の尊厳《そんげん》を踏《ふ》みにじる国家主義と戦う意志《いし》など、ひとかけらもなかった。

タゴールはこう語っています。

「われわれは人類《じんるい》を代表して起《た》ちあがり、すべての人々に、このナショナリズムというものは恐《おそ》ろしい悪性《あくせい》の疫病《えきびょう》であり、現代の人間世界を侵《おか》し続け、その道徳的活力《どうとくてきかつりょく》を食《く》いつくしている、と警告《けいこく》しなくてはならない」（蝋山芳郎《ろうやまよしろう》訳、『タゴール著作集』第八巻）

人間の安全保障《ほしょう》

森中　災難《さいなん》にあえぐ民衆への同苦《どうく》から、大聖人は「立正安国論《りっしょうあんこくろん》」を著《あらわ》されました。

そこで思い出すのは、池田先生が「ＳＧＩの日」記念提言《ていげん》等で紹介《しょうかい》してこられたアジア人初のノーベル経済学賞受賞者《じゅしょうしゃ》のアマルティア・セン博士（ケンブリッジ大学トリニティ・カレッジ学長）です。アマルティア（不滅《ふめつ》・不朽《ふきゅう》なるもの、という意）というのは、タゴールが付けた名で、博士は、タゴールの学園に学びました。

セン博士は、九歳のころ、三百万人に及ぶ餓死者《がししゃ》を出したベンガル大飢饉《だいききん》を目《ま》の当《あ》たりにしています。まさに「骸骨路《がいこつみち》に充《み》てり」（一七ジペー）の世界です。それが経済学を志《こころざ》す出発点になったといいます。

博士は、飢餓《きが》の問題は、政治や経済の歪《ひず》みがもたらしたものだと明快《めいかい》に分析《ぶんせき》しています。天災《てんさい》は人災《じんさい》であったということです。そして、「適切《てきせつ》な政策と行動によって除去《じょきょ》できる」と断言《だんげん》されています。

名誉会長　セン博士は、昨年（二〇〇一年）四月、ボストン二十一世紀《せいき》センターでも講演《こうえん》をしてくださいました。

自然災害《さいがい》というのは、自然環境《かんきょう》と人間社会の関係性の問題です。

人々が、いがみ合い、憎《にく》しみ合って、社会全体に対立が渦巻《うずま》いていれば、小さな天変地異《てんぺんちい》が起きても、大きな被害《ひがい》が出てしまうでしょう。どんな天災にも人災とみなしうる面があります。一次元から言えば、人間と社会の生命力が、災害の意味を決めるという言い方もできるでしょう。

「立正安国論《りっしょうあんこくろん》」で、最終的《さいしゅうてき》に人災の最《さい》たるものである戦争への警告《けいこく》に向かっていくのも、大聖人が、そうした視点《してん》をもたれていたからと拝されます。

セン博士は、カントの格言《かくげん》に幾度《いくど》も言及《げんきゅう》している。

「〝人間性は目的自体であり、断《だん》じて手段《しゅだん》と見なされてはならない〟のであって、現在においてさえ、この言葉はその力を失《うしな》っていない」（大石りら訳、『貧困《ひんこん》の克服《こくふく》』、集英社）

人間を、経済発展《はってん》のための手段と考える転倒《てんとう》を正し、人間を目的に据《す》えるところに、博士の経済学の核心《かくしん》があるのではないでしょうか。博士は、相互《そうご》のかかわりあいと啓発《けいはつ》を通して人間の開発《かいはつ》と深化《しんか》をめざす仏法の実践《じっせん》にも、深い共感を示されています。

森中　近年、注目《ちゅうもく》されている「人間の安全保障《ほしょう》」という考え方も、セン博士の発想《はっそう》から触発《しょくはつ》を受けていますね。池田先生も「ＳＧＩの日」記念提言《ていげん》や世界の大学講演《こうえん》で、いち早く提唱《ていしょう》されてきた理念です。

名誉会長　それまで安全保障といえば、「国家の安全保障」であった。国家を守ること、領土《りょうど》を守ることが、最優先《さいゆうせん》されてきたのです。

しかし、国家が守られても、人間一人《ひとり》ひとりの生存《せいぞん》と尊厳《そんげん》が脅《おびや》かされていては、何のための安全かわからない。

現在、「国家中心」から「人間中心」へ、安全保障観の見直《みなお》しが進められています。「人間の安全保障」の考え方は、まず「人間」「生命」を守るという基本発想に立っています。

こうした発想《はっそう》が生まれた背景《はいけい》には、地域紛争《ふんそう》、差別《さべつ》などの人権侵害《じんけんしんがい》、貧困《ひんこん》の増大《ぞうだい》、人口爆発《じんこうばくはつ》、環境破壊《かんきょうはかい》など、さまざまな地球的課題《ちきゅうてきかだい》が人間の生存《せいぞん》を脅《おびや》かしている状況《じょうきょう》があることは、いうまでもありません。

斉藤　「国家」の呪縛《じゅばく》が解《と》け始めて、ようやく「人間」が見えてきた。日蓮大聖人の「安国《あんこく》」の内容も、一次元からみれば現代において言われている「人間の安全保障《ほしょう》」に、ほぼ対応するものと考えられないでしょうか。

名誉会長　「三災七難《さんさいしちなん》」の脅威《きょうい》から、民衆一人《ひとり》ひとりの安全を図《はか》っていくという点では、まさに「人間の安全保障」です。

人間一人ひとりは、人種《じんしゅ》や民族や性別《せいべつ》にかかわらず、限《かぎ》りない、豊《ゆた》かな可能性をもっている。その可能性を開花《かいか》させるために、社会が存在するといってもよい。そうした社会を創《つく》ることが、「安国」にほかならない。「一身《いっしん》の安堵《あんど》を思わば先《ま》ず四表《しひょう》の静謐《せいひつ》を禱《いの》らん者か」（三一ジペー）という「立正安国論《りっしょうあんこくろん》」の精神《せいしん》も、そこにある。

斉藤　日蓮大聖人は、「人間の安全」について、こうも洞察《どうさつ》されております。

「三毒《さんどく》がうじやうなる一国いかでか安穏《あんのん》なるべき（中略）飢《け》渴《かち》は大貪《だいとん》よりをこり・やく

びやうは・ぐちよりをこり・合戦《かっせん》は瞋恚《しんに》よりをこる」（一〇六四㌻）

名誉会長　「立正安国《りっしょうあんこく》」は、生命の根本的な濁《にご》りを浄化《じょうか》して、人間社会全体の安全を実現していく最《もっと》も根源的《こんげんてき》な平和哲学《てつがく》です。

そうした哲学が、日本一国に限定《げんてい》されるはずがない。世界の平和と人類《じんるい》の幸福を実現していくことが、私たちの仏法運動の目的です。「暴力《ぼうりょく》と恐怖《きょうふ》の世界」に転落《てんらく》していくのか、「平和と安穏《あんのん》の世界」を構築《こうちく》していくのか、人類は今、重大な岐路《きろ》に立たされている。

戦争という人類の宿痾《しゅくあ》（持病《じびょう》）を乗り越えて、地球規模《ちきゅうきぼ》の「立正安国」を実現しなければならない。そのために、人間それ自身の変革《へんかく》から出発しなければならない。

「一人《ひとり》の偉大《いだい》な人間革命《かくめい》から、全人類の宿命転換《しゅくめいてんかん》を実現する」――その壮大《そうだい》なる革命の最前線《さいぜんせん》に、私たちは立っているのです。

斉藤　ありがとうございました。

「立正安国論」については、まだまだ語っていただきたいことが多く残っていますが、別の機会に譲《ゆず》りたいと思います。

解説

145 **注1　承久《じょうきゅう》の乱《らん》**　鎌倉《かまくら》時代の初期、承久三年（一二二一年）に起こった争乱《そうらん》。後鳥羽上皇《ごとばじょうこう》を中心とする朝廷方《ちょうていがた》が、鎌倉幕府《ばくふ》を倒《たお》そうとしてかえって幕府側に敗《やぶ》れた。朝廷方は真言《しんごん》などの祈禱《きとう》を盛《さか》んに行《おこな》ったが敗れ、仲恭《ちゅうきょう》天皇を廃《はい》され後堀河《ごほりかわ》天皇が即位《そくい》し、後鳥羽上皇は隠岐《おき》、順徳《じゅんとく》上皇は佐渡《さど》、土御門《つちみかど》上皇は土佐《とさ》に流された。この結果、幕府は全国各地にその勢力《せいりょく》を浸透《しんとう》させた。

151 **注2**　「吾妻鏡《あずまかがみ》」に「評定《ひょうじょう》あり。此《こ》の事《こと》、毎度、日来《ひごろ》、盃酒《はいしゅ》・椀飯等《わんばんとう》の儲《もう》けあり。また炎暑《えんしょ》の節なれば、富士山の雪を召《め》し寄《よ》せ、珍物《ちんもつ》の備《そな》えとせらる。かれこれ民庶《みんしょ》の煩《わずら》い休みなきを以《もっ》て、これを止《と》めらる」（『新訂増補国史大系』第三十三巻、吉川弘文館）とある。

151 **注3　『貞観政要《じょうがんせいよう》』**　中国・唐《とう》の歴史家・呉兢《ごきょう》の編著《へんちょ》。貞観とは唐の太宗《たいそう》時代の年号。太宗の伝記や、太宗と群臣《ぐんしん》との問答、名臣《めいしん》たちの事績《じせき》を分類・編纂《へんさん》したもの。帝王《ていおう》の書、治道《ちどう》の書として、広く読まれ、日本にも早くから伝わった。

151 **注4　宿屋入道《やどやにゅうどう》**　生没年不明《せいぼつねんふめい》。名は光則《みつのり》。入道して最信《さいしん》と名のった。執権《しっけん》・北条時頼《ほうじょうときより》および時宗《ときむね》の側近《そっきん》として仕《つか》えた武士。日蓮大聖人は、文応《ぶんおう》元年（一二六〇年）七月十六日、宿屋入道を通じて「立正安国論《りっしょうあんこくろん》」を前の執権・北条時頼に提出《ていしゅつ》された。また文永《ぶんえい》五年（一二六八年）に蒙古国《もうここく》の牒状《ちょうじょう》が鎌倉《かまくら》に到着《とうちゃく》した際、日蓮大聖人から同年八月二十一日と十月十一日の二度にわたり、書状を送られ、執権・北条時宗への取り次ぎを求められている。

152 注5 「撰時抄《せんじしょう》」には「去《いに》し文応《ぶんおう》元年七月十六日に立正安国論《りっしょうあんこくろん》を最明寺殿《さいみょうじどの》に奏《そう》したてまつりし時宿谷《やどや》の入道《にゅうどう》に向って云《いわ》く禅宗《ぜんしゅう》と念仏宗《ねんぶつしゅう》とを失《うしな》い給《たま》うべしと申させ給へ」（二八七ページ）とある。

152 注6 『新編　日蓮大聖人御書全集』（創価学会版）の発刊《はっかん》後に公表された「故最明寺入道見参御書《こさいみょうじにゅうどうけんざん》」に「日本国中為《ため》に旧寺《きゅうじ》の御皈依《きえ》を捨《す》てしむ。天魔《てんま》の所為《しょい》為《た》るの由《よし》、故最明寺入道殿に見参の時、之《これ》を申す。又立正安国論之《またりっしょうあんこくろん》を挙《あ》ぐ」（『昭和定本日蓮聖人遺文』）とある。

154 注7 **栄西《えいさい》**　一一四一年～一二一五年。「ようさい」とも読む。禅宗《ぜんしゅう》の一派、臨済宗《りんざいしゅう》を日本に伝えた僧《そう》。栄西は既成勢力《きせいせいりょく》の反対のなかで禅を布教《ふきょう》するため、権力者へ接近《せっきん》を図《はか》り、「興禅護国論《こうぜんごこくろん》」を著《あらわ》している。幕府《ばくふ》の中枢《ちゅうすう》から帰依《きえ》を受け、京都の建仁寺《けんにんじ》、鎌倉《かまくら》の寿福寺《じゅふくじ》を与《あた》えられた。それらの寺では天台《てんだい》・真言《しんごん》と禅を兼修《けんしゅう》していた。

154 注8 **円爾弁円《えんにべんねん》**　一二〇二年～一二八〇年。禅宗《ぜんしゅう》の僧《そう》。園城寺《おんじょうじ》等で学んだ後、宋《そう》に渡《わた》り、仁治《にんじ》二年（一二四一年）帰朝《きちょう》。臨済宗《りんざいしゅう》の教えを伝えた。朝廷《ちょうてい》の実力者・九条道家《くじょうみちいえ》の帰依《きえ》を得《え》て、東福寺《とうふくじ》の開山《かいざん》となった。死後、応長《おうちょう》元年（一三一一年）に花園《はなぞの》天皇の時、聖一国師《しょういちこくし》の称号《しょうごう》が贈《おく》られた。「開目抄《かいもくしょう》」（二二八ページ）では極楽寺良観《ごくらくじりょうかん》と共に僭聖増上慢《せんしょうぞうじょうまん》の一人として挙《あ》げられている。

154 注9 **蘭渓道隆《らんけいどうりゅう》**　北条時頼《ほうじょうときより》の帰依《きえ》を受け、時頼が建長《けんちょう》五年（一二五三年）十一月に建長寺を建立《こんりゅう》すると迎《むか》えられて開山《かいざん》となった。死後、大覚禅師《だいがくぜんじ》の号が贈《おく》られた。

161 **注10 八紘一宇《はっこういちう》** 〝世界を一つの家とする〟との意。八紘は八方《はっぽう》への広がり、一宇は一つの家の意。『日本書紀《しょき》』に基《もと》づく言葉であるが、軍部日本の海外侵略《しんりゃく》を正当化《せいとうか》する言葉として用《もち》いられた。

162 **注11 高山樗牛《たかやまちょぎゅう》** 一八七一年～一九〇二年。評論家《ひょうろんか》。雑誌「太陽」で日本主義、ニーチェ賛美《さんび》などの評論を展開。晩年《ばんねん》は日蓮研究に力を注《そそ》いだ。

162 **注12 矢内原忠雄《やないはらただお》** 一八九三年～一九六一年。経済学者。新渡戸稲造《にとべいなぞう》、内村鑑三《うちむらかんぞう》の影響《えいきょう》でキリスト教徒となる。東京帝国大学教授として植民地《しょくみんち》政策を担当するが、人権尊重《じんけんそんちょう》の立場から当時の政策を批判《ひはん》。昭和十二年（一九三七年）、その言動が反戦的と攻撃《こうげき》され、辞職《じしょく》するが、戦後、復帰《ふっき》し、同二十六年（一九五一年）、東大総長となる。

165 **注13 日支事変《にっしじへん》や大東亜《だいとうあ》戦争** 日支事変とは、昭和十二年（一九三七年）から同二十年（一九四五年）まで続いた日中戦争のこと。大東亜戦争とは、日中戦争を拡大《かくだい》し南方《なんぽう》へ侵略《しんりゃく》し、米・英などの連合国と争《あらそ》った太平洋戦争のこと。いずれも当時の日本での呼称《こしょう》。

165 **注14 教育勅語《ちょくご》** 明治二十三年（一八九〇年）に明治天皇が発布《はっぷ》した「教育ニ関スル勅語」の略《りゃく》称《しょう》。「国体」の理念が強調《きょうちょう》され「臣民《しんみん》」の忠誠《ちゅうせい》を促《うなが》すものである。儀式《ぎしき》でも奉読《ほうどく》され、謄本《とうほん》は神《しん》格化《かくか》された。

167 **注15 柳田國男《やなぎたくにお》** 一八七五年～一九六二年。民俗《みんぞく》学者。雑誌「郷土研究《きょうどけんきゅう》」の発刊《はっかん》、日本民俗学会の結成《けっせい》など、日本民俗学の確立《かくりつ》に貢献《こうけん》した。

一生成仏《いっしょうじょうぶつ》

――「強き信心」で「大いなる希望」に生き抜く人生

「何のために生きるか」を万人《ばんにん》が希求《ききゅう》

斉藤　池田先生が歴史学者・トインビー博士[注1]との対談を開始されてから、本年（二〇〇二年）五月五日で三十周年を迎《むか》えました。

この対談集『二十一世紀《せいき》への対話』は現在、二十四言語《げんご》に翻訳《ほんやく》され、その深く広い識見《しきけん》に基《もと》づく英知《えいち》の語らいは、世界各地に大きな反響《はんきょう》を広げています。

名誉会長　言うまでもなくトインビー博士は、二十世紀最高峰《さいこうほう》の歴史学者であられた。その博士が「宗教とは何か」「人間とは何か」「生命とは何か」などの根源的《こんげんてき》なテーマを真《しん》剣《けん》に探究《たんきゅう》されていた姿《すがた》は忘《わす》れられません。博士の歴史研究は、歴史的事象《じしょう》を通して「宗教」「人間」「生命」の本質に迫《せま》っていかれた。

博士と私との対話が結実《けつじつ》したのは、その最《もっと》も根源的関心《こんげんてきかんしん》が一致《いっち》していたからであると私は思っています。

森中　池田先生の対話は三十年後の今日もなお続いています。最近も、世界的な化学者《かがくしゃ》であるインドのカティヤール[注2]博士との対話が行《おこな》われました。その語らいを感銘《かんめい》深く読みました。

博士は言われています。

「釈迦《しゃか》は、継《つ》ぐべき王位《おうい》を捨《す》て、家族とも離《はな》れて、人々を救う道を求めました。しかし、その深き意義《いぎ》を、インドの人々の多くは知りません。今の私たちは、考え方が、あまりに西欧化《せいおうか》されてしまって、〝どうすれば、もっと富《とみ》を得《え》られるか〟に、とらわれがちです。その意味で、インドにとって重要《じゅうよう》なのは、仏教を〝再輸入《さいゆにゅう》〟すること、そして、もう一度、仏教に目を開くことではないでしょうか」

まさに、日蓮大聖人の御予言《ごよげん》通りに、「仏法西還《せいかん》」の時代が本格的に到来《とうらい》していることを実感します。

今日、続々《ぞくぞく》と世界の一流の知性《ちせい》と先生の対話が展開《てんかい》されています。先生は三十年にわたって対話の重要性《じゅうようせい》を身をもって示してくださっています。

名誉会長　カテイヤール博士は、ご専門《せんもん》の生化学《せいかがく》や分子《ぶんし》生物学《せいぶつがく》の見地《けんち》から、生命の本質に鋭《するど》く迫《せま》っておられた。しかし、それ以外の、教育であれ、国際情勢《じょうせい》であれ、どんな質問をしても、的《まと》を射《い》た答えが返ってくる。「インド科学者会議」の会長も務《つと》められた博士は、文字《もじ》通《どお》り、インドを代表する知性の方です。

斉藤　世界的な指導者と池田先生の対話は、魂《たましい》と魂が響《ひび》き合い、一つの和音《わおん》を奏《かな》でているような印象《いんしょう》を受けます。宗教も、民族も、文化も異《こと》なっているのに、どうすれば、こんなふうに語り合えるんだろうかと、いつも驚嘆《きょうたん》します。

名誉会長　どこの国の人であれ、民族、言語《げんご》、宗教等の違いはあっても、同じ人間として、平和を願い、幸福を求めています。

ですから、一流といわれる人ほど、「生老病死《しょうろうびょうし》」という根本問題に真摯《しんし》に向き合い、謙《けん》虚《きょ》に解決の方途《ほうと》を求めている。

森中　だから、打てば響くようなやりとりになるのですね。

釈尊《しゃくそん》が、継《つ》ぐべき王位《おうい》も家族も捨《す》てて出家《しゅっけ》したのも、「生老病死《しょうろうびょうし》」という現実を知ったからだといわれています。「四門出遊《しもんしゅつゆう》」[注3]という、有名《ゆうめい》なエピソードが伝えられています。

名誉会長　人生、何のために生きるのか。

戸田先生は、牧口先生の「価値論《かちろん》」を踏《ふ》まえて言われていた。

「現代の社会における最大の弊害《へいがい》は、目的観の不確立《ふかくりつ》にある。人間は何のために生きているのか、いな、自分は何のために生きているか。日常生活《にちじょうせいかつ》においても自分の行《い》き先《さき》がわかっているならば、交番《こうばん》へ行って道順《みちじゅん》を聞くもよい。しかし自分自身の行き先がわからないで、『どこへ行ったらよいか』などと聞いたなら、笑《わら》い草《ぐさ》ではないか。しかるに人生行路《こうろ》においては、だれ一人《ひとり》目的なしに生きているのは不思議でもあり、奇怪《きかい》でもある。社会生活の混乱《こんらん》と低迷《ていめい》の根源《こんげん》は、じつにここに根ざしているのである」(『戸田城聖全集』第三巻)

「そこでわれわれは、政治も経済も教育も文化もすべて統一した最高唯一《ゆいいつ》の目的はないか、と探《さが》し求めなければならない。しかもその目的が、観念《かんねん》や『来世《らいせ》の天国《てんごく》』というがごとき空論《くうろん》でなく、現実の生活を固《かた》く規律《きりつ》する最高の目的が提示《ていじ》され、しかも実践《じっせん》によって一歩一歩生活の上に実証《じっしょう》されるならば、これこそ万人《ばんにん》の希求《ききゅう》するところであるといわねば

ならない」（『戸田城聖全集』第三巻）

本当に鋭《するど》い先生でした。現代社会の混迷《こんめい》の急所《きゅうしょ》を押《お》さえておられた。日蓮大聖人の仏法では、人生の目的を「一生成仏《いっしょうじょうぶつ》」と教えている。きょうは、この「一生成仏」をテーマに語り合いたい。

宗教とは「人生に対する態度《たいど》」

斉藤　トインビー博士は、先生との対話のなかで、「宗教とは何か」について語っています。

「私のいう宗教とは、人生に対する態度という意味で、人々が人間として生きるむずかしさに対処《たいしょ》せしめてくれるもののことです。すなわち、宇宙《うちゅう》の神秘《しんぴ》さと人間のそこでの役割のむずかしさに関する根本問題に、精神的《せいしんてき》に満足《まんぞく》のいく解答《かいとう》を示すことによって、また、この宇宙の中で生きていくうえでの実際的な教戒《きょうかい》を与《あた》えることによって、人生の困難《こんなん》に対処せしめるもののことです」（「二十一世紀への対話」『池田大作全集』第三巻）

名誉会長　確かに宗教は「人生に対する態度《たいど》」を教えるものでなければならない。「人間らしく生きる」。これは本当に難《むずか》しいことです。人生は変化、変化の連続である。諸行無常《しょぎょうむじょう》です。生老病死《しょうろうびょうし》は誰人《だれびと》もまぬかれられない永遠《えいえん》の課題《かだい》です。

文豪《ぶんごう》ユゴーは、「人間の生活には、最《もっと》も多幸《たこう》なものでも、その真底《しんそこ》には常に喜びよりも多くの悲《かな》しみがある」（本間武彦訳、『ユゴー全集』第十一巻）と言っています。確かに、それが人生の実相《じっそう》かもしれない。その厳《きび》しき現実のなかで、「人間らしく生きたい」「よりよく生きたい」と、心の奥底《おうてい》で願い、行動しているのが人間です。その「人間の祈り」への答えが宗教です。祈りが先にあって宗教が生まれたのです。

この人間の祈りに対する日蓮大聖人の答えは何か。人生に対するいかなる態度を教えられているか。それこそが、一言《ひとこと》で言えば「一生成仏《いっしょうじょうぶつ》」です。

森中　「一生成仏」とは、この一生のうちに必ず仏《ほとけ》になれるということですね。

名誉会長　そう。大聖人は、稲《いね》に早稲《わせ》と晩稲《おくて》の違いがあっても一年のうちに必ず収穫《しゅうかく》できるように、どんな人も本来、如来《にょらい》であり、早い遅《おそ》いの違いはあっても、一生のうちに必ず仏界《ぶっかい》の生命を現すことができると仰《おお》せです。注4

言い換《か》えれば、今の自分の一生《いっしょう》は、仏《ほとけ》になるためにあるということです。

斉藤　一生成仏《じょうぶつ》は、私たち一人《ひとり》ひとりが、この一生のうちに現実に成仏できるという思《し》想《そう》ですが、実《じっ》に衝撃力《しょうげきりょく》がある教えです。わが人生の重みが一段と増《ま》すように感じられます。そして、にわかに「成仏とは何か」「具体的にどのような姿《すがた》、生き方になるのか」という問いが切実《せつじつ》なものとして迫《せま》ってきます。

森中　現代人にとって、「仏に成《な》る」と言っても、どこか〝遠いお話〟に聞こえるのではないでしょうか。日本ではまだ、仏様《ほとけさま》=死人《しにん》、という考え方も根強いですから、生きている人が「仏に成る」なんて言われると、キョトンとされるか、怒《おこ》られるかどちらかです（笑い）。

名誉会長　確かに「但仏界計り現じ難《ただぶつかいばかりげんじがた》し」（二四一㌻）です。現代人に説明するのは至難《しなん》の業《わざ》かもしれない。しかし、どう現代人に理解させていくか、挑戦《ちょうせん》しなければ広宣流布は進まない。皆《みな》が分かり、語っていける言葉が生まれれば、広布の加速度《かそくど》はさらに増していく。それが教学の重要《じゅうよう》な使命《しめい》の一つでもある。

斉藤　幸《さいわ》い、学会には、「仏とは生命なり」という戸田先生の悟達《ごだつ》に基《もと》づく、教学の現代的展開《てんかい》の伝統があります。また、数知《かずし》れない学会員の研鑽《けんさん》・実践《じっせん》・実証《じっしょう》の積《つ》み重《かさ》ねがあります。その思想的財産《しそうてきざいさん》を生かしていくこともできると思います。

まず、私たち学会員にとって、成仏《じょうぶつ》の手本《てほん》は、いうまでもなく大聖人のお振《ふ》る舞《ま》いのなかにあります。あの竜の口《たつのくち》の法難《ほうなん》の際のお姿《すがた》や、佐渡《さど》でのお姿こそ、最高の成仏の実証ではないかと思います。

名誉会長　そのことについては、戸田先生も語られたことがあります。[注5]

大聖人は「開目抄《かいもくしょう》」で、「当世《とうせい》・日本国に第一に富《と》める者は日蓮なるべし」（二二三㌻）と仰《おお》せです。

また、「諸法実相抄《しょほうじっそうしょう》」では「流人《るにん》なれども喜悦《きえつ》はかりなし」（一三六〇㌻）とも仰せであられる。

流人という社会的境遇《きょうぐう》にあり、自然環境《かんきょう》、生活環境なども最悪《さいあく》の状況《じょうきょう》にあって、命《いのち》も危《あぶ》ないというような時に、日本で一番に富める者だと宣言《せんげん》されている。これは重大なことです。

森中　かつて先生が、創価大学の講演《こうえん》で流刑《るけい》について語られたことがあります（「歴史と人物を考察《こうさつ》――迫害《はくがい》と人生――」一九八一年十月三十一日）。私は、学生としてこの講演《こうえん》を聞きました。

先生は冒頭《ぼうとう》、オーストリアの作家・ツヴァイク注6の次の言葉を紹介《しょうかい》されました。

「だれか、かつて流罪《るざい》をたたえる歌をうたったものがいるだろうか？　嵐《あらし》のなかで人間を高め、きびしく強制《きょうせい》された孤独《こどく》のうちにあって、疲《つか》れた魂《たましい》の力をさらに新《あら》たな秩序《ちつじょ》のなかで集中させる、すなわち運命《うんめい》を創《つく》りだす力であるこの流罪を、うたったものがいるだろうか？（中略）だが自然のリズムは、こういう強制的な切れ目を欲《ほっ》する。それというのも、奈落《ならく》の底《そこ》を知るものだけが生《せい》のすべてを認識《にんしき》するのであるから。つきはなされてみて初めて、人にはその全突進力《ぜんとつしんりょく》があたえられるのだ」（山下肇訳、『ジョゼフ・フーシェ』）

斉藤　簡単《かんたん》に言うと「流罪という奈落の底を体験した人は、かえって人間生命の底力《そこぢから》を知ることがある。そのとき、その人は流罪をも讃嘆《さんたん》して歌うことができる」という意味ですね。

名誉会長　このツヴァイクの言葉は、大聖人の先ほどの「開目抄《かいもくしょう》」などの一節に通じていくと思う。

大聖人は、現実には、幕府《ばくふ》から迫害《はくがい》された流人《るにん》です。しかも、大聖人の正義《せいぎ》の声は、幕府だけでなく日本中の人々も理解できなかった。門下《もんか》も多くは退転《たいてん》し、残った者はごく一部です。さらに言えば、その残った門下も、ひたぶるな思いで大聖人に付きしたがっているが、どこまで大聖人の真実《しんじつ》を正しく理解していたか、心もとないものがあったのではないだろうか。

斉藤　普通《ふつう》だったら、悔恨《かいこん》や挫折《ざせつ》、あるいは社会への恨《うら》み、自分が理解されないことへの嘆《なげ》きなどが出てくるものだと思います。命《いのち》を賭《と》した二十年にわたる闘争《とうそう》とは一体何だったのか。何を残したのか。何人を救うことができたのか。現実の日本を変えられたのか。自身の根底《こんてい》を崩《くず》していくような問いかけをして、絶望《ぜつぼう》と不信《ふしん》の淵《ふち》に沈《しず》んでもおかしくない厳《きび》しい状況《じょうきょう》にあられたのではないでしょうか。

永遠普遍《えいえんふへん》の世界に生きる歓喜《かんき》

名誉会長　ところが、御書のどこを拝しても、そういう記述《きじゅつ》は全《まった》くありません。大聖人の御境涯《ごきょうがい》は遥《はる》かに超《こ》えられていたと拝せる。

「顕仏未来記《けんぶつみらいき》」には、こう仰《おお》せです。

「天台云《てんだいいわ》く『雨《あめ》の猛《たけ》きを見て竜《りゅう》の大《だい》なるを知り華《はな》の盛《さかん》なるを見て池《いけ》の深きを知る』等云云《とううんぬん》、妙楽《みょうらく》の云く『智人《ちじん》は起《き》を知り蛇《じゃ》は自《みずか》ら蛇を識《し》る』等云云、日蓮此《こ》の道理《どうり》を存《そん》して既《すで》に二十一年なり、日来《ひごろ》の災《わざわい》・月来《つきごろ》の難《なん》・此の両三年の間《あいだ》の事《こと》既《すで》に死罪《しざい》に及ばんとす今年・今月万《まん》が一《いち》も脱《の》がれ難《がた》き身命《しんみょう》なり、世《よ》の人疑《うたが》い有《あ》らば委細《いさい》の事は弟子《でし》に之《これ》を問え、幸《さいわい》なるかな一生《いっしょう》の内《うち》に無始《むし》の謗法《ほうぼう》を消滅《しょうめつ》せんことを悦《よろこ》ばしいかな未《いま》だ見聞《けんもん》せざる教主釈尊《きょうしゅしゃくそん》に侍《つか》え奉《たてまつ》らんことよ、願《ねがわ》くは我《われ》を損《そん》ずる国主《こくしゅ》等をば最初に之《これ》を導《みちび》かん、我を扶《たす》くる弟子等をば釈尊に之を申さん、我を生める父母《ふぼ》等には未《いま》だ死せざる已前《いぜん》に此の大善《だいぜん》を進めん、但《ただ》し今夢《ゆめ》の如《ごと》く宝塔品《ほうとうほん》の心を得《え》たり」（五〇八㌻）

〈**通解**〉天台は述べている。「雨が盛《さか》んであることを見て竜が大きいことを知り、蓮《はす》の華が盛んな様《さま》を見て池が深いことを知るのである」と。妙楽は述べている。「智慧《ちえ》ある人は物事の起こりを知り、蛇は自ら蛇の習性《しゅうせい》を知る」と。

日蓮は（天変地異《てんぺんちい》が、末法《まっぽう》に大法《だいほう》が弘《ひろ》まることの予兆《よちょう》であるという）この道理を知って

（大法《だいほう》を弘《ひろ》め始めて）から、すでに二十一年になる。日々《ひび》に災《わざわ》いが競《きそ》い、月々《つきづき》に難《なん》が起こったが、この二、三年の間《あいだ》にはすでに死罪《しざい》に及ぼうとした。今年、今月にも、万《まん》が一《いち》にも死を免《まぬか》れようのない身命《しんみょう》である。世間《せけん》の人よ、（日蓮の言葉に）疑《うたが》いがあるならば、詳《くわ》しいことは私の弟子《でし》に聞きなさい。

なんと幸《さいわ》いなことか。一生《いっしょう》の内《うち》に無始《むし》以来の謗法《ほうぼう》の罪《つみ》を消滅《しょうめつ》できるとは。なんと喜ばしいことか。いまだお会いしていない教主釈尊《きょうしゅしゃくそん》にお仕《つか》えすることは。願わくは、私を迫害《はくがい》する国主《こくしゅ》たちをまず最初に導《みちび》こう。私を助ける弟子たちのことを釈尊に報告しよう。私を生んだ父母《ふぼ》たちには、亡《な》くなる前にこの大善《だいぜん》（功徳《くどく》）を差し上げよう。ただし今、夢《ゆめ》のようではあるが、宝塔品《ほうとうほん》の心を得《え》たのである。

ここに綴《つづ》られているのは、歓喜《かんき》であり、感謝《かんしゃ》であり、慈悲《じひ》です。全部、仏界《ぶっかい》の現れです。佐渡流罪《さどるざい》という最大の苦境《くきょう》を耐《た》え忍《しの》ぶこと自体、偉大《いだい》な境涯《きょうがい》の現れです。しかし、大聖人は、そのなかで御自身のことよりも、わが門下《もんか》のことを案《あん》じられた。また、自身を迫害した為政者《いせいしゃ》が幸福になるように願われた。一切《いっさい》を包《つつ》みこんでいかれた。

これは、難を忍《しの》ぶという次元を遥《はる》かに超《こ》え、かくも人間は偉大であることを御自身の振《ふ》る舞《ま》いで教えられたものと拝したい。

斉藤　佐渡《さど》における大聖人は、暗闇《くらやみ》に誘《さそ》うような問いかけを完全に払拭《ふっしょく》されています。脆弱《ぜいじゃく》な煩悶《はんもん》や、己《おのれ》を美化《びか》するだけの自己満足《まんぞく》の欺瞞《ぎまん》などを一切《いっさい》、押《お》し流されている。晴天《せいてん》の正午《しょうご》の太陽の光が燦々《さんさん》と降《ふ》り注《そそ》ぎ、狐疑《こぎ》の氷《こおり》がすべて溶《と》け、蒸発《じょうはつ》するかのように、明るく清々《すがすが》しく堂々《どうどう》と苦難《くなん》を乗り越えておられます。

名誉会長　一点の悩《なや》みも迷《まよ》いもない大境涯《だいきょうがい》。それが大聖人の佐渡流罪《るざい》の時の御心境《ごしんきょう》ではないでしょうか。

それが仏界《ぶっかい》の生命です。決して単なる心の持ちようなどではない。厳《きび》しい現実を真正面《ましょうめん》から見詰《みつ》められながらの「如実知見《にょじっちけん》（ありのままの真実《しんじつ》を見る）」の智慧《ちえ》です。

森中　現実の大難《だいなん》とがっぷり取り組み、一歩も退《ひ》いておられない。強敵《きょうてき》と組み合う大力士《だいりきし》ですね。

名誉会長　さらに偉大《いだい》なことは、この佐渡で大聖人が「人本尊開顕の書《にんほんぞんかいけん》」である「開目抄《かいもくしょう》」と、「法本尊開顕の書《ほうほんぞん》」である「観心本尊抄《かんじんのほんぞんしょう》」を、悠然《ゆうぜん》と残されたことです。

大聖人は、流刑《るけい》の地・佐渡で、末法万年《まっぽうまんねん》にわたる全人類救済《ぜんじんるいきゅうさい》の方途《ほうと》を明確《めいかく》に示してくださったのです。全民衆の成仏《じようぶつ》の道を厳然《げんぜん》と開かれた。

その境地《きようち》から振《ふ》り返れば、どれほど難《なん》が押《お》し寄《よ》せようと、迷《まよ》いや嘆《なげ》きが生《しよう》じる余地《よち》など全《まった》く考えられません。また、どんな権力者が迫害《はくがい》を加《くわ》えても、仏《ほとけ》としての偉大《いだい》な境涯《きようがい》に傷《きず》一つ付けることもできない。

宇宙大《うちゆうだい》の妙法と完全に融合《ゆうごう》し、さらには、その広大無辺《むへん》な世界の喜びを、全民衆に伝えていく確かな軌道《きどう》を確立《かくりつ》された。これ自体、どんな充足感《じゆうそくかん》も及ばない大歓喜《だいかんき》のお姿《すがた》と拝せます。

そして大聖人は、私たちにも同じように生きる道を教えてくださったのです。

戸田先生は、このような大聖人の御境地を「希望」という言葉で分かりやすく教えてくださっている。

「過去の偉人《いじん》をみるのに、人生の苦難《くなん》、人生の怒濤《どとう》にも負《ま》けずに、凡人《ぼんじん》よりみれば夢《ゆめ》としか思えぬ希望を守りつづけてきているのである。いな、その希望に生ききって、けっして屈《くつ》しないのである。

その理由は、希望それじたいが、自己の欲望《よくぼう》や利己的《りこてき》なものでなくて、人類《じんるい》の幸福ということが基本的なものになっており、それがひじょうな確信《かくしん》に満《み》ちていたからではなかろうか。

われらが御本仏《ごほんぶつ》日蓮大聖人は、御年《おんとし》十六歳にして人類救済《じんるいきゆうさい》の大願《だいがん》に目覚《めざ》められ、かつまた宇宙《うちゆう》の哲理《てつり》をお悟《さと》りあそばされて以来、三十二の御年まで、その信念の確証《かくしよう》を研鑽《けんさん》あそばされて後、御年六十一歳の御涅槃《ごねはん》の日まで、若きときの希望、若きときの夢《ゆめ》の一つも離《はな》すことなく、生活に打ちたてられたことは、じつにすさまじい大殿堂《だいでんどう》を見るがごときものではないか」(『戸田城聖全集』第三巻)

大聖人が、若き日より御入滅《ごにゆうめつ》の日まで「大いなる希望」を貫《つらぬ》かれたことこそ、真《しん》の仏《ほとけ》のお姿《すがた》なのです。

この戸田先生の言葉は、昭和三十二年、つまり先生が逝去《せいきよ》される前年の「年頭《ねんとう》のことば」です。大願に貫かれた大聖人の御生涯《ごしようがい》について述べられていますが、先生御自身の後《こう》半生《はんせい》もまた、大いなる希望に貫かれていたのです。

森中　この年に、戸田先生は、願業《がんぎよう》である七十五万世《せ》帯《たい》の折伏《しやくぶく》を達成《たつせい》されています。

名誉会長　戸田先生はさらに、「希望に生き抜く生命力」は御本尊を拝することにあると述べられて、同志が同じく大いなる希望に生きることを勧《すす》められています。

「吾人《ごじん》が同志にのぞむものは、老《お》いたるにもせよ、若きにもせよ、生活に確信《かくしん》ある希望をもち、その希望のなかに生きぬいてもらわなければならないことである。いうまでもなく、その希望に生きぬく生命力は、御本仏《ごほんぶつ》日蓮大聖人の御生命である人法一箇《にんぽういっか》の御本尊にあることを銘記《めいき》すべきであろう。

おのれも大地《だいち》に足を踏《ふ》みしめ、はなやかな希望に生きるとともに、世の人たちをも同じく大地に足を踏みしめさせて、人生に晴れやかな希望をもたせようではないか」(『戸田城聖全集』第三巻)

斉藤　戸田先生は、人生の真髄《しんずい》を大変に分かりやすく教えてくださったのですね。

名誉会長　戸田先生は、七十五万世帯《せたい》の願業《がんぎょう》を達成《たっせい》された直後に有名《ゆうめい》な「創価学会の永《えい》遠《えん》の三指針《ししん》」を示してくださった。これも同志に希望を貫《つらぬ》く人生であってほしいと願って、一人《ひとり》ひとりに対して人生と信仰の勝利の指標《しひょう》を示してくださったのです。

森中　「一家和楽《いっかわらく》の信心」「各人が幸福をつかむ信心」「難《なん》を乗り越える信心」の三つですね。池田先生も「この三指針にどこまでも信心の目的がある」と繰《く》り返し教えてくださっています。

名誉会長　この三指針《ししん》を、一人《ひとり》ひとりが現実のものとしていく。一家《いっか》の和楽《わらく》を、人生の幸福を、そして、いかなる苦難《くなん》にも負《ま》けない自己自身を築《きず》き上げていく。これこそ、私たちの信心の目的です。

そこに「人間革命《かくめい》」があり、「一生成仏《いっしょうじょうぶつ》」があるといえる。

この一人ひとりの信心と人生の勝利があってこそ、「立正安国《りっしょうあんこく》」も「広宣流布」も実現できるのです。

「わが生命は妙法なり」との確信《かくしん》

斉藤　大聖人は、全人類《ぜんじんるい》の希望の未来《みらい》のために、一生成仏の大法《だいほう》を残してくださったわけですね。

名誉会長　その通りです。「一生成仏抄」を拝しておきたい。

同抄《どうしょう》の冒頭《ぼうとう》では、大聖人の仏法が、一生成仏のための仏法であることを、宣言《せんげん》されています。

「夫《そ》れ無始《むし》の生死《しょうじ》を留《とど》めて此《こ》の度決定《たびけつじょう》して無上菩提《むじょうぼだい》を証《しょう》せんと思はばすべからく衆生本有《しゅじょうほん》ぬ》の妙理《みょうり》を観《かん》ずべし、衆生本有の妙理とは・妙法蓮華経是《これ》なり故《ゆえ》に妙法蓮華経と唱《とな》へたてまつれば衆生本有の妙理を観ずるにてあるなり」（三八三ジペー）

〈**通解**〉そもそも、無限《むげん》に繰《く》り返す生死流転《るてん》の苦悩《くのう》をとどめて、この人生においてこそ必ず仏《ほとけ》の最高の悟《さと》りを得《え》ようと思うならば、あらゆる生命に本来具《そな》わっている妙《たえ》なる真理《しんり》を観じなければならない。あらゆる生命に本来具わる妙なる真理とは、妙法蓮華経である。それ故、妙法蓮華経と唱えることが、あらゆる生命に本来具わる妙なる真理を観じることになるのである。

大聖人はまず結論を明確《めいかく》に示されています。

生死流転の苦悩から脱出《だっしゅつ》するには、「衆生本有の妙理を観ぜよ」。こう仰《おお》せです。わが生命に具わる妙法の無限の力用《りきゆう》を開くのです。常楽我浄《じょうらくがじょう》の崩《くず》れない絶対的幸福境涯《きょうがい》の確立《かくりつ》です。そのカギは、妙法に対する揺《ゆ》るがぬ信です。

斉藤　「衆生本有の妙理」とは、「あらゆる生命に本来具わる妙なる真理」という意味ですね。

名誉会長　万物《ばんぶつ》を支《ささ》える宇宙根源《うちゅうこんげん》の法です。仏《ほとけ》は、自《みずか》らの生命の根本がこの法にあることを悟《さと》って成仏《じょうぶつ》したのです。つまり、仏を仏たらしめている仏種《ぶっしゅ》が、この妙理《みょうり》なのです。その素晴《すば》らしい妙法が、あらゆる生命に本来、具《そな》わっている。そのことを説き切っているのは、膨大《ぼうだい》な諸経《しょきょう》のなかでも唯一《ゆいいつ》、法華経だけです。その法華経の精髄《せいずい》が「妙法蓮華経」です。

根本法である妙法蓮華経の説明は難《むずか》しいが、大聖人は妙法蓮華経の意義《いぎ》を、例えば「妙の三義《さんぎ》」として分かりやすく示されています。

斉藤　「法華経題目抄」で大聖人が仰《おお》せの「具足円満《ぐそくえんまん》」「開《ひら》く」「蘇生《そせい》」の三義ですね。注7

名誉会長　そう。「具足円満」の義とは、法華経の題目は万物《ばんぶつ》の根源《こんげん》であり、この宇宙に現れる、あらゆる価値《かち》、あらゆる功徳《くどく》が完全に収《おさ》まっている、ということです。

「開く」義とは、その妙法の蔵《くら》から、条件《じょうけん》に応じて実際に新しい価値が開かれてくるということです。そして、蔵を開くカギが題目を唱《とな》えることです。

そして「蘇生」の義とは、その功徳によって、行《い》き詰《づ》まって停滞《ていたい》していた者を蘇《よみがえ》らせることです。例えば、法華経以前の経典《きょうてん》では成仏《じょうぶつ》できないとされていた二乗《にじょう》や悪人《あくにん》や女人《にょにん》も、法華経では成仏することができる、と説かれます。不可能をも可能にする、ということです。

仏《ほとけ》の生命とは、こうした妙法の力用《りきゆう》によって開かれた最高の人格的価値《かち》なのです。

斉藤　すなわち「妙法蓮華《れんげ》」ですね。古代インドでは、蓮華は、最高の人を譬《たと》えたとも言われています。

万物《ばんぶつ》は妙法から開花《かいか》した蓮華

名誉会長　仏法の原点《げんてん》は、釈尊《しゃくそん》が内《うち》なる法に目覚《めざ》めたことです。菩提樹《ぼだいじゅ》の下で内面への深い探求《たんきゅう》を続けた釈尊は法（ダルマ）をありありと覚知《かくち》したのです。

仏の原語《げんご》は、サンスクリットの「ブッダ」です。これは「（真理《しんり》に）目覚《めざ》めた人」という意味です。当時の諸宗教でも用《もち》いられたが、釈尊が登場《とうじょう》した後、やがて専《もっぱ》ら釈尊を指して用いられるようになりました。

それと同時に、「ブッダ」の原語《げんご》には、「開花《かいか》する」という意味合いがある。人格の薫《かお》り高く爛漫《らんまん》と花を咲《さ》かせ、福徳《ふくとく》の果実《かじつ》をたわわに実《みの》らせる人が、ブッダです。「法」の功徳《くどく》を体現《たいげん》し、福徳あふれる人格として輝《かがや》く人です。

森中　仏《ほとけ》の別名《べつめい》の一つに「世雄《せおう》」とあります。仏とは、現実社会の勝利者です。結果の人、実証《じつしょう》の人です。

名誉会長　また、万物《ばんぶつ》も、実《じつ》は、妙法から開かれる価値《かち》であり、開花した蓮華《れんげ》なのです。その意味では、森羅万象《しんらばんしょう》が「妙法蓮華」であると言えます。

森中　「諸法実相抄《しょほうじっそうしょう》」では「下地獄《しもじごく》より上仏界《かみぶっかい》までの十界《じっかい》の依正《えしょう》の当体《とうたい》・悉《ことごと》く一法ものこさず妙法蓮華経のすがたなり」（一三五八ジペー）と仰《おお》せです。

名誉会長　そう。自身の生命を妙法蓮華と知見《ちけん》した仏は、同時に、全生命が妙法蓮華であるとも知見します。あらゆる衆生《しゅじょう》が本来、妙法蓮華の当体である。ゆえに仏は、すべての衆生にわが子に対するような「慈《いつく》しみ」の心を起こすのです。

自分が妙法蓮華であることを、まだ知らない衆生は種々《しゅじゅ》に苦悩《くのう》を感じている。その衆生の苦悩も、仏はわが子の苦しみのように、ひしひしと分かる。「悲《かな》しみ」の心、「同苦《どうく》」の心を起こします。

仏《ほとけ》とは、「慈悲《じひ》の人」です。

戸田先生はこう述べられている。

「慈悲というものは、修行《しゆぎよう》ではない。行動のなかに、心のはたらきのなかに、無意識《むいしき》に自然に発現《はつげん》すべきものであって、仏は生きていること自体が慈悲の状態《じようたい》に生きる以外に道を知らないものである。

『慈《じ》』とは、他に楽《たの》しみを与《あた》えることであり、『悲《ひ》』とは、他の苦しみを抜くことをいうのである。この行動は仏の自然の行動であって、むりに修行しつつあるものではない。ものを言い、手をあげ、法を説くなど、みな慈悲の行業《ぎようごう》のためであって、この境地《きようち》に達《たつ》せられた方を仏と称《しよう》し、尊信《そんしん》したてまつるのである」(『戸田城聖全集』第三巻)

慈悲が仏の本質なのです。法華経の肝要《かんよう》・寿量品《じゆりようほん》の最後には、仏の「永遠《えいえん》の一念《いちねん》」「久遠《くおん》の大願《だいがん》」が記《しる》されているね。

斉藤 はい。大聖人が「毎自作是念《まいじさぜねん》の悲願《ひがん》」(四六六ジペー)と呼《よ》ばれている一節です。

「毎自作是念　以何令衆生《いがりようしゆじよう》　得入無上道《とくにゆうむじようどう》　速成就仏身《そくじようじゆぶつしん》」(法華経四九三ジペー)とあります。

意味はこうです。「私（釈尊《しゃくそん》）はつねにこのことを念《ねん》じている。すなわち、どのようにすれば、衆生《しゅじょう》を、無上《むじょう》の道に入らせ、速《すみ》やかに仏身《ぶっしん》を成就《じょうじゅ》させることができるだろうか、と」。

名誉会長　この「一念《いちねん》」、この「願い」こそ、寿量品《じゅりょうほん》で説かれる〝永遠《えいえん》の仏《ほとけ》〟の実体《じったい》です。

大聖人はまた、この「毎自作是念《まいじさぜねん》」の「念」について、「生仏本有の一念《しょうぶつほんぬ》」（一三六八ジペー）と仰《おお》せです。衆生も仏も等《ひと》しく本来、具《そな》えている一念なのです。「すべての人と共《とも》に幸せになりたい」——これこそ、万人《ばんにん》にとって久遠《くおん》の清《きよ》らかな願いであり、生命の根底《こんてい》にはたらく「本来の心」なのです。この心に目覚《めざ》め、この心に生き抜く人が仏なのです。

大聖人は、この願い、この理想《りそう》、この希望に、生き抜かれたのです。

森中　紀元《きげん》二世紀《せいき》のころのインドの詩人《しじん》・マートリチェータ[注8]は、釈尊を讃《たた》えてこう謳《うた》っています。

「自分の責任《せきにん》で／あろうがなかろうが／あなたは／迷《まよ》いわずらう心から／解放《かいほう》されたにもかかわらず／あえて自分から進んで／このはかない世《よ》に／出現《しゅつげん》した

人に親切《しんせつ》にするには／動機《どうき》などいらない／人を愛するのに／理由などいらない
あなたは／友なき人の友となり／家族なき人の家族となった」

斉藤　内《うち》から湧《わ》き上がる慈悲《じひ》のままに、あの人を励《はげ》まし、この人を奮《ふる》い立たせた釈尊《しゃくそん》の姿《すがた》が髣髴《ほうふつ》とします。

名誉会長　仏《ほとけ》とは、内なる崇高《すうこう》な魂《たましい》の叫《さけ》びに素直《すなお》に耳を傾《かたむ》け、その声を導《みちび》き手として、生涯《しょうがい》、困難《こんなん》と戦い抜いて、理想《りそう》の実現に邁進《まいしん》し続け、皆《みな》に希望と勇気《ゆうき》を与《あた》える人を言うのではないだろうか。

日蓮大聖人こそ、慈悲の当体《とうたい》であられる。

戸田先生はこう語られたことがある。

「慈悲こそ仏の本領《ほんりょう》であり、大聖人様は慈悲そのものであらせられる。日本国の諸人《しょにん》を愛すればこそ、仏教の真髄《しんずい》を説いて一歩も退《ひ》かず、伊東《いとう》へ、佐渡《さど》へ、首《くび》の座に、いくどの大難《だいなん》をものともせず、三類《さんるい》の強敵《ごうてき》を真《ま》っ向《こう》から引きうけられた艱難辛苦《かんなんしんく》そのもののご一生《いっしょう》であらせられたのである。

これを思えば、われわれ大聖人の弟子《でし》をもって自称《じしょう》する者は、たとえ身は貧《まず》しくとも、学問はなくとも、身分《みぶん》は低《ひく》くとも、いかなる地獄《じごく》の世界に生きようとも、大聖人様の百万分の一のご慈悲《じひ》たりとも身につけんと、朝な夕なに唱題《しょうだい》に励《はげ》まなくてはならない。それには、大聖人のご生命のこもった題目を日に日に身に染《そ》めこませ、心にきざみ、生命に染めて、一日の行業《ぎょうごう》をみな慈悲のすがたに変わるよう、信心を励まなくてはならないのである」（『戸田城聖全集』第三巻）

自分が変われば世界が変わる

名誉会長　大聖人は、「一生成仏抄《いっしょうじょうぶつしょう》」で、「衆生本有《しゅじょうほんぬ》の妙理《みょうり》」とは「一心法界《いっしんほうかい》の理」であると言い換《か》え、「心」を強調《きょうちょう》されています。

一心とは、私たち一人《ひとり》ひとりの今この瞬間《しゅんかん》の心、一念《いちねん》のことです。法界とは、森羅万象《しんらばんしょう》であり、それをすべて含《ふく》む大宇宙《だいうちゅう》のことです。

宇宙のあらゆるものが一粒《ひとつぶ》の塵《ちり》も残さず、すべて、わが一念に納《おさ》まっている。また、このわが一念が、宇宙の果《は》てまで行きわたっている。この真実《しんじつ》を明かしたのが、「一心法界の理《り》」です。

斉藤　私たち一人《ひとり》ひとりの心に、自身を取り巻《ま》く全世界が具《そな》わっている――それが一心《いっしん》法界《ほうかい》の理ですね。一念三千《いちねんさんぜん》と通じあう法理《ほうり》です。

名誉会長　「自分が変われば、世界が変わる」という根本原理《げんり》です。「人間革命《かくめい》」、「立正《りっしょう》安国《あんこく》」へと連《つら》なる原理です。

すべては自分自身です。誰《だれ》のせいでもない。すべては自分自身のためです。誰のためでもない。

このことが分からなければ、妙法ではないのです。

森中　したがって、大聖人は「但《ただ》し妙法蓮華経と唱《とな》へ持《たも》つと云《い》うとも若《も》し己心《こしん》の外《ほか》に法ありと思はば全《まった》く妙法にあらず麤《そ》法《ほう》（＝劣悪《れつあく》な法）なり」（三八三ジペー）と仰《おお》せです。「成仏《じょうぶつ》の直道《じきどう》」ではないと断言《だんげん》されています。

そして、「妙法と唱へ蓮華《れんげ》と読まん時は我《わ》が一念を指して妙法蓮華経と名《なづ》くるぞと深く信心を発《おこ》すべきなり」（同）と述べられて、正しい信心の姿勢《しせい》を示されています。

名誉会長　「我《われ》、妙法蓮華経なり」――そう決めよ、ということです。

「妙法」は、万人《ばんにん》の苦悩《くのう》を除《のぞ》く大良薬《だいりょうやく》です。また、万人の幸福を実現する大宝蔵《だいほうぞう》です。その妙法を根本に、そして妙法に徹《てっ》して、生き切るのです。自身の生命を妙法に染《そ》めあげるのです。自身の生命を妙法で固《かた》めるのです。

「妙法」は永遠《えいえん》です。万物《ばんぶつ》の根源《こんげん》です。その妙法と一体の生命を覚知《かくち》すれば、自身も永遠となり、無限《むげん》の力が湧《わ》き出《だ》す。何があっても壊《こわ》れない。何が起ころうと自在《じざい》である。それが成仏《じょうぶつ》の境涯《きょうがい》です。そこに妙法蓮華経と唱《とな》える題目の深い意義《いぎ》があります。

妙法を信じ、妙法と一体となれば、無常《むじょう》の自身が永遠の存在となるのです。この有限《ゆうげん》の自身に無限の力が湧き上がるのです。ゆえに、いかなる行《い》き詰《づ》まりも打破《だは》していける。そのための信心です。

また、その姿《すがた》が「蓮華《れんげ》」です。苦悩の泥沼《どろぬま》から生《しょう》じながらも、汚《よご》れに染まらず、すがすがしい姿とふくよかな香《かお》りをもって、凛然《りんぜん》と咲《さ》き薫《かお》るのです。「人華《にんげ》」と咲き誇《ほこ》るのです。

戸田先生は、成仏について、こう指導されています。

「成仏とは、仏になる、仏になろうとすることではない。大聖人様の[注9]凡夫即極《ぼんぷそくごく》、諸法実相《しょほうじっそう》とのおことばを、すなおに信じたてまつって、この身このままが、永遠の昔《むかし》より永劫《えいごう》の

未来《みらい》に向かって仏《ほとけ》であると覚悟《かくご》することである」(『戸田城聖全集』第三巻)

斉藤　「すなおに信じる」——これが最《もっと》も大事だと思います。しかし、最も難事《なんじ》です。どうしても、ちっぽけな「我《が》」が出てきてしまいます。

名誉会長　その自身の小さなカラを打ち破《やぶ》っていくのです。三世《さんぜ》永遠《えいえん》の生命奥底《おうてい》の一念《いちねん》に心を定めるのです。それが、妙法への信です。

結局は「覚悟」です。〝自身が妙法だ!〟と目覚《めざ》めるのです。三世永遠に妙法に生き抜くと覚悟を定めるのです。

戸田先生は、このようにもおっしゃっています。

「われわれが、ただの凡夫《ぼんぷ》でいるということは秘妙方便《ひみょうほうべん》[注10]であり、真実《しんじつ》は仏なのであります。われわれの胸にも御本尊はかかっているのであります。すなわち御仏壇《おぶつだん》にある御本尊即《そく》私たちと信ずるところに、この信心の奥底があります」(『戸田城聖全集』第五巻)

次から次へと悩《なや》みがある。困難《こんなん》が襲《おそ》ってくる。それが私たちの現実です。しかし、すべてに敢然《かんぜん》と立ち向かい乗り越えていく力が、一人《ひとり》ひとりに具《そな》わっているのです。そのことを信じて、実際にその力を開き顕《あらわ》すことができるかどうか。そこが勝利のカギです。

森中　そのカギが妙法に対する「信」なのですね。

名誉会長　凡夫《ぼんぷ》として苦悩《くのう》の現実と立ち向かい、乗り越えるからこそ、妙法の偉大《いだい》さが証明《しょうめい》できる。凡夫であることは、その使命《しめい》を実現するための方便《ほうべん》なのです。苦悩に負《ま》けてグチを言っているうちは、宿命《しゅくめい》に束縛《そくばく》された姿《すがた》です。困難《こんなん》と真《ま》っ向《こう》から取り組んで戦えば、使命と転《てん》じる。すべて自身の一念《いちねん》で決まる。

森中　内《うち》なる仏《ほとけ》、内なる妙法に目覚《めざ》めるか、否《いな》か——そこが信心の要《かなめ》です。仏法の根本です。

「一生成仏抄《いっしょうじょうぶつしょう》」では、心が「迷《まよ》っているか、悟《さと》るか」で、世界も「浄土《じょうど》か、穢《え》土《ど》か」が決まり、自分も「衆生《しゅじょう》か、仏か」が決まると仰《おお》せです。

「衆生の心けがるれば土《ど》もけがれ心清《きよ》ければ土も清しとて浄土と云《い》ひ穢土と云うも土に二の隔《へだて》なし只我等《ただわれら》が心の善悪《ぜんあく》によると見えたり、衆生と云うも仏と云うも亦此《またか》くの如《ごと》し迷う時は衆生と名《なづ》け悟る時をば仏と名けたり、譬《たと》えば闇鏡《あんきょう》も磨《みが》きぬれば玉《たま》と見ゆるが如し、只今《ただいま》も一念無明《むみょう》の迷心《めいしん》は磨かざる鏡《かがみ》なり是《これ》を磨かば必ず法性真如《ほっしょうしんにょ》の明鏡《めいきょう》と成《な》るべし、深く信心を発《おこ》して日夜《にちや》朝暮《ちょうぼ》に又懈《またおこた》らず磨くべし何様《いかよう》にしてか磨くべき只南無妙法蓮華経と唱《とな》へたてまつるを是をみがくとは云うなり」（三八四ジペー）

〈通解〉衆生《しゆじよう》の心が穢《けが》れれば国土《こくど》も穢れ、心が清《きよ》ければ国土も清いと浄名経《じようみようきよう》に説かれているように、浄土《じようど》というも穢土《えど》というのも国土に二種の区別があるのではなく、我《われ》らの心の善悪《ぜんあく》によると見られるのである。衆生といっても仏《ほとけ》といってもまたこれと同じである。迷《まよ》っている時は衆生と名づけ、悟《さと》った時には仏と名づけるのである。譬《たと》えていうと、映《うつ》りの悪《わる》い鏡《かがみ》も磨《みが》けば玉《たま》のように輝《かがや》いて見えるようなものである。この今の瞬間《しゆんかん》でも、生命の真実《しんじつ》に暗《くら》い迷いの心は映りの悪い鏡のようなものである。これを磨けば、必ず悟りの真実を映し出す明鏡《めいきよう》となるのである。深く信心を発《おこ》して、日夜《にちや》、朝暮《ちようぼ》に決して怠《おこた》ることなく磨きなさい。どのようにして磨けばよいのか。ただ南無妙法蓮華経と唱《とな》えることを磨くというのである。

名誉会長　有名《ゆうめい》な御文《ごもん》です。

妙法蓮華経が自分の生命を律《りつ》する根本法であり、成仏《じようぶつ》の種子《しゆし》であると信じて、南無妙法蓮華経と唱え続ける信心と実践《じつせん》がある人が、即《すなわ》ち仏であると仰《おお》せです。凡夫《ぼんぷ》も仏も、人間として本質的な違いはない。心の違いです。行動の違いです。

心すべきことは、自分の生命が妙法蓮華経の当体《とうたい》であると信ぜよという大聖人の勧《すす》めです。また、自分の生命のほかに求めたら、もはや妙法ではなく麤法《そほう》（＝劣悪《れつあく》な法）になってしまうという戒《いまし》めです。その「確固《かっこ》たる信」にこそ、妙法蓮華の功徳《くどく》が開花《かいか》するのです。妙法蓮華経への信の「一心《いっしん》」こそ、仏界《ぶっかい》の生命と現れるのです。妙法蓮華経への信の「持続《じぞく》」こそ、そのまま成仏《じょうぶつ》の姿《すがた》です。

森中　「妙法蓮華経への信の持続」という因行《いんぎょう》が、そのまま成仏の姿なのですね。

名誉会長　受持即観心《じゅじそくかんじん》です。果徳《かとく》は、さまざまな姿を現すことが可能です。一つの言葉や像《ぞう》では表せません。当然のことながら、経典《きょうてん》や仏像《ぶつぞう》で描《えが》かれている色相荘《しきそうそう》厳《ごん》の姿になるわけでもない。

しかし、精神《せいしん》の面で、あえて言うなら、戸田先生が示された「大いなる希望」がそれに当《あ》たるでしょう。自《みずか》らの内《うち》から起こってくる自身の成仏への確信《かくしん》と人生の意味の把握《はあく》、また万人《ばんにん》の成仏への確信が、その大いなる希望の内実《ないじつ》です。

森中　これまで論じられてきた「広宣流布の大願《だいがん》」や「自他共《じたとも》の幸福を願う心」が、それに当たりますね。

名誉会長　何があっても崩《くず》れない絶対的幸福ともいえます。

斉藤　御本尊は、妙法蓮華経への信を一人《ひとり》ひとりが生涯《しょうがい》、貫《つらぬ》いていくために顕《あらわ》されたと拝せます。

名誉会長　一人《ひとり》の人の受持《じゅじ》のためであるとともに、広宣流布のためでもあると拝せます。「法華弘通《ほっけぐつう》のはたじるし《旗》」(一二四三ジペー)と大聖人は仰《おお》せです。

大聖人は、個人がこの妙法蓮華経の一法の受持を生涯貫《しょうがいつらぬ》いて、一生成仏《いっしょうじょうぶつ》していけるために、また、この信を一人から一人へと弘《ひろ》めて国土《こくど》の成仏、平和を実現していくために、御本尊を顕《あらわ》してくださったのです。

御本尊については、別の機会に改《あらた》めて、詳《くわ》しく拝していきたいが、この御本尊を明鏡《めいきょう》として、私たちは受持即観心《そくかんじん》、信即成仏を実現していくことができるのです。

解説

178 注1　**トインビー博士**　アーノルド・ジョセフ・トインビー。一八八九年〜一九七五年。イギリスの歴史学者・文明史家《ぶんめいしか》。ロンドン大学、王立《おうりつ》国際問題研究所の要職《ようしょく》を歴任《れきにん》。代表作『歴史の研究』は各界に大きな影響《えいきょう》を与《あた》えた。

178 注2　**カティヤール博士**　インドの名門州立《めいもんしゅうりつ》大学であるチャトラパティ・シャフジ・マハラジ大

学の副総長。生化学《せいかがく》・分子生物学《ぶんしせいぶつがく》などの分野《ぶんや》で知られる化学者。理学博士。

180 **注3　四門出遊《しもんしゅつゆう》**　釈尊《しゃくそん》が太子《たいし》のとき、王城《おうじょう》の四つの門から遊《あそ》びに出て、人身《じんしん》に生老病死《しょうろうびょうし》の四苦《しく》があることを知り、憂悩《うのう》し、それを契機《けいき》に出家《しゅつけ》したという伝承《でんしょう》がある。

182 **注4**　「十如是事《じゅうにょぜじ》」に「本覚《ほんがく》のうつつの覚《さとり》にかへりて法界《ほうかい》をみれば皆寂光《みなじゃっこう》の極楽《ごくらく》にて日来賤《ひごろいやし》と思ひし我《わ》が此《こ》の身が三身即一《さんじんそくいち》の本覚の如来《にょらい》にてあるべきなり、秋のいねには早《わせ》と中《なか》と晩《おく》との三《みつ》のいね有《あ》れども一年が内《うち》に収《おさ》むるが如《ごと》く、此れも上中下の差別《さべつ》ある人なれども同じく一生の内に諸仏《しょぶつ》如来と一体不二《いったいふに》に思い合《あわ》せてあるべき事《こと》なり」（四一一㌻）とある。

184 **注5**　「生きてること自体が、絶対に楽しいということが仏《ほとけ》ではないだろうか。これが、大聖人様の御境界《ごきょうがい》を得《え》られることではないだろうか。首斬《くびき》られるといったって平気《へいき》だし。ぼくらなんかだったら、あわてる、それは。あんな佐渡《さど》へ流されて、弟子《でし》にいろいろ教えていらっしゃるし、開目抄《かいもくしょう》や観心本尊抄《かんじんのほんぞんしょう》をおしたためになったりしておられるのだから。あんな大論文は安心してなければ書けません」（『戸田城聖全集』第二巻）

185 「成仏《じょうぶつ》の境涯《きょうがい》とは絶対の幸福境《きょう》である。なにものにも侵《おか》されず、なにものにもおそれず、瞬間《しゅんかん》瞬間の生命が澄《す》みきった大海《たいかい》のごとく、雲一片《くもいっぺん》なき虚空《こくう》のごときものである。大聖人の佐渡御《さどご》流罪中《るざいちゅう》のご境涯はこのようなご境涯であったと拝される」（『戸田城聖全集』第三巻）

注6　ツヴァイク　一八八一年～一九四二年。オーストリア生まれの詩人《しじん》・作家。第一次世界大

戦の時、スイスで反戦《はんせん》運動に参加。戦後、『ジョセフ・フーシェ』などの伝記《でんき》小説を著《あらわ》す一方、鋭《するど》い評論《ひょうろん》などを書いた。ナチス・ドイツから逃《のが》れてイギリスに行き、次いでブラジルに渡《わた》った。

195 **注7** 「妙《みょう》とは具《ぐ》の義なり具とは円満《えんまん》の義なり」（九四四ページ）、「妙と申す事《こと》は開《かい》と云《い》う事なり」（九四三ページ）、「妙とは蘇《そ》生《せい》の義なり蘇生と申すはよみがへる義なり」（九四七ページ）

199 **注8** **マートリチェータ** 二世紀ごろ活躍《かつやく》した仏教詩人《しじん》。摩咥哩制吒《まちりせいた》と音写《おんしゃ》する。代表作『一百五十讃仏頌《さんぶつしょう》』には、空《くう》や六波羅蜜《ろくはらみつ》など大乗《だいじょう》の教理《きょうり》も謳《うた》いこまれている。

203 **注9** **凡夫即極《ぼんぷそくごく》、諸法実相《しょほうじっそう》** 凡夫即極とは、普通《ふつう》の人間（凡夫）にこそ尊極《そんごく》の仏《ほとけ》の境涯《きょうがい》が現れるということ。諸法実相とは、あらゆるものごと（諸法）が覚《さと》りの真実《しんじつ》（実相）の現れであるという真理《しんり》。

204 **注10** **秘妙方便《ひみょうほうべん》** 仏《ほとけ》の真実《しんじつ》の悟《さと》りを明かした法華経に説かれる方便。方便とは人々を教え導《みちび》く手《て》立《だ》てとなる教え。他経《たきょう》の方便は、当座《とうざ》の理解のための便宜上《べんぎじょう》のものであるが、法華経の方便は真実に立脚《りっきゃく》しており、それ自体《じたい》が成仏《じょうぶつ》へと直結《ちょっけつ》する働《はたら》きをもつ。

異体同心《いたいどうしん》

――久遠《くおん》の誓《ちか》いに生きる同志の勝利の連帯《れんたい》

師弟《してい》の縦糸《たていと》と異体同心の横糸《よこいと》が織《お》り成《な》す錦《にしき》

斉藤　峻厳《しゅんげん》なる師弟の月、七月を迎《むか》えました。七月の三日を中心に、身を賭《と》して権力の魔性《ましょう》と戦われた三代会長の師弟の魂《たましい》が刻《きざ》まれています。何としても民衆の幸福を実現していくという「広宣流布」の精神《せいしん》が輝《かがや》いています。

名誉会長　仏法の師弟は「法」を根本とした人間対人間の関係です。

一般に師弟関係は、知識《ちしき》、技能《ぎのう》、技芸《ぎげい》など、師から弟子《でし》へと伝えるべき〝何か〟があるときに成り立つ人間関係です。仏法の場合は「法」がそれです。「法」を正しく実践《じっせん》し、確かに伝えていくためには、どうしても師弟の関係が必要です。

大聖人は御自身の実践《じっせん》においても、門下《もんか》への信心指導においても、「法に依《よ》って人に依らざれ」[注1]との戒《いまし》めをどこまでも大切にされた。

そして、法華経を如説修行《によせつしゆぎよう》する法華経の行者《ぎようじや》をこそ「求めて師《し》とすべし」（二三〇ジペー）と言われた。

私どもの信心は、どこまでも「法」が根本です。法を実践し、法を弘《ひろ》める――一生成仏《いっしょうじょうぶつ》と広宣流布という崇高《すうこう》な大目的を成就《じょうじゅ》するために、皆《みな》が心を合わせ、団結して活動を進めていく必要がある。

そのために、どうしても「法を正しく行《ぎよう》ずる師」が必要なのです。

ゆえに日興上人《にっこうしょうにん》は、「師弟《してい》を正《ただ》さなければ成仏はない」と厳《きび》しく言われています。[注2]

森中　師弟こそ、令法久住《りようぼうくじゆう》のための永遠《えいえん》の方程式《ほうていしき》ですね。

名誉会長　師弟の絆《きずな》のほかに、法を根本にした人間と人間の絆は、もう一つあります。

それは、同志の絆です。その最高の在り方が「異体同心《いたいどうしん》」です。

仏法の和合僧《わごうそう》[注3]は二つの面から見ることができます。

それは、織物《おりもの》の縦糸《たていと》と横糸《よこいと》に譬《たと》えることができるでしょう。

織物《おりもの》を織《お》る機《はた》では、まず縦糸《たていと》を張《は》る。そこに横糸《よこいと》を通して、布《ぬの》を織り上げていく。縦糸に当《あ》たるのが、「師弟《してい》」です。横糸に当たるのが、「同志」です。この二つが綾《あや》なして、見事な広宣流布の錦《にしき》が綴《つづ》られていくのです。ごく一部の例外を除《のぞ》いて、多くの織物では、縦糸は布の骨組《ほねぐ》みをなすものです。模様《もよう》を描《えが》き出すのは、横糸です。

学会の組織もまた、根本の師弟の絆《きずな》に支《ささ》えられていればこそ、弟子《でし》の連帯《れんたい》の素晴《すば》らしい人間模様も描けるのです。

森中　同志という言葉は、「志《こころざし》を同じくする人々」という意味です。同じく同志といっても、その志に高低浅深《こうていせんじん》の違いがあります。

名誉会長　そうです。そこが大事です。

学会の同志は、「広宣流布」の同志です。世界広布という高い志を同じくする友の連帯です。自身の一生成仏《いっしょうじょうぶつ》を信じ、万人《ばんにん》の成仏を願う心です。具体的には、同じ御本尊を信じ、広布に生きることです。「依法不依人《えほうふえにん》」（法に依《よ》って人に依らざれ）です。

今回は、この「異体同心《いたいどうしん》」の団結について語っていこう。

互《たが》いを活《い》かす「水魚《すいぎょ》の思い」

斉藤　まず、「生死一大事血脈抄《しょうじいちだいじけつみゃくしょう》」には、次のように異体同心《いたいどうしん》の重要性《じゅうようせい》を指摘されています。

「総じて日蓮が弟子檀那等《でしだんなら》・自他彼此《じたひし》の心なく水魚の思《おもい》を成《な》して異体同心にして南無妙法蓮華経と唱《とな》え奉《たてまつ》る処《ところ》を生死一大事の血脈とは云《い》うなり、然《しか》も今日蓮が弘通《ぐつう》する処の所詮《しょせん》是《これ》なり、若《も》し然《しか》らば広宣流布の大願《だいがん》も叶《かな》うべき者か」（一三三七ジペー）注4

〈**通解**〉総じて日蓮の弟子檀那らが、自分と他人、彼と此《これ》との分け隔《へだ》てなく、水と魚のように互いに助け合う心で、異体同心に南無妙法蓮華経と唱え奉るところを生死一大事の血脈というのである。しかも、今、日蓮が弘通することの肝要《かんよう》は、これである。もし、この通りに実践《じっせん》するならば、広宣流布の大願も成就《じょうじゅ》するであろう。

名誉会長　ここで、大聖人は、門下《もんか》が自他の分け隔てをすることなく、互いに支《ささ》えあい、励《はげ》ましあう異体同心の信心で、南無妙法蓮華経と唱えていくところに、生死一大事の血脈《けつみゃく》がある、と示されています。

また、この異体同心《いたいどうしん》の信心で唱《とな》える題目こそ、大聖人が「弘通《ぐつう》する処《ところ》の所詮《しょせん》」であるとされている。そして、この異体同心の信心によって、広宣流布の大願《だいがん》も叶《かな》うと仰《おお》せです。

斉藤　大聖人は、それほど「異体同心の信心」を大事にされていたのですね。

名誉会長　戸田先生も、「生死一大事血脈抄《しょうじいちだいじけつみゃくしょう》」のこの一段を、常々《つねづね》、大切にされ、後世《こうせい》のために、厳《げん》として講義《こうぎ》されていた。そして、この大聖人の血脈が、脈々《みゃくみゃく》と流れ通《かよ》う広宣流布の和合僧《わごうそう》こそ創価学会なのであると、凜然《りんぜん》と訴《うった》えられていた。

「戸田の命《いのち》よりも大切な学会の組織」を何ものにも破《やぶ》らせてはならないと、師子吼《ししく》されていた。

創価学会は、永遠《えいえん》に、異体同心の団結で勝っていくのだ、とも言われていた。

仏意仏勅《ぶついぶっちょく》の学会を守り、強めていく以外に、広宣流布は絶対にあり得《え》ないことを、先生は、烈々《れつれつ》たる気迫《きはく》で、「遺言《ゆいごん》」として訴えられたのです。

信心の団結こそ、広布の要諦《ようてい》です。

森中　この御文《ごもん》では、「自他彼此《じたひし》の心」がなく「水魚《すいぎょ》の思《おもい》」を成《な》す状態《じょうたい》が「異体同心」

であるとされていますね。

名誉会長　「自他彼此《じたひし》の心なく」とは、同じ大聖人門下《もんか》同士《どうし》で、相対立《あいたいりつ》し排斥《はいせき》しあう心がないことです。

「水魚《すいぎょ》の思《おもい》を成《な》し」とは、互《たが》いをかけがえのない存在、自分にとって不可欠《ふかけつ》な存在として大切に思う心、互いを活《い》かす心といえるでしょう。

このように、心を一つにして互いに助け合うさまが、「異体同心《いたいどうしん》」です。

「水魚の思」という言葉は、『三国志《さんごくし》』注5の「君臣《くんしん》水魚の交《まじ》わり」が有名《ゆうめい》だね。〝諸葛孔明《しょかつこうめい》(水《みず》)を得《え》た劉備玄徳《りゅうびげんとく》(魚《さかな》)は大きく飛躍《ひやく》し、また孔明も自《みずか》らの力を十分発揮《はっき》し得《え》た〟という故事《こじ》に基《もと》づく成語《せいご》です。注6　互いに支《ささ》えあい、助けあうことによって、個性《こせい》や持てる力を大きく発揮していく関係です。

森中　「団結」が強調《きょうちょう》されると、ともすれば、「個人・個性」は押《お》しつぶされ埋没《まいぼつ》してしまいます。しかし、大聖人の異体同心は違います。

個性の抑圧《よくあつ》は、万人《ばんにん》に仏性《ぶっしょう》ありとして一人《ひとり》ひとりを尊《とうと》ぶ法華経の精神《せいしん》に反します。

名誉会長　あくまでも、すべての人の個性が重んじられ活かされていく団結を、大聖人は「異体同心《いたいどうしん》」という言葉をもって見事に示されているのです。

斉藤　一般にも、さまざまな組織論が説かれています。しかし、一人《ひとり》の力を最大限《さいだいげん》に発《はっ》揮《き》させる組織の最高の原理《げんり》は「異体同心」であると思います。

名誉会長　その通りです。「異体同心」こそ、人間を尊重《そんちょう》し、人間の可能性を最大限に開花《かいか》させる、最高の組織論といえる。

「異体」――各人は、使命《しめい》も適性《てきせい》も状況《じょうきょう》も違っている。

「同心」――しかし心は一体でいきなさいというのです。

「異体異心《いしん》」では、バラバラになってしまう。

「同体同心《どうたい》」というのは、個性《こせい》を認《みと》めぬ集団主義であり、全体主義になってしまう。これでは、個々の力を発揮させていくことはできない。

森中　「異体」でありながら「同心」で一致《いっち》する、「同心」を基礎《きそ》として「異体」が活躍《かつやく》する。これが、理想《りそう》の組織ですね。

名誉会長　使命のない人などいません。一人ひとりに偉大《いだい》な可能性がある。それを実現させるには、どうすればいいのか。

一人《ひとり》が人間革命《かくめい》すれば、皆《みな》に勇気《ゆうき》を与《あた》える。希望を与える。確信《かくしん》を与える。触発《しょくはつ》が触発を生み、その連鎖《れんさ》によって、偉大《いだい》な変革《へんかく》のエネルギーが発揮《はっき》されるようになる。

斉藤　その意味では、創価学会こそ、一人を大切にすることに最《もっと》も深い心を持った真《しん》の民主的な組織だと感じています。

名誉会長　利害《りがい》で結《むす》ばれた団体でもない。権力で統制《とうせい》された団体でもない。人間を輝《かがや》かせる仏法を広宣流布するという大理《だいり》想《そう》で合致《がっち》した、人間性の真髄《しんずい》の団体です。それは人間対人間の深き信頼《しんらい》の結晶《けっしょう》でもある。

森中　本当に、そう実感します。学会ほど麗《うるわ》しい幸福の連帯《れんたい》はないと思います。創価学会を築《きず》き上げた三代の会長に感謝《かんしゃ》は尽《つ》きません。

戦前の創価教育学会の時代、すでに牧口先生は言われています。

「自己を空《くう》にせよということは嘘《うそ》である。自分もみんなも共《とも》に幸福になろうというのが本当である」（『牧口常三郎全集』第十巻）〈一九四一年、東京・神田の臨時総会で〉

名誉会長　国中が全体主義に狂《くる》っていた時代です。牧口先生は、その真《ま》っ直中《ただなか》にあって注7「滅私奉公《めっしほうこう》」の考え方を明確《めいかく》に否定《ひてい》しておられた。

日蓮大聖人は「自他共《じたとも》に智慧《ちえ》と慈悲《じひ》と有《あ》るを喜《き》とは云《い》うなり」（七六一㌻）と仰《おお》せです。自分も他者も共に幸福になる世界を築《きず》く。「滅私《めっし》」でなく「活私《かっし》」――これが、日蓮仏法の真髄《しんずい》であり、学会の根本の精神《せいしん》です。

斉藤　その当時の創価教育学会の綱領《こうりょう》にも、こう掲《かか》げられています。

「本会は他を顧《かえり》み得《え》ぬ近視《きんし》眼的《がんてき》世界観に基《もと》づく個人主義の利己的《りこてき》集合にあらず、自己を忘《わす》れて空観《くうかん》する遠視《えんし》眼的《がんてき》世界観に基づく虚偽《きょぎ》なる全体主義の集合にもあらず、自他倶《とも》に安《やす》き注8寂光土《じゃっこうど》を目指す正視《せいし》眼的《がんてき》世界観による真《しん》の全体主義の生活の実験証明《じっけんしょうめい》をなすを以《もっ》て光栄《こうえい》とす」（『牧口常三郎全集』第十巻）

名誉会長　「近視眼的世界観」とは、自分の利益《りえき》だけを考える利己主義です。「遠視眼的世界観」とは、国家や民族のために、個々の人間を犠牲《ぎせい》にする全体主義です。

これに対して、牧口先生が掲《かか》げた「正視眼的世界観」は、「自他共の幸福」を目指す道です。ここでいう「真の全体主義」とは、個人と全体の調和《ちょうわ》です。一人《ひとり》ひとりが自己の幸福を開花《かいか》させながら、いかに社会全体の平和と繁栄《はんえい》に寄与《きよ》していくかを志向《しこう》している。理《り》想《そう》にとどまるのではなく、現実の人生と社会において「実験」し、「証明《しょうめい》」する。牧口先生は、生活法の根本であり、価値創造《かちそうぞう》の大法《だいほう》である大聖人の仏法によって、これが可能であると把握《はあく》されたのです。ここに、「創価学会の出発点」があります。

森中　その創価の世界は、国境《こっきょう》を越《こ》え、民族を越え、文化を越えて、今や百八十一カ国・地域に広がっております。まさに仏法史上《しじょう》、空前絶後《くうぜんぜつご》の偉業《いぎょう》だと思います。

斉藤　学会の発展《はってん》を、日蓮大聖人が、どれほどお喜びでしょうか。

名誉会長　日蓮大聖人の全生命は、仏意仏勅《ぶついぶっちょく》の広宣流布を遂行《すいこう》する創価学会に流れています。創価学会という和合僧団《わごうそうだん》を離《はな》れて、大聖人の血脈《けつみゃく》も、信心の血脈も絶対にありえません。

創価学会を守ることが、そのまま、大聖人の信心の血脈を守ることになる。自身の生命に信心の血脈を流れ通《かよ》わせることができる。学会を離れて、真実《しんじつ》の仏法の実践《じっせん》はない。

「同心《どうしん》」とは「広宣流布を目指す信心」

森中　大聖人は、特に難《なん》と戦う門下《もんか》たちに対して異体《いたい》同心を強調《きょうちょう》されています。[注9]熱原《あつはら》の法難《ほうなん》で戦う信徒《しんと》に対して認《したた》められた「異体同心事《いたいどうしんじ》」の一節を拝読《はいどく》してみます。

「あつわら《熱原》の者どもの御心《おんこころ》ざし異体同心なれば万事《ばんじ》を成し同体異心《どうたいいしん》なれば諸事《しょじ》叶《かな》う事《こと》なしと申す事は外典《げてん》三千余巻《よかん》に定《さだま》りて候《そうろう》、注10 殷《いん》の紂王《ちゅうおう》は七十万騎《まんき》なれども同体異心なればいくさ《軍》にまけ《負》ぬ、周《しゅう》の武王《ぶおう》は八百人なれども異体同心なればかち《勝》ぬ、一人の心なれども二つの心あれば其《そ》の心たがい《違》て成《じょう》ずる事なし、百人・千人なれども一つ心なれば必ず事を成ず、日本国の人人は多人《たにん》なれども体同《たいどう》異心なれば諸事成ぜん事かたし、日蓮が一類《いちるい》は異体同心なれば人人すくなく候《そうら》へども大事《だいじ》を成じて・一定《いちじょう》法華経ひろまりなんと覚《おぼ》へ候《そうろう》、悪《あく》は多《おお》けれども一善《いちぜん》にかつ事なし、譬《たと》へば多くの火あつまれども一水《いっすい》にはきえ《消》ぬ、此《こ》の一門《いちもん》も又《また》かくのごとし」（一四六三㌻）

〈**通解**〉熱原《あつはら》の人々のお志《こころざし》について言えば、異体同心であれば万事を成《な》し遂《と》げることができるであろうが、しかし、同体異心であれば諸事万般《ばんぱん》にわたって叶うことはないであろう。このことは、外典の三千余巻の書物にも定まっていることである。

殷の紂王は、七十万騎であったが、同体異心であったので、戦いに負《ま》けてしまった。周の武王は、わずか八百人であったけれど、異体同心であったので、勝ったのである。

一人《ひとり》の心であっても、二つの心があれば、その心が嚙《か》みあわず、ものごとを成《な》し遂《と》げることができない。たとえ百人・千人であっても、一つの心であれば、必ずものごとを成し遂げることができる。日本国の人々は大勢《おおぜい》であるが、体同異心《たいどういしん》であるので、諸事万般《しょじばんぱん》にわたり成し遂げることは難《むずか》しい。それに対して、日蓮の門下《もんか》は異体同心《いたいどうしん》であるので、人々は少ないけれども、大事を成し遂げて、必ず法華経が広まるであろうと考えるのである。
悪《あく》は多けれども一善《いちぜん》に勝つことはない。譬《たと》えば、多くの火が集まっても、一つの水《みず》に消《き》えるようなものである。この一門《いちもん》も、また同じである。

斉藤　ここでは、「異体同心」と「同体《どうたい》異心（体同異心）」とを対比《たいひ》させて、「異体同心」が勝利の要諦《ようてい》であることを教えられています。

この対比には、殷《いん》の紂王《ちゅうおう》と周《しゅう》の武王《ぶおう》との戦いを例として挙《あ》げられています。殷の紂王軍を「同体異心」の例とし、周の武王軍を「異体同心」の例とされています。

名誉会長　殷と周の戦いについては、司馬遷《しばせん》の『史記《しき》』注11に詳《くわ》しいね。

森中　はい。『史記』の「周本紀第四《しゅうほんぎ》」によると、紂王の軍は、殷の正規軍《せいきぐん》で七十万という大軍《たいぐん》であったけれども、兵士《へいし》たちは暴虐《ぼうぎゃく》の紂王を見放《みはな》し、もはや紂王のためにも、殷王朝《おうちょう》のためにも戦おうという気持ちにはなっていなかった。それで、武器《ぶき》をさかさまにして武王《ぶおう》を受《う》け容《い》れた、ということです。注12

名誉会長 大聖人は、名目上《めいもくじょう》は殷軍《いんぐん》として一つの軍旗《ぐんき》のもとに束《たば》ねられていたことを指して「同体《どうたい》」と言われ、紂王《ちゅうおう》および殷王朝のために戦う気持ちはなかったことを指して「異心《いしん》」と言われたのだね。

森中 はい。それに対して、『史記《しき》』によると、武王軍は厳密《げんみつ》にいうと諸侯《しょこう》の連合軍《れんごうぐん》であり、それぞれの旗《はた》を掲《かか》げていました。したがって、名目上は一つの軍にはなっていなかったのです。注13

斉藤 それが「異体《いたい》」ということですね。

名誉会長 しかし、紂王を倒《たお》し、正義《せいぎ》が栄《さか》える新しい時代を開こうという心は同じであった。これを「同心《どうしん》」と言われている。

「同体」か「異体」かは、この軍勢《ぐんぜい》の例でいえば、一つの旗じるしと指揮系統《しきけいとう》のもとに統括《とうかつ》された軍隊であるかどうかです。

これに対し、「同心」か「異心」かは、目的意識《いしき》が一つになっているか否《いな》かを指して述べられていることが分かります。

形《かたち》の上では同体《どうたい》でも、心がばらばらでは何事も叶《かな》いません。反対に、形の上では異体《いたい》でも、心が一つであれば何事も成就《じょうじゅ》できます。

斉藤　「同心《どうしん》」とは「同じ目的意識《いしき》に立つこと」であることが分かります。大聖人の仏法においては具体的に「広宣流布を目指す」という目的意識をもつことが「同心」と言えると考えられます。

名誉会長　そうだね。「生死一大事血脈抄《しょうじいちだいじけつみゃくしょう》」では、異体同心の信心によって「広宣流布の大願《だいがん》も叶うべき者か」（一三三七㌻）と言われている。

また、「異体同心事」では、日蓮の一門《いちもん》の異体同心の団結によって、「大事を成《じょう》じて・一定《いちじょう》法華経ひろまりなんと覚《おぼ》へ候《そうろう》」（一四六三㌻）と仰《おお》せです。

これらを拝すれば、「同心」の「心」とは、「広宣流布を目指す信心」であることは明らかです。

「広宣流布」は、万人《ばんにん》の成仏《じょうぶつ》を目指す仏《ほとけ》の大願《だいがん》です。法華経の要《かなめ》の教えです。その仏の大願を我《わ》が心として、勇《いさ》んで広宣流布の実践《じっせん》を起こしていくのが「同心」です。

森中　法華経では、釈尊滅後《しゃくそんめつご》、悪世末法《あくせまっぽう》において不惜身命《ふしゃくしんみょう》で法華経を弘通《ぐつう》すべきことを繰《く》り返し説かれています。その通りに実践《じっせん》したのが大聖人です。その法華経の心、大聖人の御精神《ごせいしん》に同心《どうしん》していくのですね。

斉藤　大聖人の御精神と実践を継《つ》いで広宣流布に尽《つ》くしてこそ、真《しん》の門下《もんか》といえます。

「諸法実相抄《しょほうじっそうしょう》」には、次のように仰《おお》せです。

「いかにも今度《こんど》・信心をいたして法華経の行者《ぎょうじゃ》にてとをり、日蓮が一門《いちもん》となりとをし給《たま》うべし、日蓮と同意《どうい》ならば地涌《じゆ》の菩薩《ぼさつ》たらんか、地涌の菩薩にさだまりなば釈尊久遠《くおん》の弟子《でし》たる事《こと》あに疑《うたが》はんや、経《きょう》に云《いわ》く『我久遠より来かた是等《これら》の衆《しゅ》を教化《きょうけ》す』注14とは是なり、末法《まっぽう》にして妙法蓮華経の五字を弘《ひろ》めん者は男女《なんにょ》はきらふべからず、皆《みな》地涌の菩薩の出現《しゅつげん》に非《あら》ずんば唱《とな》へがたき題目なり、日蓮一人《いちにん》はじめは南無妙法蓮華経と唱へしが、二人・三人・百人と次第《しだい》に唱へつたふるなり、未来《みらい》も又《また》しかるべし、是あに地涌の義《ぎ》に非《あら》ずや」（一三六〇ジペー）

〈**通解**〉何としても、この人生で信心をしたからには、法華経の行者として生き抜き、日蓮の一門となりとおしていきなさい。日蓮と同意であれば地涌の菩薩であることは間違いないであろう。
地涌《じゆ》の菩薩《ぼさつ》と定《さだ》まったならば、釈尊《しゃくそん》の久遠《くおん》以来の弟子《でし》であることは疑《うたが》いない。法華経に「我《われ》久遠より来《この》かた是等《これら》の衆《しゆ》を教化《きょうけ》す」とある通りである。
末法《まっぽう》において妙法蓮華経の五字を弘《ひろ》める者は、男女《だんじょ》の差別《さべつ》はない。みな地涌の菩薩の出現《しゅつげん》であり、そうでなければ唱《とな》えがたい題目なのである。はじめは日蓮が一人《ひとり》で南無妙法蓮華経と唱えたが、二人、三人、そして百人と、次第《しだい》に唱え伝えてきたのである。未来《みらい》もまた同様《どうよう》であろう。これこそ地涌の義《ぎ》ではないだろうか。

森中　大聖人の門下《もんか》として、大聖人と「同意《どうい》」で実践《じっせん》に励《はげ》む人は、男女を問わずすべて「地涌の菩薩」であると讃《たた》えられていますね。

名誉会長　この仰《おお》せの前には、三類《さんるい》の強敵《ごうてき》による難《なん》をも恐《おそ》れず、妙法を弘通《ぐつう》される大聖人の「忍難《にんなん》弘通の慈悲《じひ》の精神《せいしん》」が述べられています。大聖人と「同意」とは、この御精神を我《わ》が心としていきなさいということです。
この悪世《あくせ》末法において、いかなる苦難《くなん》に遭《あ》おうとも、自行化他《じぎょうけた》にわたって南無妙法蓮華経と唱えていく人が、末法弘通の付嘱《ふぞく》[注15]を受けた「地涌の菩薩」です。

忍難弘通《にんなんぐつう》の実践自体《じっせんじたい》が、その証拠《しょうこ》であると教えられているのです。地涌《じゆ》の菩薩《ぼさつ》の先達《せんだつ》として、大聖人がただ一人《ひとり》立ち上がられた。そして、さまざまな迫害《はくがい》が続いたにもかかわらず、二人、三人、百人と広がっていったのです。そこに「日蓮が一《いち》門《もん》」の和合僧《わごうそう》ができあがっていったのです。

斉藤　さきほど、「生死一大事血脈抄《しょうじいちだいじけつみゃくしょう》」の御文《ごもん》を拝読《はいどく》しましたが、御書を拝していくと、日蓮大聖人がいかに和合僧の集《つど》いを大切にされているか。末法《まっぽう》においては、広宣流布を目指して戦う集いに参加する以外に「成仏《じょうぶつ》の道」は絶対にありえないことが分かります。

名誉会長　そもそも日蓮大聖人の時代における門下《もんか》たちの絆《きずな》はどうだったのか。おそらく、一般に考えられている以上に、門下たちの相互《そうご》のつながりは深かったに違いない。御書を拝せば、そうした門下たちの絆の深さもよく分かる。

斉藤　有名《ゆうめい》なのは、「可延定業書《かえんじょうごうしょ》」でしょうか。富木常忍《ときじょうにん》の奥さんの富木尼《あま》の具合が悪くて、ともすると病気と闘《たたか》う気力《きりょく》がなくなっている様子のなかで、大聖人が絶対に負《ま》けてはいけないと強く励《はげ》まされている御書です。

大聖人門下《もんか》の同志の絆《きずな》

森中　医者でもある四条金吾《しじょうきんご》は、富木尼《ときあま》の身を本当に深く心配し、大聖人に御報告した。そのことを大聖人が富木尼に伝えて、早く四条金吾に診察《しんさつ》してもらうよう勧《すす》めているお手紙ですね。

こうあります。

「富木殿も此《こ》の尼ごぜんをこそ杖柱《つえはしら》とも恃《たのみ》たるになんど申して候《そうら》いしなり随分《ずいぶん》にわび候いしぞ・きわめて・まけじ《不負》たましの《魂》人にて我《わ》がかたの事《こと》をば大事《だいじ》と申《もう》す人なり」（九八六ジペー）

〈**通解**〉金吾殿は「富木常忍《じょうにん》殿もこの尼御前を杖とも柱とも頼《たの》みにしているのに」等と言っていました。非常に心配していたのですよ。金吾殿は極《きわ》めて負《ま》けじ魂《だましい》の人で、自分の味方《みかた》（信心の同志）のことを大事に思う人です。

名誉会長　四条金吾と富木常忍と言えば、ともに門下の中心的存在であり、草創《そうそう》以来の戦う同志です。だから、金吾《きんご》にとってみても、富木常忍《ときじようにん》の心労《しんろう》が、我《わ》がことのように感じられたのでしょう。そうした心情《しんじよう》がストレートに伝わってくる。

また、それをそのまま本人に教える大聖人の御心《おこころ》もありがたいことです。病気の時の同志の真心《まごころ》の励《はげ》ましは、万《まん》の薬《くすり》にも匹敵《ひつてき》する。〝皆《みな》が応援《おうえん》していますよ。あなたが健康《けんこう》になる日を楽《たの》しみに、皆が唱題《しようだい》していますよ〟という励ましに、どれだけ勇気《ゆうき》が込《こ》み上げてくることか。

病気に限《かぎ》らず、宿命《しゆくめい》と戦う人は周囲《しゆうい》が感じる以上に孤独《こどく》を味《あじ》わっている。その時に、支《ささ》えてくれる同志がどれほど力強い応援団になることか。学会の同志ほどありがたいものはありません。

森中　門下《もんか》たちは常日頃《つねひごろ》から集まっては語りあっていたようです。以前、先生が講義《こうぎ》してくださった「単衣抄《ひとえしよう》」注16の末尾《まつび》にも「此《こ》の文《ふみ》は藤四郎殿女房《とうしろうどのにようぼう》と常により合いて御覧《ごらん》あるべく候《そうろう》」（一五一五ジペー）とあります。この「単衣抄」は、だれに送られたかは不明《ふめい》ですが、藤四郎殿女房は四条《しじよう》金吾夫妻とも親交《しんこう》があった人です。

名誉会長　「常により合いて」ですから、互《たが》いに緊密《きんみつ》に連携《れんけい》を取り合って広布と人生を語り合う間柄《あいだがら》だったのではないだろうか。
大聖人から、〝君たちは[注17]修利槃特《すりはんどく》のような三人〟だと言われた門下《もんか》がいたね。

斉藤　千葉の大田金吾《おおたきんご》と曾谷入道《そやにゅうどう》、金原法橋《かなはらほっきょう》です。
「修利槃特と申《もう》すは兄弟二人《きょうだいふたり》なり、一人《ひとり》もありしかば・すりはんどくと申すなり、各各《おのおの》三人は又《また》かくのごとし一人も来《きた》らせ給《たま》へば三人と存《ぞん》じ候《そうろう》なり」（一〇〇〇ページ）
ちょうど、この御書は大聖人が竜《たつ》の口《くち》の法難《ほうなん》の直後、相模《さがみ》（神奈川県）の依智《えち》に滞在《たいざい》していた時のお手紙です。竜の口から一カ月がたち、緊迫《きんぱく》が続いているさなかに、みんなの仲《なか》の良《よ》さは修利槃特の兄弟みたいだね、と言われています。

森中　佐渡《さど》の国府尼御前《こうあまごぜん》に与《あた》えられたお手紙では、千日尼《せんにちあま》と一緒《いっしょ》にこの手紙を読みなさいと言われています。[注18]阿仏房《あぶつぼう》・千日尼夫妻と、国府入道・尼夫妻が、家族同様《どうよう》のつながりをしていたことがうかがえます。

名誉会長　阿仏房夫妻には、信心がしっかりした子息《しそく》がいた。反対に、国府入道夫妻には、どうも子どもがいなかったようだ。それぞれ境遇《きょうぐう》が違っても、共《とも》に手を携《たずさ》えて広宣流布に邁進《まいしん》していた様子が伝わってきます。

大聖人は、門下《もんか》に常に〝仲良《なかよ》く、互《たが》いに励《はげ》ましていきなさい〟と指導されていた。「法華行者逢難事《ほっけぎょうじゃほうなんじ》」には、常日頃《つねひごろ》から、皆《みな》が集まっては、大聖人のお手紙を読んで法門《ほうもん》の学習をしたり、一生成仏《いっしょうじょうぶつ》・広宣流布を目指して語り合っていた様子がうかがえます。今で言えば、座談会や協議会などでしょう。

斉藤　「富木《とき》[注19]・三郎左衛門《さぶろうざえもん》の尉《じょう》・河野辺《かわのべ》・大和阿闍梨《やまとあじゃり》等《とう》・殿原《とのばら》・御房達《ごぼうたち》各各互《おのおのたがい》に読聞《よみき》けまいらせさせ給《たま》え、かかる濁世《じょくせ》には互《たがい》につねに・いゐあわせてひまもなく後世《ごせ》ねがわせ給い候《そうら》へ」（九六五㌻）と仰《おお》せです。

「かかる濁世には」と仰せられているところに重要《じゅうよう》な点があるような気がします。

名誉会長　そう。「濁世」だから、互いに励ましあって前進していくのです。

もともと、仏道修行《しゅぎょう》そのものが独《ひと》りで成就《じょうじゅ》できるものではない。「名聞名利《みょうもんみょうり》の風はげしく仏道修行の灯《ひ》は消《き》えやすし」（一四四〇㌻）だからです。

皆で励ましあって、支《ささ》えあって前進していくのです。互いに善知識《ぜんちしき》となっていくのです。

森中　「三三蔵祈雨事《さんさんぞうきうのこと》」にも、善知識が大切であると仰せです。[注20]

名誉会長　仏道修行《しゅぎょう》は常に障魔《しょうま》との戦いです。絶《た》えず悪縁《あくえん》・悪知識《あくちしき》のなかで修行をしていかなければならない。

例えば、天台《てんだい》のように、山林《さんりん》に籠《こも》って、そうした悪縁・悪知識を遮断《しゃだん》しながら修行する生き方もあるかもしれないが、現代人が日常生活のなかで仏道修行をするには、如蓮華在《にょれんげざい》水《すい》とあるように、悪縁のなかで人間として光り輝《かがや》いていくなかにしか、凡夫《ぼんぷ》の成仏《じょうぶつ》の道はない。

だからどうしても善《ぜん》知識の集団が仏道修行の成就《じょうじゅ》のためには不可欠《ふかけつ》となる。

いわんや、末法《まっぽう》の修行というのは、そうした一般論の範囲《はんい》では収《おさ》まらない。邪法《じゃほう》・邪師《じゃし》が横行《おうこう》して人々をたぶらかすからです。「立正安国論《りっしょうあんこくろん》」でも「悲《かなし》いかな数十年の間《あいだ》百千万人の人魔縁《まえん》に蕩《とろ》かされて多く仏教に迷《まよ》えり」（二四ジペー）と示されている。

森中　注21法然《ほうねん》が登場《とうじょう》し念仏《ねんぶつ》を弘《ひろ》めだしてからわずか数十年で、多くの人がだまされていく。民衆は幸福になろうと願っているのに、知らないうちにだまされて蕩かされる。

斉藤　悪人《あくにん》は多し、善人《ぜんにん》は少なしですね。しかし、善人が敗《やぶ》れてしまえば末法は永久《えいきゅう》に闇《やみ》です。

「団結」こそ魔《ま》を打ち破《やぶ》るカギ

名誉会長　だから異体同心《いたいどうしん》が重要《じゅうよう》になってくる。「悪《あく》は多けれども一善《いちぜん》にかつ事《こと》なし」（一四六三ジペー）です。悪の連合軍《れんごうぐん》に勝つためには善人《ぜんにん》が強くならねばならない。団結していかなければならない。善人が勝たなければ悪人《あくにん》の天下《てんか》です。

民衆の幸福のため、平和と安定のために、悪と戦う善人の組織が結成《けっせい》されることは末法《まっぽう》に善を拡大《かくだい》するための当然の帰結《きけつ》です。

魔性《ましょう》の本質は、善人の集《つど》いの分断《ぶんだん》です。悪人は、容易《ようい》に結集《けつしゅう》していく。常にそれとの戦いであることを忘《わす》れてはならない。

森中　善人が団結しづらく、悪人が団結しやすいのも、一見《いっけん》、変な話です。

名誉会長　低《ひく》い窪地《くぼち》に水たまりができるようなものです。低い目的観だから、すぐ野心《やしん》や利害《りがい》で結《むす》びつく。野合《やごう》する。

崇高《すうこう》な目的観に基《もと》づいた団結が、いかに重要であるか。大切な広宣流布の組織を絶対に壊《こわ》されてはならない。破壊《はかい》は一瞬《いっしゅん》、建設は死闘《しとう》です。

斉藤　長年培《つちか》ってきた人間の信頼《しんらい》も、一瞬の分断《ぶんだん》の働《はたら》きで、あっという間に引き裂《さ》かれてしまう。そこに魔《ま》の恐《おそ》ろしさがあるし、それを見破《みやぶ》っていく重要性《じゅうようせい》がありますね。

名誉会長　一番分かりやすいのは池上宗仲《いけがみむねなか》・宗長兄弟《むねながきょうだい》の団結の闘争《とうそう》です。父・康光《やすみつ》が兄・宗仲を勘当《かんどう》した事件は有名《ゆうめい》だね。二人《ふたり》の父・康光の背後《はいご》には、極楽寺良観《ごくらくじりょうかん》の画策《かくさく》があったこともよく知られている。注22

この時に、兄・宗仲を勘当し、弟・宗長に家督《かとく》を譲《ゆず》ろうとする動きがあった。それで、弟の宗長は、家督を継《つ》ぐか、信心を貫《つらぬ》くかで少し迷《まよ》う。最終的《さいしゅうてき》には大聖人から激励《げきれい》を受けて、兄と行動を共《とも》にしようとする。

斉藤　いわば魔の戦術《せんじゅつ》は、兄弟の離間策《りかんさく》にあったということですね。

森中　確かに、最初から兄弟二人とも勘当してしまえば、かえって二人とも腹《はら》を決めて、団結して父親に大聖人の仏法の正しさを訴《うった》えていったと思います。

斉藤　悪《あく》の手法《しゅほう》の本質ですね。魔は必ず団結を破ろうとする。

森中　日顕《にっけん》も、当初、陰険《いんけん》にも、先生一人《ひとり》だけを破門《はもん》にすることで学会員を動揺《どうよう》させよ

う と画策《かくさく》した。まさに、天魔《てんま》の所為《しょい》です。

結局、日顕《にっけん》の悪辣《あくらつ》な策略《さくりゃく》は大失敗《だいしっぱい》。永遠《えいえん》に歴史に大謗法坊主《だいほうぼうぼうず》として汚名《おめい》を残すことになった。

斉藤 要するに、日顕には広宣流布の信心が皆無《かいむ》だった。広宣流布の同志の絆《きずな》が全《まった》く理解できなかった。そこに、彼の〝誤算《ごさん》〟があったと言える。

名誉会長 ともあれ、大聖人は池上宗仲《いけがみむねなか》の勘当《かんどう》事件を解決する鍵《かぎ》は「団結」にあると見《み》抜《ぬ》かれていた。それも、兄弟の夫人たちも合わせて四人が団結することが魔《ま》を破《やぶ》る急所《きゅうしょ》であると教えられている。「兄弟抄《きょうだいしょう》」の一番最後は、兄弟と夫人たち四人が強く団結していきなさいという指導で結《むす》ばれます。注23

人間の集団だから、〝仲《なか》が良《よ》い〟〝あまり良くない〟とか、相性《あいしょう》の面で〝好《す》き〟〝嫌《きら》い〟があるかもしれない。ある意味で、人間としてそうした感情があることは当然といえる。無理して考える必要もない。

しかし、好き嫌いにとらわれて仏道修行《しゅぎょう》をおろそかにするのは愚《おろ》かです。そこに魔が付け入《い》る隙《すき》ができてしまう。格好《かっこう》の餌食《えじき》となってしまいます。

だから大聖人は同志間《どうしかん》で悪口《わるくち》を言い合うことを厳《きび》しく戒《いまし》められている。注24

「心に合わないことがあっても語り合っていきなさい」

「少々の過失《かしつ》は見逃《みのが》してあげなさい」

「不本意《ふほんい》なことがあっても、見ず、聞かず、言わずで、仲良《なかよ》くしていきなさい」

「松野殿御返事《まつのどのごへんじ》」では同志への誹謗《ひぼう》について実《じつ》に厳しい御指導があります。注25

森中　はい。法華経を持《たも》つ人を誹《そし》るのは釈尊《しゃくそん》を一劫《いっこう》の間《あいだ》謗る罪《つみ》よりも重いという経文《きょうもん》を引かれて、法華経を持つ者は必ず皆仏《みなほとけ》となるから、仏を謗っては罪を得《え》るのである、と言われています。

名誉会長　「皆仏」です。相手も仏身《ぶっしん》ならば、謗ることは仏を謗ることになる。「皆仏」だから、互《たが》いに尊敬《そんけい》しあうのです。創価学会の組織は「当起遠迎《とうきおんごう》、当如敬仏《とうにょきょうぶつ》」注26の精神《せいしん》に満《み》ちあふれていなければならない。

人を誹《そし》る癖《くせ》がつけば「不断悪念《ふだんあくねん》に住《じゅう》して悪道《あくどう》に堕《だ》すべし」（一三八二ジペー）とまで仰《おお》せです。だから「仏の如《ごと》く互《たがい》に敬《うやま》う」（一三八三ジペー）のです。法華経の宝塔品《ほうとうほん》で釈迦《しゃか》と多宝《たほう》が互いに席《せき》を分けあったように、仲良くしなければならない、とも仰せです。注27

森中　仏《ほとけ》と仏がいがみあっていたら、滑稽《こっけい》な仏になってしまいます（笑い）。

名誉会長　大切なのは「広宣流布を目指す信心」です。必死《ひっし》に広宣流布のために戦っていれば、いがみあっている暇《ひま》などない。敵《てき》の目の前でいがみあう愚《ぐ》を、大聖人は幾度《いくど》も戒《いまし》められている。[注28]「鷸蚌《いつぼう》の争《あらそ》い」であり、「漁夫《ぎょふ》の利《り》」であると厳《きび》しく教えられています。

斉藤　「兵衛志殿御返事《ひょうえのさかんどのごへんじ》」ですね。

「内《うち》から言い争いが起こったら、〃鷸蚌の争い〃〃漁夫の利〃になるおそれがある。つまり魔《ま》を利《り》してしまう。南無妙法蓮華経と唱《とな》えて、つつしみなさい。つつしみなさい」（一〇八㌻、趣旨《しゅし》）と仰《おお》せです。[注29]

名誉会長　どこまでも「同じ志《こころざし》」に立って、語りあうことです。

次元は違うかもしれないが、「対話」は善《ぜん》です。連帯《れんたい》を築《きず》き団結を創《つく》るからです。「拒《きょ》絶《ぜつ》」は悪《あく》です。分断《ぶんだん》を招《まね》き破壊《はかい》をもたらすからです。まず会うこと、そして話すことです。相手と違う面があるのは当然です。しかし、話し合えば、違いがあっても信頼《しんらい》が芽生《めば》える。社会にあっても、対話は平和の礎《いしずえ》であり、拒絶は戦争の門です。

森中　まさに今、先生が世界中の識者《しきしゃ》を結《むす》ぶ善のネットワークを築かれていることこそ、世界平和の支柱《しちゅう》だと思います。具体的には日中《にっちゅう》の国交回復《こっこうかいふく》、中ソの和解《わかい》にも貢献《こうけん》されました。また、今、先生の対話にはキリスト教とイスラム教の橋渡《はしわた》しとして重要《じゅうよう》な期待《きたい》も寄《よ》せられています。

名誉会長　いずれにしても、大聖人は、門下《もんか》に常に対話を勧《すす》め、異体同心《いたいどうしん》を勧められている。

「他人であっても、語り合えば、命《いのち》をかけて助けてくれる」「くれぐれも駿河《するが》の人々はみな同じ心であるようにと伝えてください」等々。枚挙《まいきょ》に暇《いとま》がないほどです。[注30]

「妙法の同志は、今世《こんぜ》で常に語らい、霊山浄土《りょうぜんじょうど》に行っても、うなずきあって語り合いなさい」とも言われています。[注31]

広宣流布をともに戦った同志の絆《きずな》は永遠《えいえん》だからです。

〝あの人とは今世だけでけっこう〟と思う場合もあるかもしれないが（笑い）、互《たが》いに境《きょう》涯《がい》を革命《かくめい》すればいいのです。[注32]「蘭室《らんしつ》の友に交《まじわ》りて麻畝《まほ》の性《しょう》と成《な》る」（三一ジペー）です。人間は変わるものです。また、善《よ》く変わらなければ信心ではない。[注33]「鳩《はと》化して鷹《たか》と為《な》り雀変《すずめへん》じて蛤《はまぐり》と為る」（同）です。

斉藤　戦い抜けば、霊山《りょうぜん》に行く時までには、お互《たが》いに人間革命《かくめい》しているから大丈夫《だいじょうぶ》ですね（笑い）。

名誉会長　いずれにしても、妙法の同志は尊敬《そんけい》しあっていかなければならない。険路《けんろ》の広宣流布の遠征《えんせい》の道をともどもに励《はげ》まし合っていくのです。互いに善知識《ぜんちしき》の存在として、異体同心《いたいどうしん》の団結で進むのです。

晴ればれと仲《なか》の良《よ》い元初《がんじょ》の世界

斉藤　かつて日淳上人《にちじゅんしょうにん》は、戸田先生亡《な》きあと、池田先生を中心に心を一つに前進を誓《ちか》った創価学会の姿《すがた》を称《たた》えて、「全《まった》く[注34]霊山一会儼然未散《りょうぜんいちえげんぜんみさん》と申《もう》すべきであると、思うのであります。これを言葉を変えますれば真《しん》の霊山で浄土《じょうど》、仏《ほとけ》の一大《いちだい》集まりであると、私は深く敬《けい》意《い》を表する次第であります」（創価学会第十八回総会での講演《こうえん》）と、述べられたことがあります。

名誉会長　創価学会は、まさしく「霊山一会儼然未散」の姿そのものを現出《げんしゅつ》しているのです。崇高《すうこう》なる広宣流布の集《つど》いです。

久遠《くおん》の誓《ちか》いを果《は》たすため、末法《まっぽう》の民衆の救済《きゅうさい》に出現《しゅつげん》した地涌《じゆ》の菩薩《ぼさつ》の集いは学会以外に絶対にない。私たちは、久遠からの永遠《えいえん》の同志にほかならない。

戸田先生はかつてこう記《しる》されています。

「大聖人は久遠元初《がんじょ》の御本仏《ごほんぶつ》でいらせられ、われらも、大聖人より日蓮等《ら》の類《たぐ》い、または日蓮が弟子《でし》檀那《だんな》とおおせをこうむった以上、久遠元初のその当初、御本仏の眷属《けんぞく》として、自由自在《じざい》な境地《きょうち》で、九界《きゅうかい》の衆生《しゅじょう》と天然自然《てんねんしぜん》のまま、つくろわず、働《はたら》かさず、ときには怒《いか》り、ときには笑い、心のままに、楽《たの》しく、清《きよ》くふるまいつつ生活していたものである」

(『戸田城聖全集』第一巻)

「あの晴れやかな世界に住んだわれわれが、いままた、この娑婆《しゃば》世界にそろって涌出《ゆじゅつ》したのである。思いかえせば、そのころの清く楽しい世界は、きのうのようである。なんで、あのときの晴ればれした世界を忘《わす》れよう。ともに自由自在に遊《あそ》びたわむれた友をば、どうして忘れよう。またともに法華会座《ほっけえざ》に誓った誓いを忘れえましょうか。

この娑婆世界も、楽しく清く、晴ればれとしたみな仲《なか》のよい友ばかりの世界なのだが、貪《とん》、瞋《じん》、嫉妬《しっと》の毒《どく》を、権《ごん》、小乗教《しょうじょうきょう》、外道《げどう》のやからにのませられて狂子《きょうじ》となったその末《すえ》に、たがいに久遠《くおん》を忘《わす》れてしまっていることこそ、悲《かな》しい、哀《あわ》れなきわみではあるまいか」

(『戸田城聖全集』第一巻)

斉藤 「楽《たの》しく清《きよ》く、晴ればれとしたみな仲《なか》のよい友ばかりの世界」とは、まさに異体《いたい》同心《どうしん》の世界ですね。

名誉会長 皆《みな》が、元初《がんじょ》の生命に具《そな》わる大願《だいがん》、すなわち「自《じ》他《た》共《とも》の幸福」を願う久遠の誓《ちか》いに立てば、必ずそうなるのです。これが創価学会です。

我《わ》が創価学会は、仏意仏勅《ぶっいぶっちょく》の団体です。この久遠の誓いを忘れず、さらに仲良く、さらに深く尊敬《そんけい》しあって、異体同心の団結で、ともどもに広宣流布の最極《さいごく》に麗《うるわ》しい世界を広げてまいりたい。

解説

[212] **注1 法に依《よ》って人に依らざれ** 「依《え》法《ほう》不《ふ》依《え》人《にん》」の読み下《くだ》し。「仏道を行《ぎょう》ずるにあたっては、仏《ほとけ》の

説いた経文《きようもん》をよりどころにすべきであって、人師《にんし》・論師《ろんし》の言《げん》を用《もち》いてはならない」との意。

212 注2　日興上人《にっこうしょうにん》の「佐渡国法華講衆御返事《さどのくにほっけこうしゅごへんじ》」に「この《此》ほう《法》もん《門》は、しでし《師弟子》をただして、ほとけ《仏》にな《成》り候、しでし《師弟子》だにも、ちが《違》い候《そうら》へば、おなじ《同》ほくゑ《法華》を、たも《持》ち、まいら《進》せて、候へども・む《無》けん《間》ぢごく《地獄》におち《落》候《そうろう》なり」とある。

212 注3　**和合僧《わごうそう》**　仏道を実践《じっせん》し弘《ひろ》めている人々の集まり。サンスクリットでは「サンガ」と呼《よ》ばれ、漢訳経典《かんやくきようてん》では「僧伽《そうぎゃ》」等と音写《おんしゃ》され、「和合」等と訳される。その両者を併《あわ》せて「和合僧」とも呼ばれる。

214 注4　**生死一大事《しょうじいちだいじ》の血脈《けつみやく》**　生死の苦悩《くのう》を超克《ちょうこく》し成仏《じょうぶつ》を実現させる妙法の継承《けいしょう》をいう。日蓮大聖人は「生死一大事血脈抄」で、仏と法と衆生《しゅじょう》がともに妙法の当体《とうたい》であると信じて題目を唱《とな》える信心、生涯持続《しょうがいじぞく》の信心、異体同心《いたいどうしん》の信心を生死一大事の血脈の要件《ようけん》として挙《あ》げられている。

216 注5　**『三国志《さんごくし》』**　古代中国の魏《ぎ》・呉《ご》・蜀《しょく》の三国の歴史を記《しる》した書。晋《しん》の陳寿《ちんじゅ》が撰述《せんじゅつ》した。これに基《もと》づいて、明代《みんだい》に羅貫中《らかんちゅう》が長編小説『三国志演義《えんぎ》』を著《あらわ》し、四大奇書《きしょ》の一つとして広く愛好《あいこう》されてきた。蜀（漢《かん》）の始祖《しそ》である劉備玄徳《りゅうびげんとく》（一六一年〜二二三年）とその軍師である諸葛亮孔明《しょかつりょうこうめい》（一八一年〜二三四年）らによる建国《けんこく》の激闘《げきとう》などが綴《つづ》られている。

216 注6　『蜀志《しょくし》』「諸葛亮伝《しょかつりょうでん》」に「孤《こ》（劉備《りゅうび》）に之《こ》れ孔明有《こうめいあ》るは、猶《な》お魚に之れ水有《ある》が如《ごと》し」とある。また『貞観政要《じょうがんせいよう》』「求諫《きゅうかん》」にも、「惟《た》だ君臣相遇《くんしんあいあ》うこと、魚水《ぎょすい》に同じき有《あ》れば、則《すなわ》ち海内安《かいだいやす》かる可《べ》し」とある。

218 **注7　滅私奉公《めっしほうこう》**　個人的な感情や欲求《よっきゅう》を捨《す》てて、国家・社会などに献身的《けんしんてき》に尽《つ》くすこと。軍国主義体制で国民に戦争協力を促《うなが》すためのスローガンとして用《もち》いられた。

219 **注8　寂光土《じゃっこうど》**　法華経に説かれる久遠《くおん》の仏《ほとけ》が常住《じょうじゅう》する永遠《えいえん》に安穏《あんのん》な国土《こくど》である常寂光土のこと。ここでは、それをふまえて、目指すべき、万人《ばんにん》の幸福が実現できる理想的《りそうてき》世界をいう。

220 **注9　熱原《あつはら》の法難《ほうなん》**　弘安《こうあん》元年（一二七八年）から約三年間にわたって、駿河国富士郡下方庄熱《するがのくにふじごおりしもかたのしょうあつ》原郷《はらごう》（静岡県富士市）で日蓮大聖人の信徒《しんと》が受けた法難。弘安二年秋には迫害《はくがい》が最も苛烈《かれつ》になり、同年十月、日蓮大聖人が出世《しゅっせ》の本懐《ほんかい》である一閻浮提総与《いちえんぶだいそうよ》の大御本尊を御図顕《ごずけん》される機縁《きえん》となった重要《じゅうよう》な意義《いぎ》をもつ事件。

221 **注10　殷《いん》の紂王《ちゅうおう》・周《しゅう》の武王《ぶおう》**　古代中国で黄河流域《こうがりゅういき》を支配していた殷（商《しょう》）は、紀元前《きげんぜん》十二〜前十一世紀頃、紂王の暴政《ぼうせい》によって民意《みんい》を失《うしな》っていた。これに周の文王《ぶんおう》は対立し、その子・武王は紂王を攻《せ》めて殷を滅《ほろ》ぼし、周は長く栄《さか》えた。

222 **注11　『史記《しき》』**　前漢《ぜんかん》の太史公《たいしこう》・司馬遷《しばせん》（紀元前《きげんぜん》一四五年頃〜前八六年頃）が著《あらわ》した歴史書。中国初の通史《つうし》で、後の正史《せいし》の手本《てほん》とされた。古くは伝説上の帝王《ていおう》である黄帝《こうてい》から、近くは司馬遷の同時代である漢の武帝《ぶてい》期までの歴史が編纂《へんさん》されている。

223 **注12**　「帝紂《ていちゅう》、武王《ぶおう》の来《きた》れるを聞き、亦兵《またへい》七十万人を発して武王を距《ふせ》ぐ……紂の師衆《いくさおお》しと雖《いえど》も、皆《みな》戦うの心なし。心に、武王《ぶおう》の亟《すみ》やかに入《い》らんとすることを欲《ほっ》す。紂《ちゅう》の師みな兵《へい》を倒《さかさ》まにして以《もっ》て戦い、以て武王を開く」（司馬遷《しばせん》『史記《しき》』「周本紀第四《しゅうほんぎ》」）

223 注13 「武王《ぶおう》、上《のぼ》りて畢《ひつ》に祭る。東《ひがし》のかた兵を観《しめ》し、盟津《めいしん》に至《いた》る……是《こ》の時、諸侯期《しょこうき》せずして盟津に会《かい》する者、八百諸侯なり……以《もっ》て東して紂《ちゅう》を伐《う》つ。十一年十二月戊午《ぼご》、師畢《ことごと》く盟津を渡《わた》る。諸侯咸《ことごと》く会す」（司馬遷《しばせん》『史記《しき》』「周本紀第四《しゅうほんぎ》」）

225 注14 **「我久《われく》遠《おん》より来かた是《この》等《これら》の衆《しゅ》を教化《きょうけ》す」** 法華経従地涌出品《じゅうちゆじゅっぽん》第十五の文（法華経四六七ページ）。釈尊《しゃくそん》が自身の滅後《めつご》の妙法弘通《ぐつう》を託《たく》すために大地《だいち》の底《そこ》から上行菩薩《じょうぎょうぼさつ》を上首《じょうしゅ》とする六万恒河沙《ろくまんごうがしゃ》にものぼる大菩薩たちを呼び出した。これが地涌の菩薩であるが、この地涌の菩薩を釈尊が久遠の昔から教化してきたことを述べている。これによって、釈尊が成仏《じょうぶつ》して以来、久遠の時を経《へ》ていることがあらあら明かされたので略開近顕遠《りゃくかいごんけんのん》の文とされる。

226 注15 **付嘱《ふぞく》** 仏《ほとけ》が自身の滅後《めつご》に法を弘《ひろ》めることを弟子《でし》に託《たく》すこと。

229 注16 『永遠《えいえん》の経典《きょうてん》「御書」に学ぶ』1（池田名誉会長講義、聖教新聞社）所収。

230 注17 **修利槃特《すりはんどく》** サンスクリットのチューダパンタカの音写《おんしゃ》。経典《きょうてん》によって、兄弟二人《きょうだいふたり》に通じての名とするものと、兄をマハーパンタカ（摩訶槃特《まかはんどく》）、弟をチューダパンタカとするものがある。法華経五百弟子受記品《ごひゃくでしじゅきほん》第八（法華経三三五ページ）で兄弟ともに普明如来《ふみょうにょらい》の記別《きべつ》を受けている。

230 注18 「国府尼御前御書《こうあまごぜん》」に「阿仏御房《あぶつごぼう》の尼ごぜん《御前》よりぜに《銭》三百文《もん》、同心なれば此《こ》の文《ふみ》を二人して人によませて・きこしめせ」（一三二四ジペー）とある。

231 **注19　富木《とき》・三郎左衛門《さぶろうざえもん》の尉《じょう》・河野辺《かわのべ》・大和阿闍梨《やまとあじゃり》等《とう》・殿原《とのばら》・御房達《ごぼうたち》**　富木とは富木常忍《じょうにん》、三郎左衛門尉は四条金吾《しじょうきんご》のこと。河野辺は河野辺の入道《にゅうどう》で、竜《たつ》の口《くち》の法難《ほうなん》の際に捕《と》らえられ土牢《つちろう》に入《い》れられたと思われる。大和阿闍梨は、詳細不明《しょうさいふめい》。本抄の内容を他の人にも語るように述べられていることから、いずれも日蓮大聖人門下《もんか》で、それぞれの地域の中心となった人と思われる。

231 **注20**　「夫《そ》れ木をうえ候《そうろう》には大風吹き候《そうら》へどもつよきすけ《強扶介》をかひぬれば・たうれず、本《もと》より生《お》いて候木なれども根の弱きは・たうれぬ、甲斐無《かいな》き者なれども・たすくる者強ければたうれず、すこし健《けなげ》の者も独《ひとり》なれば悪《あ》しきみちには・たうれぬ」（一四六八ジペー）

232 **注21　法然《ほうねん》**　一一三三年〜一二一二年。法名《ほうみょう》は源空《げんくう》。専修念仏《せんしゅうねんぶつ》の祖。『選択集《せんちゃくしゅう》』を著《あらわ》し、法華経を含《ふく》めて諸経《しょきょう》を捨《す》て閉《と》じ閣《さしお》き抛《なげう》てよと述べ、浄土《じょうど》信仰を弘《ひろ》めた。日蓮大聖人は「立正安国論《りっしょうあんこくろん》」でその謗法《ほうぼう》の教えを災難《さいなん》の「一凶《いっきょう》」であると厳《きび》しく破折《はしゃく》された。

234 **注22**　「兵衛志殿御書《ひょうえのさかんどの》」に「良観《りょうかん》等の天魔《てんま》の法師《ほっし》らが親父《しんぷ》左衛門《さえもん》の大夫殿《たいふどの》をすかし、わどの《和殿》ばら二人を失《うしな》はんとせしに」（一〇九五ジペー）とある。

235 **注23**　「此《こ》の御文《おんふみ》は別してひやうへの志殿《さかんどの》へまいらせ候《そうろう》、又太夫志殿《またたいふのさかんどの》の女房兵衛志殿《にょうぼうひょうえのさかんどの》の女房によくよく申しきかせさせ給《たま》うべし・きかせさせ給うべし」（一〇八九ジペー）

236 **注24**　「いかに心にあはぬ事有《ことあ》りとも・かたらひ給《たま》へ」（一一七二ジペー）、「とがありとも・せうせう

の失《とが》をば・しらぬやうにてあるべし」（一一七六ページ）、「又此《またこ》の法門《ほうもん》の一行《いちぎょう》いかなる本意なき事あ
りとも・みずきかず・いわずして・むつばせ給へ」（一一七八ページ）

236 **注25** 「此《こ》の経《きょう》の四の巻には『若《も》しは在家《ざいけ》にてもあれ出家《しゅっけ》にてもあれ、法華経を持《たも》ち説く者を一言にても毀《そし》る事《こと》あらば其《そ》の罪《つみ》多き事、釈迦仏《しゃかぶつ》を一劫《いっこう》の間直《あいだただ》ちに毀り奉《たてまつ》る罪には勝《すぐ》れたり』と見へたり、或《あるい》は『若実若不実《にゃくじつにゃくふじつ》』とも説かれたり、之《こ》れを以《も》つて之れを思ふに忘《わす》れても法華経を持《たも》つ者をば互《たがい》に毀《そし》るべからざるか」（一三八二ページ）

236 **注26** 「当《まさ》に起《た》って遠く迎《むか》うべきこと、当に仏《ほとけ》を敬《うやま》うが如《ごと》くすべし」と読み下《くだ》す。法華経普賢菩《ふげんぼ》薩勧発品《さつかんぼっぽん》第二十八の文《もん》（法華経六七七ページ）。仏を敬うように、妙法を受持《じゅじ》する衆生《しゅじょう》に敬意《けいい》を表すること。

236 **注27** 「松野殿御返事《まつのどのごへんじ》」に「何《いか》なる鬼畜《きちく》なりとも法華経の一偈一句《いちげいっく》をも説かん者をば『当《まさ》に起《た》ちて遠く迎《むか》えて当に仏《ほとけ》を敬《うやま》うが如《ごと》くすべし』の道理《どうり》なれば仏の如く互《たがい》に敬うべし、例せば宝塔品《ほうとうほん》の時の釈迦多宝《しゃかたほう》の如くなるべし」（一三八三ページ）とある。

237 **注28** **鷸蚌《いつぼう》の争《あらそ》い・漁夫《ぎょふ》の利《り》**　戦国策《せんごくさく》にある説話《せつわ》に基《もと》づく成語《せいご》。鷸《しぎ》と蚌《はまぐり》が争って漁夫に両方ともつかまえられ、漁夫が利益を得《え》たことから、争うことで共倒《ともだお》れになり第三者を利することをいう。

237 **注29** 「兵衛志殿御返事《ひょうえのさかんどのごへんじ》」に「内《うち》より論出来《いできた》れば鷸蚌《いつぼう》の相扼《あいひしぐ》も漁夫《ぎょふ》のをそれ有《あ》るべし、南無妙法蓮華経と御唱《おんとな》えつつしむべし・つつしむべし」（一一〇八ページ）とある。

[238] 注30　「他人なれどもかたら《語合》ひぬれば命《いのち》にも替《かわ》るぞかし」（一一三二ページ）、「返す返するが《駿河》の人人みな同じ御心と申させ給《たま》い候《そうら》へ」（一四三五ページ）

[238] 注31　「常にかたり《語合》あわせて出離生死《しゅつりしょうじ》して同心に霊山浄土《りょうぜんじょうど》にてうなづき《領》かたり給へ」（九〇〇ページ）

[238] 注32　**蘭室《らんしつ》の友・麻畝《まほ》の性《しょう》**　蘭室の友とは、香《かお》りの高い蘭《らん》のある部屋にいると、その香りが体《からだ》にしみてくるのと同じように、高徳《こうとく》の貴人《きじん》・善人《ぜんにん》と共にいるといつのまにか、その徳の感化《かんか》を受けるという譬《たと》え。麻畝の性とは、曲《ま》がりがちな蓬《よもぎ》でも真《ま》っすぐ伸《の》びる麻《あさ》の畑《はたけ》に生《は》えると、同じく真っすぐに伸びるように、環境《かんきょう》によって悪《あく》が感化されて正《ただ》されるという譬え。

[238] 注33　**「鳩《はと》化《け》して鷹《たか》と為《な》り雀《すずめ》変《へん》じて蛤《はまぐり》と為る」**　『礼記《らいき》』などによれば、古来《こらい》、中国で、中秋《ちゅうしゅう》（旧暦八月）になると鳩が変じて鷹になり、晩秋《ばんしゅう》（同九月）には雀が海に入って蛤《はまぐり》となるとされた。時に応じて、物が非常に変化することの譬え。また、日寛上人《にちかんしょうにん》の「立正安国論愚記《りっしょうあんこくろんぐき》」にはこの文に対して「但《ただ》変化の義《ぎ》を取るのみ」（『日寛上人文段集』）と注し、変化する例としている。

[239] 注34　**霊山一会儼然未散《りょうぜんいちえげんぜんみさん》**　「霊山一会儼然として未《いま》だ散《ち》らず」と読み下《くだ》す。霊山一会とは釈尊《しゃくそん》が霊鷲山《りょうじゅせん》で法華経を説いた会座《えざ》をいい、その儀式《ぎしき》はいまなお儼然として散らず、永遠《えいえん》に常住《じょうじゅう》しているとの意。「御義口伝《おんぎくでん》」では寿量品《じゅりょうほん》の「我及衆僧倶出霊鷲山《がぎゅうしゅそうくしゅつりょうじゅせん》」（法華経四九〇ページ）等の文について、日蓮大聖人が御図顕《ごずけん》された御本尊は霊鷲山の会座が常住している姿《すがた》であることを示されている。

師子王《ししおう》の心

——師も弟子も共に不二《ふに》の師子吼《く》を

日蓮仏法は師子王の宗教

斉藤　今年（二〇〇二年）の八月二十四日は、池田先生の入信五十五周年の佳節《かせつ》となります。

この五十五年間、会員のため、広布のため、世界の平和のために、まさに激闘《げきとう》に次ぐ激闘の連続で、日本の、そして世界の広宣流布の盤石《ばんじゃく》なる基盤《きばん》をつくっていただきました。どれほど感謝《かんしゃ》してもしきれません。

森中　そして、今、いよいよ「青年の時代」が到来《とうらい》しました。師の心を真一文字《まいちもんじ》に受け継《つ》いで広布の指導者として戦っていく後継《こうけい》の弟子《でし》が陸続《りくぞく》と誕生《たんじょう》しゆくことを、世界中の同志、そして各界の識者《しきしゃ》が待《ま》っています。

そうした意味で、今月は御書における「師弟《してい》」「広布の指導者」について語っていただければ幸《さいわ》いです。

名誉会長 わかりました。ただ、師弟論といい、指導者論といっても、論ずべきことがあまりにも多い。そこで、今回は、御書における師弟論の核心《かくしん》である「師子王《ししおう》の心」について拝察《はいさつ》したい。

「師子王」であられる大聖人の心を真《ま》っ直《す》ぐに受け継《つ》いでいくのが師弟不二《ふに》です。そのとき、私たちは「師子王の子」といえるのです。また、「師子王の心」は仏法における指導者の根本条件《じょうけん》でもあります。

斉藤 師子王の心とは、法を守るためには、どんなに恐《おそ》ろしい強敵《きょうてき》も恐れずに戦っていく勇気《ゆうき》ですね。

名誉会長 「勇気」です。勇気であるとともに、勇気を起こした生命に現れ出てくる「本源的《ほんげんてき》生命力」です。わかりやすく言えば「生命の底力《そこぢから》」です。

勇気をもって法を守る戦いをすれば、その勇気の力で、心を覆《おお》う無明《むみょう》（根源《こんげん》の迷《まよ》い）のベールが破《やぶ》れ、法の無限《むげん》の力がわが生命から現れ出てくるのです。妙法と一体の仏界《ぶっかい》の生命です。勇気《ゆうき》によって、本源的《ほんげんてき》な生命力と自分が結《むす》びつくのです。

それはまた、いかなる絶望的《ぜつぼうてき》な状況《じょうきょう》にあっても、決してくじけない「生命本源の希望」です。「生き抜く力」です。

人は、死、運命《うんめい》、迫害《はくがい》、苦難《くなん》、病《やまい》、破綻《はたん》、破壊《はかい》などの影《かげ》が忍《しの》び寄《よ》ってきたときに、恐《おそ》れ、おののき、臆病《おくびょう》、嘆《なげ》き、不安、疑《うたが》い、瞋《いか》りなどに支配される。このような陰影《いんえい》を晴らすのが「内発的《ないはってき》な希望」の力です。

「一人《ひとり》立つ」とは、この内発的な希望を現して、揺《ゆ》るがぬ自分になることです。それが指導者の根本条件《じょうけん》です。自分のなかにこんこんと希望の泉《いずみ》が湧《わ》き起こっているからこそ、共《とも》に働《はたら》き、共に戦う人々に希望を与《あた》え続けていくことができる。希望を与えることが指導者の根本的な使命《しめい》です。

森中　「心こそ大切なれ」（一一九二ジペー）ですね。

名誉会長　そうです。ナポレオンは「リーダーとは『希望を配《くば》る人』のことだ」と言った。大いなる希望を呼《よ》び覚《さ》ましてこそ、大いなる事業を成《な》し遂《と》げることができるのです。

皆《みな》の「心」を変えることこそ、リーダーの役目です。単に人が集まっているだけでは、「心」はバラバラの方向を向いている。カオス（混沌《こんとん》）の状態《じょうたい》です。その「心」を一つの方向に向けて、団結させ、前進させていく。いがみ合う「心」を結《むす》び合わせ、臆病《おくびょう》にとらわれた「心」を奮《ふる》い立たせ、無力感《むりょくかん》にさいなまれた「心」に確信《かくしん》の炎《ほのお》を点《とも》す。そうした「心」のリーダーシップが求められているのです。

ガンジーの非暴力《ひぼうりょく》の人権闘争《じんけんとうそう》を継承《けいしょう》し、アメリカの公民権《こうみんけん》運動を指導したキング博士[注1]は、こう訴《うった》えました。

「前途《ぜんと》の日々は困難《こんなん》である。だが私は希望を失《うしな》ってはいない。これだけが私を今前進させ続けている」（ジェイムズ・H・コーン著、梶原寿訳、『夢か悪夢か・キング牧師とマルコムX』、日本基督教団出版局）

わが生命のなかに、不屈《ふくつ》の行動の源泉《げんせん》があるのです。この内《うち》なる源泉は何ものも奪《うば》い去《さ》ることはできない。「内発《ないはつ》の力」によるなら、決して負《ま》けることはない。反対に、見せかけ、かりもの、おしきせであれば、容易《ようい》に化《ば》けの皮《かわ》がひきはがされる。

「虎《とら》の威《い》を借《か》る狐《きつね》」は臆病です。「一人《ひとり》立つ師子《しし》」は不屈《ふくつ》です。

斉藤　私たちで言えば、広宣流布という大願《だいがん》に生きることですね。大願に目覚《めざ》めれば、どんな宿命《しゅくめい》の苦悩《くのう》も、使命《しめい》を果《は》たす歓喜《かんき》に変えていくことができる。

名誉会長　法理的《ほうりてき》に言えば、「師子王《ししおう》の心」とは、「信心」で生命奥底《おうてい》の「元品《がんぽん》の無明《むみょう》」を打ち破《やぶ》って、「元品の法性《ほっしょう》」の力を現した生命のことです。

「強い信心」によって無明を破ったときに涌現《ゆげん》する「仏界《ぶっかい》の生命」であると言ってもよいでしょう。ゆえに、仏《ほとけ》の生命に現れる智慧《ちえ》や慈悲《じひ》も具《そな》わっています。

信心は原因であり、仏界の生命は結果です。因果《いんが》が一念《いちねん》に収《おさ》まっているのです。

斉藤　因果倶時《ぐじ》ですね。

名誉会長　そうです。したがって、この「師子王の心」こそ、本因妙《ほんにんみょう》の仏法である日蓮仏法の真髄《しんずい》と言ってよい。

森中　御書を開くと、大聖人が師子王について述べられている個所《かしょ》は、本当に多いことが分かります。有名《ゆうめい》な御書でも、「佐渡《さど》御書」「聖人御難事《しょうにんごなんじ》」「経王殿御返事《きょうおうどのごへんじ》」「閻浮提中御《えんぶだいちゅう》書」などがあります。

斉藤　いずれも大聖人御自身の御本仏《ごほんぶつ》としての御生命を、皆《みな》にわかりやすく教えるために、師子王《ししおう》に譬《たと》えられたと拝察《はいさつ》できます。

名誉会長　まさに、日蓮仏法は「師子王の宗教」です。なぜ御自身を師子王になぞらえているのかといえば、根本的には、御自身の生命に仏界《ぶつかい》が涌現《ゆげん》しているからであると拝察できます。仏典《ぶつてん》を見ても、師子王は仏《ほとけ》の象徴《しょうちょう》とされているね。

森中　はい。仏の座《ざ》は「師子座」、仏の説法《せっぽう》は「師子吼《く》」と呼《よ》ばれることがあります。

名誉会長　師子（獅子《しし》）＝ライオンを象徴にしているのは、何らかの共通のイメージをもっているからです。そこで、ライオンというと、どのようなイメージが浮《う》かぶか考えてみよう。

森中　まずは「王者《おうじゃ》」のイメージです。ライオンは、古来《こらい》、一般にも、「百獣《ひゃくじゅう》の王」とされています。大聖人も「千日尼御前御返事《せんにちあまごぜんごへんじ》」で、「地走《ちはし》る者《もの》の王」と仰《おお》せです。[注2]ライオンはネコ科の猛獣《もうじゅう》ですが、そのなかでも最《もっと》も大きく、特にオスには見事な〝たてがみ〟があります。

斉藤　昔《むかし》は、相当広い地域で生息《せいそく》していたようです。二千年前には、ヨーロッパのイベリア半島や北ギリシャにも野生《やせい》のライオンがいたとも言われます。

名誉会長　古代では、不老不死《ふろうふし》の象徴《しょうちょう》ともされていた。

森中　はい。メソポタミアでは、ライオンの毛皮《けがわ》と脂《あぶら》には不老不死の威力《いりょく》があり、それを身につけると不老不死になると信じられていました。

名誉会長　ギリシャ神話《しんわ》の英雄《えいゆう》・ヘラクレス[注3]もライオンの毛皮を身にまとい、ライオンの頭《あたま》を兜《かぶと》にしているね。

インドに遠征《えんせい》したアレクサンドロス大王《だいおう》[注4]（アレキサンダー大王）も、師《し》のアリストテレス[注5]から「ライオンのようになれ」と励《はげ》まされている。それで、ライオンの目を鎧《よろい》に描《えが》き、ライオンの兜をかぶったとも言われています。

斉藤　また、ライオンの黄金《おうごん》のたてがみが「太陽」と見なされていたこともあったようです。

森中　ライオンの目は、「見張《みは》り」の象徴ともされていました。また、ひと睨《にら》みで敵《てき》をすくませ、石のようにしてしまうと信じられていました。そこから城門《じょうもん》の守護神《しゅごしん》とされ、インドのサーンチー[注6]の仏塔《ぶっとう》の門でもライオンが刻《きざ》まれています。

名誉会長　星座《せいざ》にも、獅子座《ししざ》があるね。最近では、昨年（二〇〇一年）の十一月十八日前後に見事な流星群《りゆうせいぐん》のショーを見せてくれている。

斉藤　先生と対談したブルガリアのジュロヴァ博士は、[注7]ライオンは「ロゴス（言論《げんろん》）の力」「悪《あく》に対する勝利」「善行《ぜんこう》への報《むく》い」「不死《ふし》の希望」などの象徴《しょうちょう》である、と語っています。

名誉会長　まさしく師子《しし》は「善《ぜん》なる力」の象徴なのです。経典《きょうてん》には釈尊《しゃくそん》のことを「聖主《しょうしゅ》師子」と説かれている。また、アショーカ王が遺《のこ》した王柱《おうちゅう》の柱頭《ちゅうとう》にライオンが刻《きざ》まれているのは有名《ゆうめい》だ。

森中　釈尊の初転法輪《しょてんぽうりん》の地・[注8]鹿野苑《ろくやおん》の遺跡《いせき》のあるサールナートにあるアショーカ王柱の柱頭にも、四面に向いたライオンと法輪《ほうりん》が刻まれています。

「師子の子」は必ず「師子」に

名誉会長　師子は勇猛果敢《ゆうもうかかん》で、威力《いりょく》がある。また、百獣《ひゃくじゅう》を圧《あっ》する威厳《いげん》に満《み》ちています。大聖人は師子王の威厳や威力に着目《ちゃくもく》されているね。例えば、法華経の「師子奮迅之力《ふんじんしりき》」

（法華経四六三㌻）を引かれている。
また、仏《ほとけ》は一人《ひとり》、外道《げどう》は多勢《たぜい》だったけれども、仏は師子王《ししおう》のごとく外道を責《せ》めて勝った、とも言われています。注9

森中　法華経と諸経《しょきょう》の格《かく》の違いを「師子王と狐兎《こと》との捔力《すもう》なり」（八五二㌻）と言われているのは面白《おもしろ》いですね。

名誉会長　何も恐《おそ》れずに、悠然《ゆうぜん》と振《ふ》る舞《ま》う姿《すがた》にも注目《ちゅうもく》されている。

斉藤　有名《ゆうめい》な一節です。「いかなる処《ところ》にて遊《あそ》びたはふるとも・つつが《恙》あるべからず遊行《ゆぎょう》して畏《おそ》れ無《な》きこと師子王の如《ごと》くなるべし」（一一二四㌻）と仰《おお》せです。御本尊を信ずる人の功徳《くどく》を表しています。

名誉会長　百獣《ひゃくじゅう》を圧倒《あっとう》する師子の威力《いりょく》にも、多く言及《げんきゅう》されている。注10
さらに、どんな敵《てき》もあなどらず、常に全力を出し切って立ち向かう師子王の特質にも言及されています。注11　つまり、前三後《ぜんさんご》一《いち》です。
何よりも、師子王とは、仏なかんずく日蓮大聖人御自身のこととして用《もち》いられている。
「法華経の行者《ぎょうじゃ》は日輪《にちりん》と師子との如し」（一二一九㌻）、あるいは「日蓮程《ほど》の師子王」（九八二ジペー）とも仰《おお》せです。

斉藤　諸経中《しょきょうちゅう》の王である法華経についても、師子王《ししおう》になぞらえられています。注12

名誉会長　一番重要《じゅうよう》なことは、「師弟不二《していふに》」です。

「師子の子」もまた、「師子」となる。師匠《ししょう》と同じ心で戦うことを教えられている。

「師子王は百獣《ひゃくじゅう》にをぢず・師子の子・又《また》かくのごとし」（一一九〇ジペー）

「牛王《ごおう》の子は牛王なりいまだ師子王とならず、師子王の子は師子王となる・いまだ人《にん》王《おう》・天王等《てんのうとう》とならず」（一二一六ジペー）

「師子の子」は師子になります。広宣流布に戦う仏子《ぶっし》は、凡夫《ぼんぷ》であっても必ず仏《ほとけ》になる。それであってこそ仏法です。

人間と隔絶《かくぜつ》した〝仏〟がいて、凡夫は永久《えいきゅう》に仏に導《みちび》かれる存在でしかない、というのでは真《しん》の仏法ではない。皆《みな》を自分と同じ境涯《きょうがい》にしようとして、万人《ばんにん》が仏であることを教えたのが法華経です。

斉藤　はい。一切経《いっさいきょう》には釈尊《しゃくそん》や他土《たど》の仏の素晴《すば》らしさは説かれても、万人が必ず仏になれるという意味で人間の素晴らしさは説かれていません。法華経だけが「人間尊敬《そんけい》の思《し》想《そう》」を余《あま》すところなく示しています。

名誉会長　また、弟子《でし》である衆生《しゅじょう》の側から見れば、仏《ほとけ》をただ遠くに仰《あお》ぎ見ているような傍観者《ぼうかんしゃ》では失格《しっかく》です。

仏と地涌《じゆ》の菩薩《ぼさつ》が久遠《くおん》から一体で戦ってきたように、師匠《ししょう》と同じ民衆救済《きゅうさい》の大闘争《だいとうそう》を開始しなければ、「師子《しし》の子」ではありません。ましてや野干《やかん》や群狐《ぐんこ》に笑われるような「師子の子」であれば、師子王の後継者《こうけいしゃ》として失格です。

どこまでも師子王の心をわが心として、一体となって戦っていくなかにしか、師弟不二《していふに》の経典《きょうてん》である法華経の継承《けいしょう》はありません。

もちろん、最初から自分は力があると思っている人はいません。しかし、師匠から勇気《ゆうき》をもらったら、戦う力は湧《わ》きあがってくる。本当は、それだけの力がもともと自分にあるのです。師子王の妙法を持《たも》っているのだから。

「譬《たと》えば一《ひとつ》の師子に百子《ひゃくし》あり・彼《か》の百子・諸《もろもろ》の禽獣《きんじゅう》に犯《おか》さるるに・一の師子王吼《ほゆ》れば百子力を得《え》て諸の禽獣皆頭七分《みなこうべしちぶん》にわる《破》」（一三一六㌻）と仰《おお》せです。

師匠の師子吼に力を得て、諸の禽獣を破《やぶ》るのは、弟子である「百子」の実践《じっせん》です。

斉藤　いつまでも師匠《ししょう》に魔《ま》を破《やぶ》ってもらうのではなく、今度《こんど》は弟子《でし》が自《みずか》ら魔と闘《たたか》い勝利しなければ、魂《たましい》の継承《けいしょう》などできるわけがない、ということですね。

身命《しんみょう》を捨《す》てて強敵《ごうてき》の科《とが》を顕《あらわ》す

名誉会長　「日蓮がごとく」（一五八九㌻）、「日蓮と同じく」（九〇三㌻）です。師匠に何かしてもらおうというのであれば、爾前経《にぜんきょう》の弟子です。師匠と同じように戦ってこそ、法華経の真《しん》の仏弟子《ぶつでし》です。

「閻浮提中御書《えんぶだいちゅうごしょ》」には、弟子の実践《じっせん》が示されている。すなわち「願《ねが》くは我《わ》が弟子等は師子王《ししおう》の子となりて群狐《ぐんこ》に笑わるる事《こと》なかれ」（一五八九㌻）と仰《おお》せです。「日蓮がごとく身命をすてて強敵の科を顕せ・師子は値《あ》いがたかるべし」（同）です。

〈**通解**〉「願わくは日蓮の弟子らは師子王の子となって、群狐に笑われることがあってはならない」「日蓮のように、身命を捨てて強敵の罪悪《ざいあく》を顕《あらわ》せ、そのような真の師子には会《あ》い難《がた》い」

私は、この仰《おお》せの通り実践《じっせん》してきました。その立場から、学会を受け継《つ》いでいく青年部の皆《みな》さんに、この御聖訓《ごせいくん》を贈《おく》りたい。

広宣流布は魔《ま》との戦いです。生半可《なまはんか》な決意では戦うことはできない。

大聖人も流罪《るざい》、死罪《しざい》の大難《だいなん》が幾度《いくど》もあった。熱原《あつはら》の法難《ほうなん》では、門下《もんか》が斬首《ざんしゅ》です。勇気《ゆうき》を奮《ふる》い起こし、また、疲《つか》れたら再び奮い起こして、戦い続けるなかに、仏界《ぶっかい》が涌現《ゆげん》してくるのです。仏界の力でなければ、強敵《きょうてき》に勝利することはできない。

不惜身命《ふしゃくしんみょう》でなければ、民衆を守ることはできない。

特に「身命をすてて強敵《ごうてき》の科《とが》を顕《あらわ》せ」の一文《いちもん》を心に刻《きざ》みたい。

魔と闘《たたか》い、「強敵の科」を責《せ》め出《いだ》さなければ、真《しん》の勝利は断《だん》じてない。牧口先生は、魔を駆《か》り出していくことを教えられた。

森中　ともすると、〝何もわざわざ、魔を駆り出さなくても〟と思いがちです。

名誉会長　師子王の境涯《きょうがい》の人は、そこが根本的に違う。魔は見えないからといって、いなくなったのではありません。隠《かく》れているだけです。だから今、あえて駆り出して、「強敵の科」を顕さなければ、結局は民衆が魔軍《まぐん》にたぶらかされてしまう。

戸田先生も、晩年《ばんねん》、早く三類《さんるい》の強敵《ごうてき》が出現《しゅつげん》するように願われていた。

森中 わかりました。確かに、大将軍《だいしょうぐん》が臆病《おくびょう》で、びくびくしながら〝敵《てき》が攻《せ》めてきたらどうしよう〟などと思っていたら、戦《いくさ》に勝てません。〝さあ、こい〟と迎《むか》え撃《う》ち、反転攻《はんてんこう》勢《せい》に出てこそ名将《めいしょう》です。

名誉会長 まして、私たちは壮絶《そうぜつ》な精神闘争《せいしんとうそう》の闘士《とうし》です。だから師子王《ししおう》の如《ごと》き悠然《ゆうぜん》たる境涯《きょうがい》で遊行《ゆぎょう》する。師子王が動くことで魔《ま》は退散《たいさん》する。そして、仏法を守るべき時には、猛然《もうぜん》と魔軍《まぐん》を駆《か》り出していかなければならない。油断《ゆだん》は絶対に禁物《きんもつ》です。どんな敵にも全力で戦う。それでこそ師子です。

斉藤 大聖人は、「兵者《つわもの》を打つ刻《とき》に弱兵《じゃくへい》を先《さき》んずれば強敵倍力《ますます》を得《え》るが如《ごと》し」(三七ジペー)と仰《おお》せです。相手をみくびって緒戦《しょせん》で敗《やぶ》れたら、敵の勢《いきお》いが強くなってくる、ということですね。

名誉会長 そうだ。真剣《しんけん》勝負ゆえに、師子王は、周囲《しゅうい》が〝ここまで〟と思うぐらいに、一つ一つに全力《ぜんりょく》で取り組むのです。

〝守り〟でなく、〝攻め〟です。大聖人は、師子王として自《みず》ら「謗法《ほうぼう》の根源《こんげん》」「一凶《いっきょう》」を強く責《せ》め立てていかれた。

個人にあっても原理《げんり》は同じです。宿命《しゅくめい》が襲《おそ》いかかってきたとき、信心で強盛《ごうじょう》に立ち向かえず、腹《はら》が据《す》わらず逃《に》げたり、策《さく》や要領《ようりょう》で避《さ》けようと思ったら、かえって事態《じたい》は複雑《ふくざつ》になる。

森中　私たちは、それで、苦《にが》い経験をしたことがあります（笑い）。

名誉会長　「勇気《ゆうき》」と「強い信心」は一体です。反対に、「臆病《おくびょう》」と「不信《ふしん》」は、底流部《ていりゅうぶ》で通じあっている。

佐渡流罪《さどるざい》の時、師匠《ししょう》の大聖人に対して〝柔《やわ》らかく弘《ひろ》めれば、難《なん》が起きないのに……〟と批判《ひはん》した門下《もんか》がいた。難が起きたことで師匠に不信を抱《いだ》き、恨《うら》んだのです。

斉藤　ところが師匠は、難を当然の覚悟《かくご》で戦っている。

名誉会長　もちろん、非常識《ひじょうしき》や道理《どうり》に反したことで周囲《しゅうい》から反発《はんぱつ》されるようなことがあってはならない。しかし、正法《しょうほう》を正しく弘めれば、必ず難が起きるのです。否《いな》、難が起きなければ正法ではない。

皆《みな》、そのことを原理《げんり》として知っていても、いざ起きると、信心がなければ退転《たいてん》してしまう。大聖人から見れば、〝せっかく強敵《ごうてき》の科《とが》を現したのに、この大事な時になぜ逃《に》げるのか〟という御心境《ごしんきょう》だったのでしょう。

「蛍火《ほたるび》が日月《にちがつ》をわらひ蟻塚《ありづか》が華山《かざん》を下《くだ》し井江《せいこう》が河海《かかい》をあなづり烏鵲《かささぎ》が鸞鳳《らんほう》をわらふなるべしわらふなるべし」（九六一㌻）です。

拙《つたな》い者に対しては、理屈《りくつ》を言うよりも、境涯《きょうがい》の大きさを眼前《がんぜん》に示して、その広大な世界に触《ふ》れさせる以外に目覚《めざ》めさせることはできません。大空《おおぞら》のような、また、大海《たいかい》のような師子王《ししおう》の大境涯でなければ、広宣流布の指揮《しき》をとることはできないのです。

斉藤　「聖人御難事《しょうにんごなんじ》」を拝しても、熱原《あつはら》の法難《ほうなん》という極限状態《きょくげんじょうたい》のなかで、門下《もんか》を慈《いつく》しむゆえに厳《きび》しい仰《おお》せをされていますが、同時に、一人《ひとり》も退転《たいてん》させてなるものかとの熱《あつ》い御心《おこころ》を感じます。

師匠《ししょう》というものは、ここまで弟子《でし》の身を案《あん》じられるのかと、拝読《はいどく》するたびに胸が強く打たれます。

名誉会長　厳しいのも魔《ま》を破《やぶ》るためです。弟子が可愛《かわい》くない師匠はいません。

実《じつ》は、私たち一人《ひとり》ひとりの戦いにおいても原理《げんり》は同じです。自分が師子王《ししおう》となって、我《わ》が地域の会員に魔《ま》を一歩も寄《よ》せ付《つ》けないという決意が大事です。その戦いにしか自身の成仏《じょうぶつ》の道はない。ゆえに、大聖人は、「願《ねが》わくは我が弟子《でし》等は師子王の子となりて」（一五八九ジペー）と呼《よ》びかけておられるのです。

悪僧《あくそう》と悪王《あくおう》の結託《けったく》

斉藤　「佐渡《さど》御書」の前半《ぜんはん》で、まさに、大聖人御自身のお姿《すがた》を通して、師子王の御心境《ごしんきょう》を述べられているのも、同じ意味ですね。

名誉会長　強敵《ごうてき》に恐《おそ》れず、師子王の心で戦った者は必ず仏《ほとけ》になると仰《おお》せだね。

斉藤　はい。「例せば日蓮が如《ごと》し」（九五七ジペー）と仰せです。

名誉会長　御自分が率先《そっせん》して実践《じっせん》され、門下《もんか》に範《はん》を示されているのです。何度、大難《だいなん》に遭《あ》っても退《しりぞ》かず、魔性《ましょう》と戦い抜くことによって発迹顕本《ほっしゃくけんぽん》され、御本仏《ごほんぶつ》の御境地《ごきょうち》を顕《あらわ》された。その日蓮と同じように戦って成仏していきなさいと、弟子たちに勧《すす》めているのです。

森中　拝読《はいどく》します。

「畜生《ちくしょう》の心は弱きをおどし強きをおそる当世《とうせい》の学者等は畜生の如《ごと》し智者《ちしゃ》の弱きをあなづり王法《おうほう》の邪《よこしま》をおそる諛臣《ゆしん》と申《もう》すは是《これ》なり強敵《ごうてき》を伏《ふく》して始《はじめ》て力士《りきし》をしる、悪王《あくおう》の正法《しょうほう》を破《やぶ》るに邪法《じゃほう》の僧等《そうら》が方人《かとうど》をなして智者を失《うしな》はん時は師子王《ししおう》の如《ごと》くなる心をもてる者必ず仏《ほとけ》になるべし例せば日蓮が如し、これおごれるにはあらず正法を惜《おし》む心の強盛《ごうじょう》なるべしお《傲》ごれる者は必ず強敵に値《あい》ておそるる心出来《しゅったい》するなり例せば修羅《しゅら》のおごり帝釈《たいしゃく》にせ《責》められて無熱池《むねっち》の蓮《はちす》の中に小身《しょうしん》と成《なり》て隠《かく》れしが如し」（九五七ページ）

〈通解〉畜生の心は、弱い者を脅《おど》し、強い者を恐《おそ》れるものである。今の世の僧らは、畜生のようである。智者が弱いとみて侮蔑《ぶべつ》し、世間《せけん》の権力者が邪悪《じゃあく》であるのに恐れて従っている。こびへつらう悪い臣下《しんか》というのは、このことである。強敵を降伏《こうふく》させてはじめて、力ある者であると分かるものである。悪《あ》しき権力者が正法を破滅《はめつ》させようとするのに対して、邪法を奉《ほう》ずる僧らが味方をして、真実《しんじつ》の智者を亡《な》き者にしようとする時には、師子王のような心をもっている者が必ず仏に成《な》るのである。例を挙《あ》げれば、日蓮のようなものである。これ（大聖人が師子王の心で強く戦ってきたこと）は、傲《おご》り高ぶっているからではない。正法《しょうほう》を惜《お》しむ心が強盛《ごうじょう》だからである。傲《おご》り高ぶる者は強敵《ごうてき》にあうと必ず恐《おそ》れる心が生《しょう》じる。例えば阿修羅《あしゅら》は傲り高ぶっていたが帝釈《たいしゃく》に責《せ》められて無熱池《むねっち》の蓮《はちす》の中に小さな身となって隠《かく》れてしまったようなものである。

名誉会長　悪王《あくおう》と邪法《じゃほう》の僧《そう》が結託《けったく》して、正法の人を迫害《はくがい》する。釈尊《しゃくそん》の時代には阿闍世王《あじゃせおう》[注13]と提婆達多《だいばだった》です。大聖人の御在世《ございせ》[注14]は平左衛門尉頼綱《へいのさえもんのじょうよりつな》と極楽寺良観《ごくらくじりょうかん》だった。

「悪王」と「邪法の僧」の結託。これほどの強敵《きょうてき》はない。なぜならば、悪王は物理的《ぶつりてき》・社会的な権力を持っている。背《そむ》けば身を滅《ほろ》ぼし、生命を失《うしな》うこともある。

また、邪法の僧は、人々の心を支配する宗教的権威《けんい》を持っている。

この両者が結託して迫害を加《くわ》えてきても、敢然《かんぜん》と正義《せいぎ》を貫《つらぬ》ける人こそ、真実《しんじつ》の智慧者《ちえしゃ》です。真理《しんり》を確かにつかんでいる人といえる。

「師子王《ししおう》の心」とは、真理をつかんでいるがゆえの勇気《ゆうき》です。

また、正法を尊《とうと》ぶがゆえの勇気です。正法を信ずるがゆえの勇気です。

だからこそ、どんな強敵をも恐れないのです。

斉藤　本来、仏教の出家僧《しゅっけそう》は、民衆のため、国のため、仏法のために身を捧《ささ》げるべき立場です。ところが、良観《りょうかん》[注15]や道隆《どうりゅう》など、当時の鎌倉《かまくら》の宗教的権威者《けんいしゃ》たちは、大聖人の言われることを、真偽《しんぎ》や正邪《せいじゃ》を基準《きじゅん》に判断《はんだん》せず、目先《めさき》の利害《りがい》や保身《ほしん》を判断基準にして、権力者におもねり、大聖人への弾圧《だんあつ》の元凶《げんきょう》になりました。

名誉会長　目先のことで愚《おろ》かな判断をするのは畜生界《ちくしょうかい》です。だから、大聖人は彼らの心を「畜生の心」と言われているのです。「師子王《ししおう》の心」と全《まった》く対照的《たいしょうてき》です。

森中　彼らは、仏教を持《たも》ちながら、全く言論戦《げんろんせん》に応じようとしませんでした。要は、真剣《しんけん》に「法」を探究《たんきゅう》しない。求めるべきことがあれば大聖人に教えを乞《こ》うか、直接、法論《ほうろん》すればいいのに、それもしない。臆病《おくびょう》です。

良観は、大聖人が鎌倉にいない時は、〝いつでも法論をやろう〟と吹聴《ふいちょう》して人気《にんき》を集めるが、大聖人が鎌倉におられる時は、仮病《けびょう》で人前に出ない。[注16]そういう卑劣《ひれつ》なことを平気《へいき》でやるのも魔性《ましょう》の現れです。

斉藤　一方で、権力も「非道《ひどう》」に走《はし》る。大聖人への迫害《はくがい》は、いずれも強権《きょうけん》を発動《はつどう》したものです。封建《ほうけん》時代とはいえ、手続きを無視《むし》し政道《せいどう》に反したものでした。

名誉会長　詳《くわ》しくは別の機会に改《あらた》めて論じたいが、大聖人は「大事の政道を破《やぶ》る」（三五五㌻）、「御式目《ごしきもく》をも破《やぶ》らるるか」（三五五㌻）など、御自身への弾圧《だんあつ》の構図《こうず》は、一貫《いっかん》して「理不尽《りふじん》な政道《せいどう》」であると告発《こくはつ》されています。どんなに正当化《せいとうか》しようと、その理不尽さは隠《かく》しようがない。

斉藤　しかし、彼らは、それでもいいのですね。自分たちの時代にだけ通用《つうよう》すれば、それでいい。

森中　「未来《みらい》」を見据《みす》えない政治など、本来、政治の名に値《あたい》しない野蛮《やばん》な遊戯《ゆうげ》にしかすぎないと思います。そこに利権《りけん》に群《むら》がる要素《ようそ》が生まれる……。

名誉会長　ここが急所《きゅうしょ》です。

共通するのは、いずれも、「真理《しんり》・正義《せいぎ》を重んじない」姿《すがた》といえる。本来、政治も宗教も高度な精神性《せいしんせい》が不可欠《ふかけつ》である。ところが、正義の人を迫害《はくがい》する人間に共通するのは、真理や正義を根本的に信じていない姿にほかならない。

斉藤　日顕《にっけん》がその典型《てんけい》ですね。三世《さんぜ》永遠《えいえん》の「法」が存在していることをかりそめにも信じていたならば、仏子《ぶっし》を弾圧《だんあつ》することなど絶対にできるわけがない。これこそ、仏法を利用している証拠《しょうこ》ではないでしょうか。

ガンジーの非暴力《ひぼうりょく》とサティヤーグラハ（真理《しんり》の把握《はあく》）

名誉会長　先ほどの「佐渡《さど》御書」に戻《もど》ると、大聖人が「師子王《ししおう》の心」で強く戦われたのは、傲《おご》りのゆえではない。それは「正法《しょうほう》を惜《おし》む心」が強盛《ごうじょう》だからであると仰《おお》せです。

ここが重要《じゅうよう》な点です。

正法を何よりも惜《お》しむ心が強ければ、「身を惜しむ心」「死を恐《おそ》れる心」から解放《かいほう》され、勇気《ゆうき》の戦いができる。

「佐渡御書」の冒頭《ぼうとう》では、雪山童子《せっせんどうじ》や楽法梵志《ぎょうぼうぼんじ》のことが説かれています。いずれも「法」のために命《いのち》を捨《す》てる姿《すがた》です。

「正法を惜む心」とは信心です。法を重んじて、よりよく生きていこうという真摯《しんし》な心です。

真理を求めていこうという真摯さを持った人は謙虚《けんきょ》であり、他人への慈愛《じあい》に満《み》ちている。私がお会いした世界の一流の人たちにも共通しています。

斉藤　人類《じんるい》が「永遠《えいえん》の真理《しんり》」への探究《たんきゅう》を忘《わす》れてしまえば、地球《ちきゅう》は間違いなく修羅《しゅら》と貪欲《どんよく》の惑星《わくせい》になってしまいます。それは世界戦争や滅亡《めつぼう》への近道《ちかみち》になってしまいます。

名誉会長　だからこそ、広宣流布していかなければならない。それは、真実《しんじつ》の精神《せいしん》の復《ふっ》権《けん》の旗《はた》を掲《かか》げての戦いといってもいいでしょう。

大聖人はそのために南無妙法蓮華経を顕《あらわ》し、弘《ひろ》めてくださったのです。南無妙法蓮華経が末法万年尽未来際《まっぽうまんねんじんみらいさい》に広まれば「無間地獄《むけんじごく》への道をふさぐことができる」と仰《おお》せです。注17

永遠の真理といっても、どこかに静かに横たわっているわけではない。

妙法は無明《むみょう》・法性《ほっしょう》一体であると大聖人は仰せです。注18　先ほども述べたように、無明と戦い、無明を打ち破《やぶ》るところに、法性の力が現れる。そして、法性を深く信ずるからこそ、無明と戦えるのです。また、無明と戦ってこそ、法性が価値創造《かちそうぞう》の力となって現れてくる。その限《かぎ》りない戦いのなかにしか、妙法はありません。

斉藤　注19マハトマ・ガンジーの非暴力《ひぼうりょく》の闘争《とうそう》も、「サティヤーグラハ」すなわち「真理の把握《はあく》」が根底《こんてい》にあったことはよく知られています。

森中　「サティヤ」とは、もともとは「〜であること」、また「あるべきすがた」という意味で、つまり真理《しんり》のことです。「グラハ」というのは、「把握《はあく》」すなわち「しっかり握《にぎ》って放《はな》さないこと」です。

名誉会長 ガンジーは、「非暴力《ひぼうりょく》」と「サティヤーグラハ」とは、一枚《いちまい》のコイン（硬貨《こうか》）の裏表《うらおもて》のようなものであると言った。そして、「非暴力」はどこまでも手段《しゅだん》であり、「サティヤ（真理）」こそが目的であるとも語っている。

間違いなくガンジーは、権力者の〝強さ〟といっても、それは、暴力と憎悪《ぞうお》に基《もと》づいているかぎり「畜生《ちくしょう》の力」であると見抜《みぬ》いていたのでしょう。それに対抗《たいこう》するためとはいえ、こちらまで動物的な暴力の衝動《しょうどう》に身をまかせてしまえば、どうして根本的な解決があるだろうか、と思ったのでしょう。

崇高《すうこう》な「真理と人間愛の力」で一人《ひとり》ひとりが武装《ぶそう》せよ、と教えたのです。

もちろん、これには「非現実的だ」とする批判者《ひはんしゃ》もいます。ただ、明確《めいかく》に言えることは、ガンジーは、それでも頑固《がんこ》なまでに行動に移《うつ》したという事実です。その事実は歴史に厳然《げんぜん》と刻《きざ》まれた。そして、将来《しょうらい》、世界中で「精神《せいしん》の力」が称《たた》えられる時代が到来《とうらい》したら、その行動は永遠《えいえん》に輝《かがや》く。

ガンジーは弟子《でし》たちに、こう訴《うった》えています。

「たとえ一人《ひとり》になろうとも、全世界に立ち向かい給《たま》え！　世界から血走《ちばし》った眼《め》で睨《にら》まれようとも、君は真《ま》っ向《こう》から世界を見すえるのだ」

まさに、仏法で説く「一人立つ」精神《せいしん》と、あい通じるものがある。

斉藤　仏法にも不軽菩薩《ふきょうぼさつ》の例があります。「皆《みな》が仏《ほとけ》」という「最高の真理《しんり》」と、礼拝《らいはい》という最高の「人間尊敬《そんけい》」の「人間愛の力」をもって闘《たたか》い抜いたドラマが説かれています。

不軽菩薩も、一人立ち上がった、ひたむきな行動者として描《えが》かれています。

一心欲見仏《いっしんよっけんぶつ》・不自惜身命《ふじしゃくしんみょう》

名誉会長　「一頭《いっとう》の獅子《しし》に率《ひき》いられた百頭《ひゃくとう》の羊《ひつじ》の群《む》れは、一頭の羊に率いられた百頭の獅子《しし》の群れに勝つ」ということわざがある〈ヨーロッパ等のことわざ〉。

ナポレオンが好《この》んだ言葉です。

すべては偉大《いだい》な精神の力を持つ「一頭の獅子」で決まるのです。

そして焦点《しょうてん》は、「真理《しんり》の探究《たんきゅう》」と言っても、観念論《かんねんろん》ではないということです。「不惜身《ふしゃくしん》命《みょう》」（身命を惜《お》しまず）が「成仏《じょうぶつ》への道」になる。不惜身命の人であってこそ、永遠《えいえん》の真理を覚知《かくち》することができるのです。

また、逆に、永遠の真理を覚知すればこそ、不惜身命の実践《じっせん》を貫《つらぬ》き通せるのです。「義浄房《ぎじょうぼう》御書」に、不惜身命こそが仏界涌《ぶっかいゆ》現《げん》の道であると示されているね。

森中　はい。拝読《はいどく》します。

「寿量品《じゅりょうほん》の自我偈《じがげ》に云《いわ》く『一心《いっしん》に仏《ほとけ》を見たてまつらんと欲《ほっ》して自《みずか》ら身命を惜しまず』云《うん》云《ぬん》、日蓮が己心《こしん》の仏界を此《こ》の文《もん》に依《よ》つて顕《あら》はすなり、其《そ》の故《ゆえ》は寿量品の事《じ》の一念三千《いちねんさんぜん》の三《さん》大秘法《だいひほう》を成就《じょうじゅ》せる事《こと》・此の経文《きょうもん》なり秘《ひ》す可《べ》し秘す可し、（中略）日蓮云く一とは妙なり心《しん》とは法なり欲《よく》とは蓮《れん》なり見《けん》とは華《げ》なり仏《ぶっ》とは経《きょう》なり、此《こ》の五字を弘通《ぐつう》せんには不《ふ》自惜《じしゃく》身命是《これ》なり、一心に仏を見る心を一《いっ》にして仏を見る一心を見れば仏なり、注20無作《むさ》の三身《さんじん》の仏果《ぶっか》を成就せん事は恐《おそ》らくは天台伝教《てんだいでんぎょう》にも越へ竜樹《りゅうじゅ》・迦葉《かしょう》にも勝《すぐ》れたり、相構《あいかま》へ相構へて心の師《し》とはなるとも心を師とすべからずと仏は記《しる》し給《たま》ひしなり、法華経の御為《おんため》に身をも捨《す》て命《いのち》をも惜《おし》まざれと強盛《ごうじょう》に申《もう》せしは是《これ》なり」（八九二㌻）

〈通解〉寿量品《じゆりようほん》の自我偈《じがげ》に云《いわ》く「一心《いっしん》に仏《ほとけ》を拝見《はいけん》しようとして、自《みずか》ら身命《しんみよう》を惜《お》しまない（一心欲見仏《いっしんよつけんぶつ》　不自惜身命《ふじしやくしんみよう》）」とある。日蓮の己心《こしん》の仏界《ぶつかい》を、この経文《きようもん》によって顕《あらわ》すのである。その理由は、寿量品の事《じ》の一念三千《いちねんさんぜん》の三大秘法《さんだいひほう》を成就《じようじゆ》しているのが、この経文だからである。このことは秘《ひ》しておきなさい。（中略）

日蓮が言うには、「一」とは妙であり、「心《しん》」とは法であり、「欲《よく》」とは蓮《れん》であり、「見《けん》」とは華《げ》であり、「仏《ぶつ》」とは経《きよう》である。この妙法蓮華経の五字を弘通《ぐつう》しようとするためには身命を惜しまないというのが「不自惜身命」である。（「一心欲見仏」とは）「一心に仏を見る」「心を一《いつ》にして仏を見る」「一心を見れば仏である」ということである。無作《むさ》の三身《さんじん》という仏果《ぶつか》を成就するということは、おそらくは天台《てんだい》・伝教《でんぎよう》にも越え、竜樹《りゆうじゆ》・迦葉《かしよう》にも勝《すぐ》れているのである。心の師《し》とはなっても、心を師としてはならない、と釈尊《しやくそん》が経文に記《しる》されていることを深く心得《こころえ》なさい。法華経の御《おん》ためには身をも捨《す》て、命《いのち》をも惜しまないようにと強盛《ごうじよう》に言ってきたのは、このことである。

名誉会長　凡夫《ぼんぷ》の心は微妙《びみよう》です。時に従って移《うつ》り、縁《えん》に従って動く。揺《ゆ》れ動く心を「師《し》」としては、確固《かつこ》たる前進の軌道《きどう》に乗ることは困難《こんなん》です。

依《よ》るべきものは「法」です。「法」を「師《し》」とする。あるいは、「法」の正しき実践者《じっせんしゃ》を自分の「基準《きじゅん》」としていく。
凡夫《ぼんぷ》の側《がわ》から見れば、一心に法を求める、一心に仏《ほとけ》を見ようとする、そのなかにしか、成仏《じょうぶつ》の軌道《きどう》はありません。
大聖人は、この「義浄房《ぎじょうぼう》御書」で、大聖人御自身が「一心欲見仏《いっしんよっけんぶつ》　不自惜身命《ふじしゃくしんみょう》」（法華経四九〇㌻）の経文《きょうもん》によって「日蓮が己心《こしん》の仏界《ぶっかい》」を顕《あらわ》し、三大秘法《さんだいひほう》を成就《じょうじゅ》したと仰《おお》せです。その際、「一心」について、こう掘《ほ》り下げられている。「一心に仏を見る」「心を一にして仏を見る」「一心を見れば仏である」と仰せです。

斉藤　通常は、「一心欲見仏」の経文は「一心に仏を見る」、すなわち、必死《ひっし》に仏を求める求道心《きゅうどうしん》です。つまり、衆生《しゅじょう》の側の信心です。大聖人は、この〝仏を求める信心の一心〟に注目《ちゅうもく》され、最後は、「一心を見れば仏なり」と読み替《か》えられています。

名誉会長　そうです。〝仏を求める凡夫の一心〟が、そのまま〝仏の一心〟となって現れることを示されている。そして、大聖人は、この一心の成仏を「無作《むさ》の三身《さんじん》の仏果《ぶっか》の成就」であると仰せられています。

そして、大聖人が不惜身命《ふしゃくしんみょう》の戦いで胸中《きょうちゅう》に顕《あらわ》された「仏《ほとけ》の一心《いっしん》」「無作《むさ》の三身《さんじん》の仏果《ぶっか》」を、末法《まっぽう》の一切衆生《いっさいしゅじょう》のために顕されたのが御本尊です。人類《じんるい》の平和と幸福への根本的な解決の方途《ほうと》を確立《かくりつ》したのですから、天台《てんだい》・伝教《でんぎょう》や竜樹《りゅうじゅ》・迦葉《かしょう》を遥《はる》かに超《こ》えた偉業《いぎょう》です。

私たちもまた、御本尊を信受《しんじゅ》しながら広宣流布へ「一心欲見仏《いっしんよっけんぶつ》　不自惜《ふじしゃく》身命」の実践《じっせん》を貫《つらぬ》く時、「仏の一心」「無作の三身の仏果」を得《え》られるのです。

五濁悪世《ごじょくあくせ》で仏に成《な》る道は、これしかありません。

不死《ふし》の境地《きょうち》

森中　仏界《ぶっかい》の生命と、法を守る勇気《ゆうき》の戦いは、密接《みっせつ》な関係にありますね。

名誉会長　釈尊《しゃくそん》は仏法の真理《しんり》を悟《さと》って「不死の境地」を得たと言っています。これは〝死なない〟ということではなくて、死の苦しみ、死への恐《おそ》れから解放《かいほう》されたということです。

死への恐れは、あらゆる恐れの源《みなもと》です。それすらも乗り越えたのであるから、他の何物をも恐《おそ》れるはずがありません。これが仏《ほとけ》の心です。
釈尊《しゃくそん》はこのように語っています。
「不死《しなない》の境地《きょうち》を見ないで百年生きるよりも、不死の境地を見て一日生きることのほうがすぐれている」（中村元《はじめ》訳、『ブッダの真理《しんり》のことば　感興《かんきょう》のことば』、岩波書店）
「最上の真理を見ないで百年生きるよりも、最上の真理を見て一日生きることのほうがすぐれている」（同）
斉藤　「不死の境地」と「最上の真理」とは同じことですね。
名誉会長　また、このようにも言われています。
「つとめ励《はげ》むのは不死の境地である。怠《おこた》りなまけるのは死の境涯《きょうがい》である。つとめ励む人々は死ぬことが無《な》い。怠りなまける人々は、死者のごとくである」（同）
仏の悟《さと》りといっても、魔《ま》との壮絶《そうぜつ》な闘争《とうそう》に他ならないからです。
釈尊が悟りを得《え》た時、日没《にちぼつ》の時と、真夜中《まよなか》と、夜明《よあ》けに三つの詩《し》[注21]が釈尊の口から発せられます。それを読むと、熱心な修行《しゅぎょう》と悟りは一体であることが分かります。
斉藤　三つのうち、夜明けの詩を読んでみます。

「実《じつ》にダンマが、熱心に瞑想《めいそう》しつつある修行者《しゅぎょうしゃ》に顕わになるとき、かれは悪魔《あくま》の軍隊《ぐんたい》を粉砕《ふんさい》して、安立《あんりゅう》している。あたかも太陽が虚空《こくう》を輝《かがや》かすがごとくである」（玉城康四郎著、『仏教の根底《こんてい》にあるもの』、講談社）

「ダンマ（ダルマ）」とは「法」のことです。

名誉会長　太陽が大空《おおぞら》の彼方《かなた》まで照《て》らしゆく大境涯《だいきょうがい》。それが悟達《ごだつ》の境涯です。それは魔《ま》との戦いと不可分《ふかぶん》です。

魔を打ち下《くだ》して、太陽の大境涯である「不死《ふし》の境地《きょうち》」を得《え》た聖者《せいじゃ》にとって、恐《おそ》れるものは何もないのです。永遠《えいえん》の法と一体になっているからです。

そして、釈尊《しゃくそん》は、「不死の門は開かれた！」「不死は得られた」と、全民衆を幸福にする大遠征《だいえんせい》に出発します。

〝自分のため〟ではありません。〝皆《みな》を幸福にするため〟に、大宇宙《だいうちゅう》に瀰漫《びまん》する魔軍《まぐん》との闘争《とうそう》を開始したのです。常にその原点《げんてん》に戻《もど》れば、ひるむ心が生《しょう》じるわけがありません。

斉藤　日蓮大聖人は、この「不死の境地」を万人《ばんにん》に開くために「一心欲見仏《いっしんよっけんぶつ》　不自惜身命《ふじしゃくしんみょう》」で己心《こしん》の仏界《ぶっかい》を開かれたわけですね。

名誉会長　そうです。そして、大聖人によって開かれた仏界涌現《ぶつかいゆげん》の道——釈尊《しゃくそん》で言えば「ダンマを顕《あら》わにする」道を継《つ》ぐのが、私たちです。

私たちが「師子王《ししおう》の心」で立ち上がった時、胸中《きょうちゅう》に妙法が横溢《おういつ》し、一切《いっさい》の障魔《しょうま》に立ち向かっていく仏《ほとけ》の生命力が涌現《ゆげん》してくるのです。

言い換《か》えれば、太陽のごとく万人《ばんにん》を照《て》らそうとする実践《じっせん》、師子王のごとく百獣《ひゃくじゅう》の障魔《しょうま》を破《やぶ》ろうとする実践のなかに成仏《じょうぶつ》の道がある。それゆえに「日蓮がごとくにせよ」と仰《おお》せなのです。

大聖人と同じ民衆救済《きゅうさい》の闘争《とうそう》に立ち上がるなかにしか、絶対に成仏はありません。

森中　広宣流布の戦いこそは、その師弟不二《していふに》の道ですね。

名誉会長　そうです。不自惜身命《ふじしゃくしんみょう》といっても、雪山童子《せっせんどうじ》のように身を投げることではありません。「肉《にく》をほしがらざる時《とき》身を捨《す》つ可《べ》きや紙なからん世には身の皮《かわ》を紙とし筆《ふで》なからん時は骨《ほね》を筆とすべし」（九五七ジペー）です。仏法は「時《とき》に適《かな》った」仏道修行《しゅぎょう》が大切です。

そのうえで、立ち上がるべき時には立ち上がらなければならない。

日本の戦前がそうでした。愚《おろ》かな指導者が出て、民衆は悲惨《ひさん》にあえいでいた。その時、牧口先生は、決然《けつぜん》と立ち上がられた。逮捕《たいほ》される前の年のことです。

当時の東条《とうじょう》[注22]首相の「協同一致《きょうどういっち》」演説《えんぜつ》を痛烈《つうれつ》に批判《ひはん》され、「宗教に無知《むち》の指導階級《かいきゅう》の罪悪《ざいあく》」こそ、社会の混迷《こんめい》の根源《こんげん》である、と断《だん》じられていたのです。

もちろん、現代とは事情《じじょう》が違う面があります。だから、仏法は「時《とき》」の大切さを説いている。

森中　「時に適《かな》った修行《しゅぎょう》」という観点《かんてん》がなければ、玉砕《ぎょくさい》の宗教になってしまいかねませんね。

名誉会長　「白米一俵御書《はくまいいっぴょう》」では、雪山童子《せっせんどうじ》と異《こと》なって、命《いのち》を捨《す》てるのではなく、凡夫《ぼんぷ》の成仏《じょうぶつ》の道は「志《こころ》ざし」であると断言《だんげん》されています。

斉藤　「ただし仏《ほとけ》になり候事《そうろうこと》は凡夫は志ざしと申す文字《もんじ》を心へ《得》て仏になり候《そうろう》なり」（一五九六ページ）と仰《おお》せです。

名誉会長　「志ざし」を置《お》き換《か》えれば、「信心」であり、「求道心《きゅうどうしん》」であり、「誓願《せいがん》」であり、そして「師子王《ししおう》の心」とも言える。

「師子王《しし おう》の心」で広宣流布に生き切ること。妙法流布の生涯《しょうがい》を貫《つらぬ》くこと。それが、私たちの「一心欲見仏《いっしんよっけんぶつ》　不自惜身命《ふじしゃくしんみょう》」です。

濁世末法《じょくせまっぽう》のなかで法を持《たも》ち続けることが、どれだけの難事《なんじ》か。娑婆《しゃば》世界、堪忍《かんにん》世界のなかで、弘通《ぐつう》しているのです。創価学会は、言わば、平穏無事《へいおんぶじ》な環境《かんきょう》での信仰を求めたのではなく、嵐《あらし》のなかで立ち上がったのです。皆《みな》を救うために、皆を守るために。

斉藤　譬《たと》えて言えば、普通《ふつう》だったら、嵐の日に外に出るのはナンセンスです。家のなかにいたほうがよい。

しかし、自他共《じたとも》の幸福を願う妙法の指導者ならば、嵐の日は、決壊《けっかい》した場所、土砂崩《どしゃくず》れが起きた所へ、いち早く向かう、ということですね。

名誉会長　その譬えで言えば、仏《ほとけ》とは、先頭《せんとう》に立って嵐のなかを疾駆《しっく》する人です。その後ろを門下《もんか》たちがついてくる。師匠《ししょう》は振《ふ》り向いて言うでしょう。〝師子の子よ！　断《だん》じて嵐に負《ま》けるな!!〟と。

そして、共に戦う門下に最高の幸福境涯《きょうがい》を満喫《まんきつ》させたい。その思いが込められているのが、「聖人御難事《しょうにんごなんじ》」の師子王の一節と拝したい。

勇気《ゆうき》こそが信心の極意《ごくい》

森中　はい。拝読《はいどく》します。

「各各師子王《おのおのししおう》の心を取り出《いだ》して・いかに人をどすともをづる事《こと》なかれ、師子王は百獣《ひゃくじゅう》にをぢず・師子の子・又《また》かくのごとし、彼等《かれら》は野干《やかん》のほうるなり日蓮が一門《いちもん》は師子の吼《ほう》るなり」（一一九〇ジペー）

〈通解〉日蓮門下《もんか》の一人《ひとり》ひとりは、師子王の心を取り出して、どんなに人が脅《おど》してもひるむことがあってはならない。師子王は百獣を恐《おそ》れない。師子王の子もまた同じである。彼らは狐《きつね》などが吠《ほ》えているようなものである。日蓮の一門は師子が吼《ほ》えているのである。

名誉会長　「聖人御難事《しょうにんごなんじ》」は、先ほどもあったように、熱原《あつはら》の法難《ほうなん》という門下の最大の法難の渦中《かちゅう》に、全門下あてに認《したた》められた御書です。

公家《くげ》でも武家《ぶけ》でも僧《そう》でもなく、農民信徒《しんと》という民衆の基底部《きていぶ》にいる無名《むめい》の門下たちが、幕府《ばくふ》の権力をかさにきた横暴《おうぼう》な武士たちや悪僧《あくそう》たちの弾圧《だんあつ》に一歩も退《ひ》かなかった事件です。どんな権力者も、彼らの信仰をやめさせることはできなかった。

本来であれば、日本の民衆史に燦然《さんぜん》と輝《かがや》く人権闘争《じんけんとうそう》の珠玉《しゅぎょく》の歴史です。

どんな難《なん》にもびくともしなかった彼らの姿《すがた》に、大聖人が時《とき》の到来《とうらい》を感じられて大御本尊を建立《こんりゅう》されたことは、どこまでも意義《いぎ》深いことです。

その時、門下《もんか》全員に、大聖人が強く呼《よ》び掛《か》けられたのが、今拝読《はいどく》した一節です。

本抄《ほんしょう》で、「師子王《ししおう》の心」とは、どんな弾圧《だんあつ》にも敢然《かんぜん》と戦う「勇気《ゆうき》」の異名《いみょう》といえる。

信心とは「勇気」です。難が来《こ》ようと、諸天《しょてん》が動くまいと、どんな苦難《くなん》に直面《ちょくめん》しても、絶対にこの信仰だけは貫《つらぬ》いてみせる、という「勇気」こそが、幸福への直道《じきどう》です。

大聖人は、先ほどの「佐渡《さど》御書」でもそうでしたが、自《みずか》ら「勇気」の範《はん》を示された後に、皆《みな》も、同じ「勇気」で立ち上がれば、仏になれるのだと力強く仰《おお》せです。自分は戦った。そのようにあなたも戦いなさい――それが、仏法の指導者です。

自分ができないことを人に強制《きょうせい》する。それが独裁者《どくさいしゃ》です。

また、自分だけでなく、大勢《おおぜい》の人に、同じ境涯《きょうがい》の高さに引き上げようとして、共《とも》に戦うことを呼《よ》び掛ける。

仏法の指導者は、真《しん》のすぐれた人間教育者でもあります。

日蓮仏法には、真の人間教育の模範《もはん》があり、また、真に民衆を守る社会の指導者としての側面《そくめん》も、当然あります。

そして、一人《ひとり》ひとりを慈《いつく》しむ姿《すがた》は、まさに親《おや》の慈愛《じあい》と同じです。

森中　それが主師親《しゅししん》の三徳《さんとく》ですね。

名誉会長　そうです。一切衆生《いっさいしゅじょう》を守り支《ささ》える側面。それが「主《しゅ》の徳」です。一切衆生を導《みちび》く側面。それが「師《し》の徳」です。そして、一切衆生を慈《いつく》しむ側面。それが「親《しん》の徳」です。

斉藤　現代人にとって、「師匠《ししょう》」という言葉がわかりづらい面がある。しかし、「指導者」であり「教育者」「保護者《ほごしゃ》」であると示せば理解が深まるようです。

名誉会長　その三徳をすべて併《あわ》せ持っているから仏《ほとけ》なのです。末法《まっぽう》において主師親の三徳を具備《ぐび》しておられるのは日蓮大聖人です。ですから、日蓮大聖人を末法の御本仏《ごほんぶつ》と拝するのです。その根底《こんてい》には、民衆を慈しみ、民衆を仏の境涯《きょうがい》に引き上げようとされる大慈大悲《だいじだいひ》があられる。

森中　現代の社会の指導者に一番欠《か》けている点ですね。しかし、心ある識者《しきしゃ》は、民衆に奉仕《ほうし》する指導者こそ真《しん》の指導者であると見始《みはじ》めています。教育の分野《ぶんや》でも、各界でも、そうした動きがあります。

名誉会長　そこで、「聖人御難事《しょうにんごなんじ》」の一節に戻《もど》るが、重要《じゅうよう》な仰《おお》せは「各各師子王《おのおのししおう》の心を取り出《いだ》して」（一一九〇ページ）とあるように、「取り出す」ことです。

誰《だれ》にでも「師子王の心」があります。それを「取り出す」ことが幸福への直道《じきどう》です。自身の胸中《きょうちゅう》の「師子王の心」を取り出す方途《ほうと》は、「日蓮が一門《いちもん》は師子の吼《ほう》るなり」（同）と仰《おお》せのように、師子吼《く》です。師匠《ししょう》と同じように正義《せいぎ》の師子吼をしていきなさい。それが、弟《で》子《し》が師匠と一体となり、師子の子が師子王になる道である――その原理《げんり》を「御義口伝《おんぎくでん》」に仰せです。

「作師子吼《さししく》」と師弟不二《していふに》

森中　「御義口伝に云《いわ》く師子吼とは仏《ほとけ》の説《せつ》なり説法《せっぽう》とは法華《ほっけ》別《べっ》しては南無妙法蓮華経な

り、師《し》とは師匠《ししょう》授《さず》くる所の妙法子《し》とは弟子《でし》受くる所の妙法・吼《く》とは師弟《してい》共《とも》に唱《とな》うる所の音声《おんじょう》なり作《さ》とはおこすと読むなり、末法《まっぽう》にして南無妙法蓮華経を作《おこ》すなり」（七四八㌻）

〈通解〉（法華経勧持品《かんじほん》で説かれる「仏《ほとけ》の前に於《お》いて、師子吼《ししく》を作《な》して、誓言《せいごん》を発《おこ》さく」（法華経四一七㌻）の「師子吼」についての）「御義口伝《おんぎくでん》」に云《いわ》く、「師子吼」とは仏の説《せつ》である。仏の「説法《せっぽう》」の本義《ほんぎ》とは法華経二十八品であり、別しては南無妙法蓮華経である。

（「作《さ》師子吼」の）「師」とは「師匠が授ける所の妙法」、「子」とは「弟子が受ける所の妙法」である。「吼」とは「師と弟子が共に唱える所の音声」であり、「作」とは、おこすと読むのである。〝師子吼をおこす〟とは、末法において、南無妙法蓮華経をおこすのである。

名誉会長　「師弟不二《ふに》」です。

「おこす」とは能動《のうどう》です。受け身ではなく、積極的《せっきょくてき》に立ち上がってこそ「おこす」ことになる。

どこまでも弟子の自覚《じかく》、決意の如何《いかん》である、ということです。

実際に、「法華経勧持品」では、釈尊《しゃくそん》は菩薩《ぼさつ》たちに呼《よ》び掛《か》ける。自分が師子吼したように、皆《みな》も師子吼するのか、今、ここでその誓《ちか》いの言葉を出しなさい、と。

言い換《か》えれば、「弟子《でし》」といっても、この仏法では、いわゆる「弟子入り」があるわけではない。今、現実に師子吼《ししく》して戦っている人が「弟子」です。反対に、弟子の顔をしていても、実際に師子吼していない人は、真《しん》の弟子ではない。大事なのは行動です。

斉藤　師子吼といっても、例えば何かの国際会議場で叫《さけ》ぶような特別なことではありませんね。今、目の前の一人《ひとり》の生命に直接呼《よ》び掛《か》ける師子吼の対話があるかどうかです。

名誉会長　胸中《きょうちゅう》の「師子王の心」を呼び覚《さ》まし、顕《あらわ》に出すために、私たちは「師子吼」していくのです。

師匠《ししょう》が師子吼した。次に弟子が師子吼する。そして目覚《めざ》めた民衆が次々と師子吼の大音声《だいおんじょう》を唱《とな》える。その師子吼の包囲《ほうい》が一切《いっさい》の野干《やかん》の魔性《ましょう》を破《やぶ》っていくのです。

戸田先生は言われた。

「(大聖人の「開目抄《かいもくしょう》」の誓願《せいがん》は) われ三徳具備《さんとくぐび》の仏《ほとけ》として、日本民衆を苦悩《くのう》の底《そこ》より救いいださんとのご決意であられる。われらは、この大師子吼の跡《あと》を紹継《しょうけい》した良《よ》き大聖人の弟子なれば、また共《とも》に国士《こくし》と任《にん》じて、現今《げんこん》の大苦悩に沈《しず》む民衆を救わなくてはならぬ」(『戸田城聖全集』第一巻)

この戸田先生の師子吼《ししく》に、私も立ち上がりました。当時の青年部も次々と立ち上がった。そして今の創価学会ができたのです。

次は、二十一世紀《せいき》の青年が師子吼する番です。今度《こんど》は世界中の青年たちが希望の師子吼のスクラムで立ち上がれば、二十一世紀の創価学会は盤石《ばんじゃく》です。それが二十一世紀の世界の希望です。

解説

251 **注1 キング博士** 一九二九年～六八年。アメリカ合衆国《がっしゅうこく》の公民権《こうみんけん》運動の指導者。ジョージア州アトランタで生まれ、名門《めいもん》モアハウス大学を卒業後、ペンシルベニア州チェスターのクローザー神学校、ボストン大学大学院に学ぶ。五五年十二月、モンゴメリーで市営バスの人種差別的《じんしゅさべってき》座席《せき》制《せい》に抗議《こうぎ》したローザ・パークス夫人の逮捕収監《たいほしゅうかん》に端《たん》を発した黒人市民によるバス・ボイコット運動が起こり、キングは請《こ》われて「モンゴメリー改良《かいりょう》協会」の会長に就任《しゅうにん》し、以来十二年間にわたって全国的な公民権運動の先頭《せんとう》に立った。その後、十八回以上の投獄《とうごく》と三回もの爆弾《ばくだん》事件にあいながらも、ガンジーの思想《しそう》に共鳴《きょうめい》していたキングは、その運動を非暴力《ひぼうりょく》主義で貫《つらぬ》いた。六四年ノーベル平和賞を受賞《じゅしょう》するが、六八年、テネシー州メンフィスで暗殺《あんさつ》された。

253 **注2** 「此《こ》の経文《きょうもん》は一切経《いっさいきょう》に勝《すぐ》れたり地《ち》走《はし》る者の王たり師子王《ししおう》のごとし・空飛《そらと》ぶ者の王たり鷲《わし》のごとし」（一三一〇ページ）

254 **注3　ヘラクレス**　ギリシャ神話《しんわ》に登場《とうじょう》する英雄《えいゆう》。最高神《さいこうしん》ゼウスと人間の女性アルクメーネーの息子《むすこ》。ネメアーのライオンを殺《ころ》すなど十二の難題《なんだい》を与《あた》えられ、それを乗り越えた。

254 **注4　アレクサンドロス大王《だいおう》**　紀元前《きげんぜん》三五六年〜前三二三年。マケドニア王で、ギリシャからインダス川流域《がわりゅういき》に至《いた》る大帝国《だいていこく》を建設した。当時のギリシャ語（コイネー）による広範《こうはん》な文化圏《けん》が形成され、ギリシャ文明とオリエント文明が融合《ゆうごう》したヘレニズム文化の展開《てんかい》をもたらした。

254 **注5　アリストテレス**　紀元前《きげんぜん》三八四年〜前三二二年。ギリシャの哲学者《てつがくしゃ》。プラトンが設立したアカデメイアで学ぶが、プラトンの死後、アテネを去《さ》り、後のアレクサンドロス大王《だいおう》の家庭教師となる。その後アテネに自分の学院リュケイオンを創設《そうせつ》した。論理学・自然学・倫理学《りんりがく》・政治学など広範《こうはん》な分野《ぶんや》に多大な成果《せいか》をあげ、多くの著作《ちょさく》を残し、後に万学《ばんがく》の祖《そ》と呼《よ》ばれ、後世《こうせい》に多くの影響《えいきょう》を与《あた》えた。

254 **注6　サーンチーの仏塔《ぶっとう》**　インド中部・サーンチーにある仏塔。半球状《はんきゅうじょう》で周囲《しゅうい》に石の柵《さく》（欄楯《らんじゅん》）を巡《めぐ》らしている。アショーカ王が建設した仏塔を紀元前《きげんぜん》二世紀頃に拡張《かくちょう》したものといわれる。

255 **注7　ジュロヴァ博士**　一九四二年〜。スラヴ語の写本《しゃほん》の研究者。ブルガリア科学アカデミーから博士号を取得《しゅとく》。ソフィア大学付属《ふぞく》イヴァン・ドゥイチェフ研究センター所長、同大学副学長等を歴任《れきにん》。池田名誉会長との対談集『美しき獅子《しし》の魂《たましい》』が日本語、ブルガリア語などで出版《しゅっぱん》されている。

255 **注8　鹿野苑《ろくやおん》**　古代インドの波羅奈国《はらないこく》にあった園林《おんりん》。現在のサールナートでワーラーナシーの北方《ほっぽう》にある。釈尊《しゃくそん》が苦行《くぎょう》を捨《す》てて菩提樹下《ぼだいじゅげ》ではじめて悟《さと》りを開いたのち、この鹿野苑において阿若《あにゃ》憍陳如《きょうじんにょ》ら五人の比丘《びく》に初めて法を説いたので、初転法輪《しょてんぼうりん》の地といわれる。この地は早くから仏教徒の巡拝《じゅんぱい》が行《おこな》われ、それに伴《ともな》って仏塔《ぶっとう》や僧院《そういん》などが建造《けんぞう》され、付近からインド彫刻史上《ちょうこくしじょう》の傑作《けっさく》といわれるアショーカ石柱《せきちゅう》の獅子柱頭《ししちゅうとう》も出土《しゅつど》している。

256 **注9**　「常楽我浄御書《じょうらくがじょう》」に「仏《ほとけ》は一人なり・外道《げどう》は多勢《たぜい》なりしかども・外道はあり《蟻》のごとし・仏は竜《りゅう》のごとく・師子王《ししおう》のごとくましませしかばこそせめ《責》かたせ給いぬ」（一三〇一㌻）とある。

256 **注10**　「師子《しし》の声には一切《いっさい》の獣《けもの》・声を失《うしな》ふ」（一三九三㌻）、「師子を吠《ほえ》る犬は腸《はらわた》くさる日月《にちがつ》をのむ修羅《しゅら》は頭七分《こうべしちぶん》にわれ仏《ほとけ》を打ちし提婆《だいば》は大地《だいち》われて入《い》りにき」（一〇八〇㌻）など。

256 **注11**　「師子王《ししおう》は前三後一と申して・あり《蟻》の子を取らんとするにも又《また》たけき《猛》ものを取らんとする時も・いきを《勢》ひを出《いだ》す事は・ただをなじ《同》き事なり、日蓮守護《しゅご》たる処《ところ》の御本尊を・したため参《まい》らせ候事《そうろうこと》も師子王に・をとるべからず、経に云《いわ》く『師子奮迅之力《ししふんじんしりき》』とは是《これ》なり」（一一二四㌻）、「師子王の剛弱《ごうじゃく》を嫌《きら》わずして大力《だいりき》を出《いだ》す」（九九二㌻）

257 **注12**　「千日尼御前御返事《せんにちあまごぜんごへんじ》」に「法華経は師子王《ししおう》の如《ごと》し（中略）法華経の師子王を持《たも》つ女人《にょにん》」（一三一六ページ）とある。

266 **注13**　**阿闍世王《あじゃせおう》と提婆達多《だいばだった》**　阿闍世はサンスクリットのアジャータシャトルの音写《おんしゃ》、未生怨《みしょうおん》と訳す。釈尊在世《しゃくそんざいせ》から滅後《めつご》にかけての中インド・マガダ国の王。釈尊に敵対《てきたい》していた提婆達多にそそのかされ、釈尊に帰依《きえ》し外護《げご》していた父を幽閉《ゆうへい》して死亡《しぼう》させた。自《みずか》ら王位《おうい》につき、象《ぞう》に酒を飲《の》ませ、けしかけて釈尊や弟子《でし》たちを殺《ころ》そうとしたが失敗した。後に罪《つみ》を悔《く》いて仏法に帰依した。

　提婆達多は、サンスクリットのデーヴァダッタの音写。釈尊のいとこで、弟子となりながら退転《たいてん》して、逆罪《ぎゃくざい》を犯《おか》し、釈尊を迫害《はくがい》し、生きながら阿鼻地獄《あびじごく》に堕《お》ちたという。

266 **注14**　**平左衛門尉頼綱《へいのさえもんのじょうよりつな》と極楽寺良観《ごくらくじりょうかん》**　平左衛門尉頼綱は、真言律宗《しんごんりっしゅう》の極楽寺良観等と結託《けったく》し、日蓮大聖人を迫害《はくがい》し、門下《もんか》を弾圧《だんあつ》した（平左衛門尉については、本書一四〇ページ参照）。良観は文永《ぶんえい》八年（一二七一年）、日蓮大聖人に祈雨《きう》の勝負《しょうぶ》で破《やぶ》られた後、それを恨《うら》んで大聖人に敵対《てきたい》し、幕府要人《ばくふようじん》に大聖人と門下《もんか》への迫害《はくがい》を働《はたら》きかけた（良観については、本書一〇〇ページ参照）。

267 **注15**　**道隆《どうりゅう》**　文永《ぶんえい》五年（一二六八年）、「立正安国論《りっしょうあんこくろん》」に予言《よげん》された通りに蒙古《もうこ》から国書《こくしょ》が到来《とうらい》した際、日蓮大聖人は幕府《ばくふ》の為政者《いせいしゃ》や諸宗の僧を諫暁《かんぎょう》し、その時、道隆に対しても書状《しょじょう》を送り、公場対決《こうじょうたいけつ》を迫《せま》られた。道隆はこれに応ぜず、真言律宗《しんごんりっしゅう》の極楽寺良観《ごくらくじりょうかん》らと共に幕府に働《はたら》きかけ、同八年（七一年）の竜《たつ》の口《くち》の法難《ほうなん》を起こさせた。道隆は外面では厳格《げんかく》な禅僧《ぜんそう》として振《ふ》る舞《ま》っていたが、実際には放逸《ほういつ》な行動も多かった（道隆については、本書一〇〇ページ、一七五ページ参照）。

267 注16 「教行証御書《きょうぎょうしょうごしょ》」に「良観房《りょうかんぼう》が義《ぎ》に云《いわ》く彼《か》の良観が・日蓮遠国《おんごく》へ下向《げこう》と聞く時は諸人に向つて急《いそ》ぎ急ぎ鎌倉《かまくら》へ上《のぼ》れかし為《ため》に宗論を遂《と》げて諸人の不審《ふしん》を晴《はら》さんなんど自讃毀他《じさんきた》する由其《よしそ》の聞え候《そうろう》、此等《これら》も戒法《かいほう》にてや有らん強《あながち》に尋《たず》ぬ可《べ》し、又《また》日蓮鎌倉に罷上《まかりのぼ》る時は門戸《もんこ》を閉《と》じて内へ入るべからずと之《これ》を制法《せいほう》し或《あるい》は風気《かぜけ》なんど虚病《けびょう》して罷《まか》り過ぎぬ」（一二八三ページ）とある。

270 注17 「報恩抄《ほうおんしょう》」に「日蓮が慈悲曠大《じひこうだい》ならば南無妙法蓮華経は万年の外《ほか》・未来までもながる《流布》べし、日本国の一切衆生《いっさいしゅじょう》の盲目《もうもく》をひらける功徳《くどく》あり、無間地獄《むけんじごく》の道をふさぎぬ」（三二九ページ）とある。

270 注18 「御義口伝《おんぎくでん》」に「妙とは法性《ほっしょう》なり法とは無明《むみょう》なり無明法性一体なるを妙法と云《い》うなり」（七〇八ページ）とある。

270 **注19 マハトマ・ガンジー**　一八六九年～一九四八年。インドの政治家、民族運動の指導者。インド独立《どくりつ》の父と仰《あお》がれる。一八九三年、同郷出身《どうきょうしゅっしん》のインド人の訴訟《そしょう》事件をうけて南アフリカに赴《おもむ》いたが、この地でインド人に対する白人の人種《じんしゅ》差別に反対して、サティヤーグラハ（真理《しんり》の把《は》握《あく》）と呼《よ》ぶ不服従《ふふくじゅう》運動を展開《てんかい》。この間、しばしば、拘留《こうりゅう》、投獄《とうごく》された。この時期に、ラスキンやトルストイらの影響《えいきょう》をうけ、非暴力《ひぼうりょく》主義に立つ「不殺生《ふせっしょう》」（アヒンサー）を基調《きちょう》とするガンジー主義をつくりあげた。第一次大戦後インドに帰国《きこく》、一九二〇年代の初頭《しょとう》からインド国民会議派を率《ひき》いて独立運動を指導した。ヒンズー、イスラム両教徒の融和《ゆうわ》を願って各地を行脚《あんぎゃ》したが、国民会議派内部での分離《ぶんり》独立《どくりつ》主義者のもくろみ通り、一九四七年、インドはパキスタンと分離してイギリス支配から独立。インド国内でのヒンズー教徒とイスラム教徒との対立は激化《げきか》し、四八年、ニューデリーでヒンズー至上《しじょう》主義団体のテロリストによって射殺《しゃさつ》された。インド民族運動の指導者として、文豪《ぶんごう》タゴールによりマハトマ（偉大《いだい》な魂《たましい》）と呼ばれた。彼の言行《げんこう》は、その後の世界の人権《じんけん》運動や平和運動に大きな影響《えいきょう》を与《あた》えた。

273 **注20　無作《むさ》の三身《さんじん》**　本来、ありのままで、法身《ほっしん》・報身《ほうしん》・応身《おうじん》という三つの徳性《とくせい》（三身）を完全に具《そな》えた仏《ほとけ》。無作とは、もとのまま、ありのままの意。三身とは、仏の三つの側面で、悟《さと》りの法（法身）・智慧《ちえ》とそれによって得られる功徳《くどく》（報身）・肉体《にくたい》（応身）をいう。

277 **注21　三つの詩《し》**　日没《にちぼつ》の詩は「実《じつ》にダンマが、熱心に瞑想《めいそう》しつつある修行者《しゅぎょうしゃ》に顕わになるとき、そのとき、かれの一切の疑惑《ぎわく》は消失《しょうしつ》する。というのは、かれは縁起《えんぎ》の法を知っているから」。真夜中の詩は、「実にダンマが、熱心に瞑想しつつある修行者に顕わになるとき、そのとき、かれの一切の疑惑は消失する。というのは、かれはもろもろの縁《えん》の消滅《しょうめつ》を知ったのであるから」。夜明けの詩は本文中に引用。

280 **注22　東条《とうじょう》首相の「協同一致《きょうどういっち》」演説《えんぜつ》**　当時の首相・東条英機《ひでき》は、厚生省東部国民勤労訓練所《きんろうくんれんじょ》を訪《おとず》れた際、次のように演説した。

「私は特に協同一致の精神を強調致《きょうちょういた》し度《た》いのである。軍隊でも工場でも、その他如何《いか》なる所でも、一人一人《ひとり》が勝手な方向に進んでをつては偉大《いだい》なる力を発揮《はっき》することは出来ない。定められた方向に向つて各人が力をあはせて全力を発揮してこそ、驚《おどろ》くべき大事業も容易《ようい》に完成出来る。諸君はこの点に遺憾《いかん》なきやう御留意《ごりゅうい》の程《ほど》を切望《せつぼう》して止《や》まない」

これに対して、牧口初代会長は、「大善《だいぜん》生活法実験証明の指導要領《ようりょう》」(『牧口常三郎全集』第十巻)で「定められた方向」といっても、「究竟《くきょう》の目標が確立《かくりつ》しないうちは最初の一歩さえも信じて踏《ふ》み出《だ》せない」とし、「遠大《えんだい》なる究極《きゅうきょく》の目的」を確立することなく人々を駆《か》り立てることは、人々を「暗中模索《あんちゅうもさく》の不安」に陥《おとしい》れることになると糾弾《きゅうだん》している。

池田大作（いけだ・だいさく）
　昭和3年（1928年）、東京生まれ。創価学会名誉会長。創価学会インタナショナル（SGI）会長。創価大学、アメリカ創価大学、創価学園、民主音楽協会、東京富士美術館、東洋哲学研究所、戸田記念国際平和研究所などを創立。世界各国の識者と知性の対話を重ね、平和、文化、教育運動を推進。モスクワ大学、グラスゴー大学、北京大学など、世界の大学・学術機関の名誉博士・名誉教授、世界の各都市の名誉市民の称号、国連平和賞をはじめ、「桂冠詩人」の称号など多数受賞。
　著書は『人間革命』（全12巻）、『新・人間革命』（現24巻）、『私の世界交友録』など。対談集も『二十一世紀への対話』（A・トインビー）、『人間革命と人間の条件』（A・マルロー）、『二十世紀の精神の教訓』（M・ゴルバチョフ）、『地球対談 輝く女性の世紀へ』（H・ヘンダーソン）など多数。

御書の世界 第1巻
——人間主義の宗教を語る

発行日　二〇〇三年六月六日
第十五刷　二〇一三年三月十五日
著者　池田大作
発行者　松岡資
発行所　聖教新聞社
〒一六〇-八〇七〇　東京都新宿区信濃町一八
電話　〇三—三三五三—六一一一（大代表）
印刷所　株式会社　精興社
製本所　牧製本印刷株式会社
＊
落丁・乱丁本はお取り替えいたします
©D.Ikeda, THE SEIKYO SHIMBUN 2003 Printed in Japan
定価はカバーに表示してあります
ISBN978-4-412-01224-0

語句索引

──あ行──

──か行──

―さ行―

──た行──

──な行──

――は行――

――ま行――

──や行──

──ら行──

──わ行──